擁抱教育
新常態

線上教學和
未來趨勢

香港翻轉教學協會 編

學習困難篇

學習評估篇

正向教育篇

外篇

序 一

以混合式學習模式迎接未來挑戰

曾俊華
薯片叔叔共創社創辦人、前財政司司長

2019 年末，新冠肺炎在數星期間，一舉改變了過去的教學範式，直接衝擊全球數百萬學生的學習。疫情之下，世界各國正在進行一個極為龐大的電子教學實驗。得悉香港翻轉教學協會把「混合式學習模式」的理念和成功範例結集成書，在此謹以此文致賀。

要推行「混合式學習模式」，相關技術和支援固然重要。然而，當中的核心，是學與教雙方需改變固有的學習觀念。

首先，我們要放下作為老師的自我或固有觀念。互聯網所建構的知識世界，浩瀚無邊，日新月異，正等待我們的學生逐一探索和發現。老師的責任，是成為學生探索知識的同行者，而不是問題的解答者。

第二，教學模式、理念的改變。教育應以學生為中心，而不是以老師為中心，教育不應再是填鴨式灌輸，而是啟發學生思考，推動學生進行自主學習。

第三，我們應該發展「學習成果導向」思維，以取代「衡工量值」的輸入導向的思維。學習效能並不是以課時、作業的多寡來衡量。

第四，老師之間的專業交流，建立學習社群，是極為珍貴的資源。老師應持續學習，迎接 21 世紀的挑戰。這本書的理念，原是促進來自不同背景、擁有不同教學經驗的教育工作者，分享他們的教學經驗和想法，實在值得讚賞。

第五，我們每一個人都可以帶領和推動改變 —— 無論年長年幼，不論地位高低。如今，正是讓有遠見、有理想的前瞻者推動教育變革的適當契機。

2020 年的疫情，彰顯了「軟技能」——溝通和協作能力的重要性，這些軟技能對於人們在動盪、不確定、複雜和模棱兩可的世界（A volatile, uncertain, complex and ambiguous world）中生存至關重要。為了充分利用「混合式學習模式」的潛力，我們需從根本上，對教育的理念、目的、目標、學習課程以及教學法進行思考。而這些革新的思考和行動，最終目標，是對應 21 世紀所需要的技能。

最後，要成功實踐「混合式學習模式」，需要課堂以外的參與者有效協作，包括決策者、技術解決方案供應者、資助者以及家長。

自「薯片叔叔共創社」於兩年前起動後，我們一直主張「重塑教育」。我們認為，不論是時、地、人、事，抑或是叩問教育核心和教學方法的探尋，每一個有關教學的範疇都有推陳出新的必要。我們舉辦了本地與國際的「重塑教育挑戰」，找尋創新教學方案，並結集社會資源支持敢於創新的變革者。我們非常感激香港翻轉教學協會對各項計劃的支持。

此刻，我們正處於教育的分岔路。其中一條路將帶我們重返疫情之前，那一套在過去 200 年也沒甚麼改變的系統；另一條路則指向將教學變得更適切、更有效、更有趣，也更有意義的方向。在新常態下，我十分慶幸香港的教育工作者作出了明智的抉擇。

序二

生動的歷史記載

程介明

香港大學榮休教授

收到本書的文稿，驚喜！

香港教育局於 2020 年 1 月 31 日宣佈全港學校不早於 3 月 2 日復課。為文時，香港也許是世界上因為疫情停課最久的地方。中國內地比香港停得早，但早已復課；世界上許多地方比我們停得遲。9 月新學年開學，還只是部分復課。停課期間，以我的所見所聞，香港教師以無盡的關愛、高度的責任心、積極的精神、難以相信的速度，煥發出長期積累的專業智慧，與學生一起度過這艱難的時刻。

然而，這一個過程，絕非一帆風順。老師們在毫無準備的情況下，從窮於應付，到勉為其難，接受現實，繼而迅速上馬，辛勤適應，瞬時學習，逐漸掌握線上學習的基本，當中，有些更是得心應手。在短短的幾個月裡面，教師的經歷，也許在正常情況下幾年都不會出現。

本書的文章，都是教師的自述。它們生動地描繪了從「停課」開始的種種轉化：在教師、學生、學校，甚至家長身上。不只是客觀上的變化，也原原本本地敘述了教師本身的轉變，是這段時期他們學習過程的真實寫照，是一份難得的歷史記載。在這過程中，豐富燦爛的嘗試，在在都表現出對學生的關懷與信任。而從中悟出的道理，其實都是深入淺出的理論，令人有勝讀十年書的感嘆。

作者們寫的時候，大概只是清心直說，不吐不快；出來的文章，卻是那麼流暢，而又那麼深刻。我相信，每一位有心的讀者，都會為之感動。

疫情應該總有一天會過去，疫情帶來的變化，必然牽連全球經濟、政治、文化、道德……而出現「新常態」。教育更是必然會面對傳統教學、自覺學習、校園生活三者並存的新局面。本書帶出的訊息，正好為教育新常態提前作準備。

本書的作者，都是前線的教育工作者，他們為著突破教育的過時常態而走在一起。香港的「校本」教育發展模式，給了他們很好的空間。這本書的出版，也表達了他們急不及待與大家分享的心意。而這，正是教師的天性！

程介明

2020 年 10 月 11 日

序三

一步一足印

陳嘉琪
香港大學教育學院實務教授

日前承蒙香港翻轉教學協會（翻協）邀我作序，當時腦中重現 2016 年翻協在九龍塘舉行成立典禮的盛況；經過多年的經驗積累和努力實踐，眼前得見新書結集，一步一足印，實在是得來不易。

在「電子學習」（E-learning）或「混合學習」（Blended Learning）尚未成為普及的學與教模式時，這些足印，已印證了一群專業的老師，為使學生更有效學習，一步一步踏上探索「翻轉課堂」（Flipped Classroom）的理論和實踐之路。

眼前的足印，有大有小；有碎步、有闊步。有些在肥沃的土壤中孕育，有些在崎嶇的山石穿插，再在平夷坦途中出現。有些可能在沙灘上被海浪沖去，但又可隨浪潮湧回岸邊，另覓萌芽新土壤。這些一切的目的，是讓教育的園圃，繁花似錦，結子落實。可喜的是，這些腳印今天都保留了下來，讓更多教育工作者追溯、反思、學習，並能舉一反三。

有些足印，是攜伴同行的，有些是孤身前行；有走長途的，有走短途的，有些更是迷途的，但它們最終都能相遇。刻苦耐勞、互相扶持、靈活變通，始終都是我們歷來文化的力量，而非拘泥於是否硬性的「翻轉課堂」。

疫情來臨之初，社會都不知道需要停課多久，但很快大家都知道情況可能會以不確定和不同的形態持續。這些足印又走在一起，而且更多的在響應、加入，沒有跨代、藩籬的隔膜。

驀然回首，多姿多樣的足印，已造就了這學習花園的構圖。以學生學習為主調的小徑，貫串花園，四通八達。本書的綱領：老師的反思、學習動機、克服學習困難、學習評估、正向教育的深刻、真實經驗，繪畫出孩子天真可愛的面容，吸引更多的同行者。

足印中使用的科技就如需不斷改善的樂器，而學與教的情詩，讓人陶醉忘我，有繞樑三日的餘韻。

同時，聽翻協老師在疫情間研討會中的分享，一方面按 Flip（翻轉）的基本舞步，如「探戈」的隨時、隨地創新發揮，因材施教，但又會積極面對限制，如隨著數碼鴻溝帶來學習差異的擴大，先要解決有些學生的情緒問題，回到基本舞步，不為創新而創新，返樸歸真。聽來像一部血淚史，但結局卻是「喜劇」，大家都能苦中作樂。

翻協的團隊作了以上的見證，娓娓道來，還啟導了十大具體、理論和實踐環環相扣的問題，讓我們走上更多共學、共創、再概念化的路。這結集，同時象徵了許多香港老師的專業足印，有理、有節，一起擁抱「新常態」，繼續昂首走向新的將來。

序 四

所有老師都能領導

鄧振強

過去一年，香港學界經歷了空前的衝擊和挑戰，本書記錄了香港翻轉教學協會一眾充滿教育熱誠的老師，在充滿不確定性的新常態下為著做好學與教而付出的心力和努力。

本書內容豐富，包括從課堂層面的科技應用和各種創意教學法，例如張雪芬老師的善用班主任時間和程詠詩助理校長的非同步與同步教學模式；到學校層面的學習社群建立歷程，例如林振龍老師的故事；進而在教育理念的反思，例如鄭淑華老師的「讓學生成為課堂的主角」和張琳老師提出的「未來的教育常態的一個核心元素是自由。自由制定學習目標，自由決定想學甚麼知識，自由安排計劃和調整學習節奏。」

我相信大家閱畢本書後，一定會承認成功的學校必須有老師領導（Teacher Leadership）。老師是學校的重要領導者，老師依其正式職位或以非正式的方式發揮其知識、技能和態度的影響力，透過學習社群和日常的互動，引導同儕改進教學實踐，應對內外變化和挑戰，著力提升學生學習的歷程。

最後，容許我借用夏志雄老師和許家齡博士的兩句話作結：「新常態展望，接納轉變，向未知啟航」，「請大家愛惜老師，也請老師愛惜自己，因為你是我們孩子的英雄。」

香港老師，加油！

序 五

我們該如何面對 2020 後的教育新常態？

劉桂光
台北市立復興高中校長

2019 年的尾聲，對全世界而言是噩夢的開始，席捲全球的新冠肺炎到目前都還看不到結束的訊號，對全球教育帶來極為巨大的衝擊。根據聯合國教科文組織的統計數據，2020 年 4 月全球有超過 85% 的學生受到影響而停課，人數近 16 億人。聯合國 2020 年 8 月 4 日發佈的《COVID-19 期間及之後的教育政策簡報》，新冠肺炎大流行對教育系統造成了有史以來最嚴重的破壞，已經影響到全球超過 190 個國家和地區的近 16 億學生。報告顯示，全世界 94% 的學生由於學校和教育機構的關閉而受到影響，在低收入和中低收入國家，這一比例高達 99%。截至 2020 年 10 月為止，全球仍有將近 6 億的學生無法正常上課。

2020 年 10 月 7 日我收到香港翻轉教學協會副會長鄭淑華老師的邀請，為協會即將出版的第二本書《擁抱教育新常態：線上教學和未來趨勢》撰寫推薦序。這個「教育新常態」顯然就是針對 2019 至 2020 年因為新冠肺炎所引起的全球性教育變革。香港的中小學因為新冠疫情，從 2020 年的農曆新年初一政府宣佈延後開學，直到現在都無法完全正常上課。這個因為外在因素所促成的香港教育內在環境的改變，透過許多第一線教師的親身實踐經驗，讓我們得以了解教育現場因為疫情停課之後，經歷了哪些動盪變化。如何克服各種挑戰，讓學生能逐漸恢復正常的學習，甚至因此發展出面對未來教育新型態的思維與做法，這其中有許多值得我們學習與反思的地方。我利用雙十假期認真的閱讀了這本書之後，發現香港的教師們已經接受因為疫情所帶來的教育變革，並且有了全面從傳統教學走向網絡教學的具體實踐經驗與未來反思。

身在台灣的我們，因為防疫的成功，成為全球極少數可以如常地維持實體上課的地方，我們守住了疫情，也守住了原本教育的環境。只是面對未來 AI 世代的來臨，面對這一波全球新冠肺炎對學習造成的影響，台灣教育的「如常」究竟是幸運？還是警訊？

因為其中的思考脈絡是：此次受疫情影響的全球教育環境，會不會因為這波疫情看不到終點，而徹底改變傳統的學校教育與學生學習型態，即便疫情逐漸恢復之後，仍然將逐漸拋棄實體授課的方式而使網絡學習成為主流，出現所謂的「教育新常態」？而台灣卻因為防疫成功，缺乏外在環境的刺激，依然守著如常的傳統教育方式？

以台灣目前的情況來看，教師對於網絡教學、學生線上學習的具體實踐缺乏經驗與反思，仍然與疫情來臨之前差不多，處在「願意做的就做，不願意做也沒關係」的狀況。網絡教學的平台以台北市為例，幾乎全部集中在「酷課雲」，某些資源較缺乏的縣市，也分享「酷課雲」作為停課時的教學平台，但是全部集中在一個平台真的比較好嗎？網絡教學與實體教學的目標是一樣的嗎？老師網絡教學的課程該如何設計？班級經營要如何進行？網絡教學只是將課堂的教學拍成影片給學生看嗎？學生的線上學習只是看影片嗎？要依照學校原本的課表作息嗎？如何評量才公平呢？資訊設備不足怎麼辦？老師與學生不熟悉網絡教學與線上學習的操作怎麼辦？網課只有設備與操作的問題嗎？線上學習可以像到學校上課一樣被有效的監控嗎？需要嗎？如果線上學習很好，那為甚麼需要學校呢？……這些重要的問題在台灣似乎都沒有具體的討論，更遑論有甚麼解決之道了！

但是，香港的教師們卻在 8 個月當中，以過去幾年資訊化教育中軟硬體的建設為基礎，由各級教師從下而上地，結合政府與學校從上而下的資源進行了縱向連結。由教師、教育團體與各級學校發動，連結學生、家長與網絡資源的橫向整合，用團隊的力量超越了疫情的挑戰，開創了教育的新常態。

這本書的內容有深刻的教育哲思，有理念與實務的分享，有未來發展的前瞻

視野。其中包括了：教育新常態正向環境的建構、教師自主學習與線上共學、教師課程分工與教學共備、學生實體學習與網絡學習的分流、網絡課程與教學的設計、網絡學習的評量、網絡課程的差異化教學、線上的班級經營……內容兼具教育哲學與實務案例分享，非常務實也很有未來的前瞻性。

從書中我們看到香港教育界從不願意接受疫情前許多的教育變革，到接受疫情來臨時所必須面對的教學轉變，體會到這樣的教育新常態是未來不得不接受的必然趨勢，然後積極的面對。這對鄰近香港又同屬華文學習圈的我們來說，其中的變化歷程真的值得我們一探究竟。

透過這本書，我看到了香港的教師們在面對改變時的勇氣與實踐能量，他們結合了各級教師，以系統性的思維及緊密的團隊合作，建構出面對這個新常態的核心價值與實踐方法，值得我們借鏡與學習。更重要的是他們有共同的目標：老師重新成為學習者，「改變從我做起」成為他們的共同信念，開放的態度成為他們共同的方向。透過挑戰完成教育創新是他們共同的理想，回到教育的初衷與回到學習的信仰成為他們強大的動能。

感謝香港翻轉教學協會鄭淑華老師的邀請，讓我有非常多的學習，她說這本書的版稅將用來回饋未來的教師培訓，帶動另一波的教育新常態。翻協的教師們熱情投入教育變革並且無私的分享，這樣的教育新典範真的非常讓人尊敬啊！

序六

香港老師教會我的事

黃國珍

品學堂創辦人、《閱讀理解》學習誌創辦人兼總編輯

這本書誕生的背景和分享的目的，不是因為豐盛，而是因為困境，所以更令人尊敬，更值得閱讀！

2020 年是一個不安的年份，在我的經驗中，這世界的明天不曾如此模糊。日常停頓了下來，而下一步又不知如何邁開。但是，時間依舊流動，許多事情不能止步，教育是其中之一。

以全球的尺度來看，台灣在這次疫情中受到的衝擊相對較低，因此得以在熟悉的節奏中延續教學的常態。但是從另一方面來看，這疏離了面對真實情境與真實問題的情況，反而可能延遲了改變的機會。因為從歷史來看，人類文明的跨步，往往起因於面對巨大困境的反思與行動。我說這話的意思，並不是希望台灣承受疫情無情的肆虐，而是想喚起居安思危的覺醒，並重視香港老師在書中展現的態度與行動，作為台灣後疫情時代教育超前部署的借鏡。

說起教育，我們習慣於把教育視為一種「傳授」的手段。但是在這個時代，我更願意把教育視為一種「分享」的方法。書中老師分享各自面對環境改變下的教學改變，透過數位工具讓教學、評測、師生關係經營得以跨越空間限制，延伸到每位學子所在之地的設計。也看到老師之間，消去科目與專業的阻隔，相互支援、互助共好的齊心。疫情蔓延的環境，解構了過往固著的教育常態，而在這新型態的創新教學設計背後，我竟看到古聖先賢的話語，以新時代的教育想像，演繹出未來的面貌。孔子說：「三人行，必有我師焉。」韓愈說：「是故弟子不必不如師，師不必賢於弟子，聞道有先後，術業有專

攻，如是而已。」「是故無貴無賤，無長無少，道之所存，師之所存也。」在這教育理想的背後，隱含著一種無貴賤、上下、他我的開放與分享精神。若教育是以「分享」為態度，將成就生命，創造集體共好做為目標。那這本書中每一位作者，可視為繼承先聖教育理想，開拓新時代教育的實踐者。勇於面對環境的挑戰，在困境中尋找解決的方法，讓美好的事物，讓恆久的價值，讓教育的意義得以延續。面對困境，生命自會找到出路，教育也是！

淑華老師邀我為新書寫序，我的心情是惶恐的。因為我所認識的香港老師和書中分享經驗與反思的老師作者們，都比我對教學現場有更多的經驗與洞見。我在拜讀的過程中，著實有許多啟發與學習。我自知難在教育專業上給予更多的回饋，不過身為一位參與教育領域的工作者，我很願意表達我對這次疫情中香港的老師們，自發為教育開展新面貌的敬意，並且把各位努力的故事與經驗分享給台灣的老師們。

我從書中各位老師的分享中體會到一件事：限制我們的從來都不是環境，而是自己！這心得看似與教育無關，卻是各位老師以行動教導這世界最重要的一課。

歷史會記得這一代的香港老師，不是因為各位說了甚麼，而是因為書中記錄下各位在困境中依然不放棄為教育努力的身影，成就這不安時代中老師與教育的典範。

序 言

教在疫情蔓延時

鄭淑華

本書策劃人、香港翻轉教學協會副會長

2020 年您過得還好嗎？

疫情為全球帶來太多的生離死別，停擺的城市有時使人窒息。社交距離、隔離、限聚，帶來的人與人前所未有的隔膜，也為我們的教與學帶來前所未有的挑戰。

8 月初，我參與了一個線上會議，希望收集前線老師在停課不停學期間遇到的困難，會上有 30 多位中小學老師代表，提出了不少對 9 月全面網課的疑慮，主要圍繞照顧特殊需要學生、引起學習動機、進行線上評估等。相信這些問題是每一位教育工作者共同面對的問題，那我們可以做些甚麼，幫上一點忙呢？我當晚就向香港翻轉教學協會的幹事們提出舉辦線上集思會，支援前線老師的想法，幹事們大力支持。就這樣策劃了「9 月全面網課準備集思式工作坊」，4 場工作坊的主題分別是：第一場「如何照顧學習有困難的學生」、第二場「如何在線上引起學習動機」、第三場「如何在網課進行班級經營」、第四場「如何在線上評估學習表現」。8 月正值第三波疫情的高峰，工作坊以 Zoom 的形式進行，也因禍得福，不用考慮場地與人數的限制，在沒有任何資源的情況之下，我們只在 WhatsApp 和 Facebook 上宣傳。一天之內，4 場工作坊 4,000 人次的名額全滿，更有不少學校校長要求全校老師報名參加。老師們踴躍報名的情況是近年舉辦教師培訓活動中罕見的，反映了老師對網課的焦慮，以及對提升網課教學效能的殷切渴望。

4 場工作坊的主題裡又劃分了若干個題目，例如追功課的藝術、減低學生掛

機率、創意式回饋、打機與正向教育等，充滿創意又實用的主題，使工作坊在愉快的氣氛裡度過。我們希望在工作坊裡帶出正面的訊息：無論客觀環境如何艱難，只要堅守教學初衷，靈活運用工具和策略，總會找到有效的方法，甚至比以往做得更好！這份樂觀積極的精神正是我們翻協夥伴們的魅力所在，無論是分享的講者，還是在聊天室或 YouTube 直播留言版上幫忙回答問題的夥伴，都堅持發揮疫境或逆境中的正能量。

在籌備工作坊的同時，我萌生了寫書的念頭。每場工作坊前我們都有一兩次預備會議，通常是在晚上 10 點開始，談到半夜。大家暢所欲言，分享大大小小的教學點子，豐富多彩，兼收並蓄，如果能把這些記錄下來，將會是華文世界裡網課操作的參考材料。我很快整理好計劃書，夥伴們一致贊成，得到三聯副總編輯李安小姐的支持，她與編輯侯彩琳小姐也全程參與 4 場工作坊，而這 4 場工作坊的內容便成為了本書的藍本。

我們是一群前線老師，來自津校、直資、私校，任教不同科目，學生成績水平也很不同。是甚麼讓我們走在一起？除了緣份外，更重要的是共同信念：善用科技，設計課堂，提升教學，成長思維。2016 年，夏志雄老師創立香港翻轉教學協會，凝聚了我們這一批志同道合的老師，幾年來不遺餘力，推動翻轉課堂、創新教學，舉辦了很多工作坊、研討會和海外觀課等教師培訓活動，漸漸有了一批忠實支持者。

2018 年我們出版的第一本推動翻轉教學的專書《翻轉 Teach & Learn ——8 位老師帶你走進不一樣的教室》，作者是 8 位翻協的核心幹事，分享翻轉教學的故事與策略。

2020 年我們出版本書，更有意義的是，16 位作者已不限於翻協幹事了，還有我們的「後援會」梁國豪校長、程詠詩助校、卓少雄老師和黃文禮老師，他們分享的教學心得集百家之大成，又自成一家之說。

本書的藍本是 4 場工作坊的內容，原以為以筆錄的形式記下分享內容便可。

但各人都為了精益求精，重新再寫分享的內容，並把每一章分成 3 個部分思考。

第一部分是從疫情初期（大約是 2020 年 1 月底至 6 月）香港前所未有的無了期停課，大家急於啟動「停課不停學」的各種方案，是「從無到有」的「破壞式建設」的起始，也見到校本的精彩之處，百花齊放。

第二部分是疫情中期（大約從 7 月到 9 月），在教育局宣佈 9 月全面網課後，各學校都在部署網課安排，是「從有到更好」的進步過程。前線老師歸納並分享有效策略，也是工作坊的主體內容，我們稱之為「教育新常態」（New Normal）。

第三部分（大約 10 月初開始），第四波疫情危機將至，教育局宣佈學校要有隨時停課的心理準備，線上線下的迅速交替教學將成為教育的下一個常態（Next Normal），混合式教學是必然的結果。課時變成學時，取消公開考試校本評核、口試等等，疫情帶來的是漣漪？還是波瀾壯闊的浪潮？太多值得我們延伸思考的問題，都寫在本書最後一節「擁抱餘溫」。我們沒有答案，但我們相信，提出問題比提供答案重要得多。

在這大半年裡，常有人問我們「甚麼是教育新常態？」當然我們整本書都在回答這個問題，都在為「新常態」尋找出路。我們可以為各種外在環境的改變制定策略方案來應對，並提出上百種工具、方法，這將會是一本寫不完的書。但在寫作與編輯的過程中，我們更多的在思考，甚麼才是永恆不變的？甚麼才是教育的核心價值？

當我們在忙於歸類「新常態」時，其實亦在為這個時代特色下註腳。創新的變成常態（Normal），那守舊的、傳統的，是否就歸類為反常（Abnormal）呢？當然這種過於簡化的二元思考未必適用，但逆向地想，常態與否一點也不重要，我們只是以人為本，因時制宜。有效的方法就是好方法，愛惜學生的老師就是好老師，像極了愛情。

最後，出版本書的最主要目的，是希望為歷史做見證，記錄香港老師應對疫情的所思所感，給本港以至海外的華文社會作參考；同時，在這艱難的時代為前線老師加油，向每一位永不言敗、迎難而上的教育工作者致敬！或許我們不能改變客觀環境的限制、社會或政治氣候的壓力，但我們身為教育工作者，能堅持的是 —— 教好每一堂課。感謝每一位購買這本書的讀者，您的支持是老師們奮鬥不懈的動力，版稅所得，將全數回饋教師專業培訓工作。我們相信，幫助一位老師，就可以幫助更多學生，明天才會更好。

2020 年，老師們過得還好嗎？

盼望日後回首今夕，老師們有更多的感恩，感恩身邊同行的夥伴，感恩信任我們的學生，感恩默默支持的家人，更重要是感謝那位認真的、努力的、始終相信教育的自己。

高涯蛻變：
老師迎接 5G、6G 的來臨

薛子瑜老師 香港翻轉教學協會人文學科召集人

明日之後：接踵而來的教學打擊

終於改完試卷，可以安心過農曆新年！開始辦年貨、大掃除了。

喜慶洋洋之餘，怎料除夕夜，附近的藥店所有型號的口罩已斷貨了！學生和同事們在群組裡四處查詢何處可買到口罩。公眾假期就在網絡上網羅醫療級別的口罩、漂白水、消毒液 …… 各方親朋好友均在外遊時，搶購各地超市的口罩。大家為保健康，紛紛以高價購買，但只是杯水車薪！香港教育局宣佈農曆新年假期延至 3 月 2 日。老師群組裡已憂心匆匆：中六級還沒考模擬試、中英文科口試怎麼辦？學生放假期間怎麼學習？文憑試的備戰怎麼上課？有人提議用會議軟件 Zoom 來進行中英文口試；有學校開始按上課時間表用 Zoom、Google Meet、Cisco 等會議軟件上課；有少數老師約學生們一起上網絡實時課；有學校要求學生回校取教材、試卷；有的在校網發放教學短片；有學校進行網絡直播，可謂「八仙過海，各顯神通」！

面對這樣突如其來的巨變，學生們也是驚慌忙亂、措手不及、叫苦連天！其實，學生們也面對防疫物資的缺乏，他們和家人四處張羅防疫物資和家庭用品，擔心家人的健康情況，心裡根本無法靜下來去上課。他們紛紛向老師求助：家裡不夠口罩而不敢出門、家裡網絡不穩定、沒有 WiFi、沒有手提電腦或平板電腦、沒有影印機、數據不足，只有一部手提電話（屏幕太小）或與兄妹共用手機。在這種窘迫的情況下，師生們都無法順利地上好每一節課。軟件的不穩定、設備的缺乏，時常讓大家飽受煎熬、煩躁不安。

常有一些煩人的問題：例如疫情中老師和學生都在家上課，他們的親人、子女亦在一起上線上課程。眾所周知，香港寸金尺土，在狹窄的家居環境中，若同一家人有兩人或以上一起上課，那麼大家的說話聲、打噴嚏聲、做飯聲、隔壁鄰居的吵鬧聲、樓上住戶的敲打聲，真是聲聲入耳！為避免尷尬，只能常常將軟件調成靜音，但容易讓人誤會沒有專心，亦未能及時回答問題。還有是否打開鏡頭上課也成了暴露個人階級身分的重大問題！在使用會議軟件初期，一般的免費版本沒有虛擬畫面，所以鏡頭一打開就真實地暴露了家裡的情況，這對師生的私隱影響更大。這些細節都對師生們造成了陰影！

更讓人非常擔心的是，師生們都充滿了抑鬱、暴躁的情緒。全球的疫情來勢洶洶，防疫物資的缺乏、家人的健康風險等等，已讓人憂心忡忡！現在還要繼續上網課，老師要處理教學、備課、追功課、聯絡家長等等事務；學生們則疲於奔命或一早放棄學習。整天都憋在家裡，使大家的情緒長期處於壓抑、緊張、擔心、惶恐和失落當中，壓力像海浪一樣一浪接一浪地掩蓋過來，讓人沮喪、情緒低落、失眠、喘不過氣！

暴雨、龍捲風、海嘯之下的酷寒，使人驚恐萬狀、混亂不安……

自尋生路與攜手並肩

「四處碰壁，尋找生機」。當政府宣佈延長農曆新年假期後，大家都在尋找「停課不停學」的教與學模式、科技方法等等「新常態教學」途徑。有些老師不斷尋找低成本的線上教學軟件，發現功能較少，使教學仍較單向，如同現場版的短片教學；亦有老師試用較貴價的軟件，但又因各功能分開收費或昂貴而猶豫不決；還有些老師以為延長假期只是暫時性，多印一些練習讓學生取回家做即可；有的透過學校平台定時發放教學短片及功課進行教學；有的為兼顧兩地學生的學習而想盡辦法。總之，每個人都在混亂中開始尋找或是摸索解決的方法。

有些人開始點亮了燈，但卻很微弱。

「我為人人，人人為我」。少數老師們開始小規模試用，比較各種網絡會議軟件，選擇適用於自己的教學模式和方案的。他們曾經各自選定會議軟件，嘗試互相扮演學生和老師，或邀請學生一起測試軟件的功能、摸索使用的竅門，以及軟件出錯所造成的影響。然後再通過這些會議軟件，聚集在一起研究軟件的利弊，分析適合自己的軟件或向校方推薦；甚至自己掏錢購買高階別的帳戶，測試與免費版帳戶的區別，這更加有利於教學的設計。若從中找到一個適合校情的軟件，便向有關代理商購買，並馬上計劃向同事們推行，準備全校網絡實時課堂。

也有一些教育團體紛紛在網路上自行舉辦網絡研討會，向其他老師介紹各種軟件的使用方法、技巧及在教學上設計的竅門；也有的老師無私地將自己使用網絡軟件的心得放在 YouTube 讓大家學習；還有的學校紛紛將網絡上使用會議軟件的短片，匯集在一起方便其他學校學習。

點亮的燈，開始越來越多，在長夜漫漫裡連成了一陣陣的燈影。

正當大家滿懷希望的時候，又一場「海嘯」席捲而來！學生們反應：家裡沒有 WiFi、手機的數據有限、家裡沒有電腦，更別說是平板電腦了，無法上網絡實時課。本來這些問題學校都可以用錢去解決，但是這些是學校的財產，如果借出校外有甚麼意外的話，那賠償是學生承擔呢？還是家長承擔？還是學校去承擔？這些財政及行政問題讓校方猶豫不決！可惜時間不等人呀！

學生們錯過了學習的機會、時間，造成的損失是無法彌補的。有的學校開始為有需要的學生購買電話卡、WiFi 蛋，將學校的平板電腦或手提電腦借給學生回家學習。可是還是有學校墨守成規：將校方的電子設備好好地保存在學校的櫃子裡。面對疫情持續，還是有學校依舊派發影印的教材讓家長去學校拿回家；還有學校靜靜地觀望疫情的發展，等一等、再等等、再等

等⋯⋯究竟是行政最重要，還是設備最重要，還是學習最重要？在這場「海嘯」中，老師們以各自的方式選擇了最優先考慮學生的學習，這正是為人師表最該做的事！

「馬拉松已跑了一半，怎麼辦」？當政府再宣佈停課多一個月到 4 月中旬的時候，部分學校已開始與志願機構、慈善團體一起為全港學校提供免費的會議軟件；有的還免費提供手提電腦給草根階層的學生。這時候網絡實時課才具備基本的技術條件！以為可以好好喘口氣，但驟然猛跌的「酷寒」已讓學生們意志消沉！原來學校已沒有按時間表上課很久了。由於每個老師掌握網絡會議軟件的程度能力不同，教學態度以及責任心都驅使他們不約而同地約學生們上課，但往往人不齊。學生從早到晚連續上課 10 小時左右，時間過長，又會偏重上某些科目的課。

可是另外一個現象是：有的同學從早到晚都在打遊戲、睡覺，整天可能只上了一兩節課，或「掛機」當成上課；甚至連功課也只是寫幾頁而已。

學生們累了，老師們也累了；燈影疏落了，夜，還很長！

隨著第二波疫情的落幕，教育局宣佈即將在 5 月底復課，持續了 4 個月的停課告一段落了。這段停課時間是香港歷史上最長的，前所未有的經歷，見證了教育同工們的各種生態⋯⋯但如達爾文所說的「物競天擇，適者生存」。人類不思進取，將被大自然、社會、群體所淘汰；如果只是隨波逐流、人云亦云，不以未來發展為目標也將嚴重滯後。

但是老師也是人，疫情消磨了許多人的耐性、希望、堅持、理想，那還剩下些甚麼呢？記得曾經有一部電影的對白說到，只有戰爭、沙漠、高山及海洋這四種環境，才能鍛練人的意志。現在加上全球蔓延的傳染病，人的意志又多了第五種考驗。除了愛，還有甚麼理由可以讓有心的老師堅持下去呢？

從「大哥大」手提電話的出現到「天地線」手機只是短短幾年；從「天地線」到具備多項功能的手機也是短短幾年；從 3G 網絡發展到 4G 網絡也是短短幾年；現在 5G 已開始使用，反觀我們的教學方式從農業時代的單向教學、到工業時代，直到現在還是單向教學。讓我們不禁反思：為甚麼科技已經日新月異，但教育發展仍然停滯不前？面對世紀大疫情的爆發，我們的教育還是沿用了幾千年的模式，絲毫沒有太大的轉變呢？

這幾年香港學校全部裝上了 WiFi，政府出資可以購買平板電腦，學生們已成了數碼原住民，成年人反倒成為了數碼新移民。兩代人之間的教育和數碼能力在環球疫情的衝擊下暴露了嚴重的鴻溝。現在 5G 比 4G 速度快、容量更寬闊，加上人工智能隨著 5G 逐漸普及在我們的日常生活中，例如幫助我們批改作文或者一些高階思維的思考問題，雖然這些題目沒有標準的答案，但是 5G 和人工智能的出現很快累積大數據，就能幫助我們找出表達不一或者是語句紛繁的答案。學生的初級、中級能力培養已有科技幫忙解決，而評鑑能力和創造能力就靠具有豐富經驗、高閱歷、敏銳力強等高能力的老師了。

到時候，我們這些數碼新移民還可以怎麼與這些數碼原住民（學生們）相處？記得在《聖經》上有一個故事：當老鷹年老的時候，牠會在高山的巢穴中儲存一定數量的食物，然後用自己的鷹嘴把那些翅膀上豐滿的羽毛一根一根地拔掉，接著還會用鷹嘴把爪上的表殼啄去，為的就是讓羽毛和表殼重新長出來。接著牠開始了最艱辛和最後那一步，就是把自己鷹嘴上的表殼撞擊在岩石上，令表殼慢慢脫落，忍受著傷口的疼痛和飢餓，等待鷹嘴表殼重新長成。當新的羽毛、有力的鷹爪、尖銳的鷹嘴長好，牠將再次擁有天空！我們這些數碼新移民如果仍然抱著幾千年的單向教育思維，仍然依仗我們是知識的擁有者，仍然抱著僥倖、安全的心理，那不久的將來我們將一蹶不起，成為時代的落伍者。

其實 6G 已經開始測試了，例如某電能汽車的製造商已經把數以百計的低空衛星發射到地球的表面，通過衛星訊號代替地面上的訊號發射站，以激光取代光纖電纜，結合電能造就新一代的電能無人駕駛汽車。「傻強」、「BB-8」、「R2-D2」不再是電影道具，而是家家戶戶都出現的智能機器人。那我們的教學又會出現甚麼的巨大變局呢？

記得一位哲人曾說過：「在 21 世紀，為甚麼還有文盲？」當時我聽了這個問題想了很久，他所謂的「文盲」是指甚麼呢？是不是我們理解的那些目不識丁的人？後來經過朋友的解釋，我才明白這位哲人所謂的「文盲」，就是指在這個科技發展劇增的時代，那些永遠只停留在原地踏步，不去學習新事物，抱殘守缺，甚至抗拒學習新事物的人。回想人類的發展：從舊石器時代轉變到新石器時代花了約 200 萬年；反而從新石器時代進入青銅器時代卻只是花了約 3,000 年；而從青銅器時代轉入鐵器時代也只是花了約 2,000 年。2G 發展到 5G 只花了十多年。人類掌握工具、知識的年代進化越來越快、時間越來越短。進入 6G 時代將不是遙不可及的夢，而是可能在短短的未來幾年以內發生。

這次全球疫情對人類歷史發展影響深遠，是受感染人數創新高的巨大事件，牽動人類在各方面都產生巨大的反思，特別是在教育方面，幾千年以來的單向授課，已被全球疫情所打敗！科技以無可取代、更新頻密的態勢深深地融入人類的教育當中。作為老師，是擁抱改變、接受未來，但舉步維艱；還是堅持不變、擇「單」而守，而鞏固安逸；還只是做好這份工？雖然這只是個人的選擇，但你身邊的同事、學生、家長、社會皆在時代巨輪的推動下，影響著你、我、他。

燈火雖受外在的影響，可能會隨時熄滅；但火種仍然在你心中永遠發光、發熱；更讓人心中唱起了：「千斤重擔兩肩挑，趁青春結伴向前行」，腳步仍未停下來。

CHAPTER 1

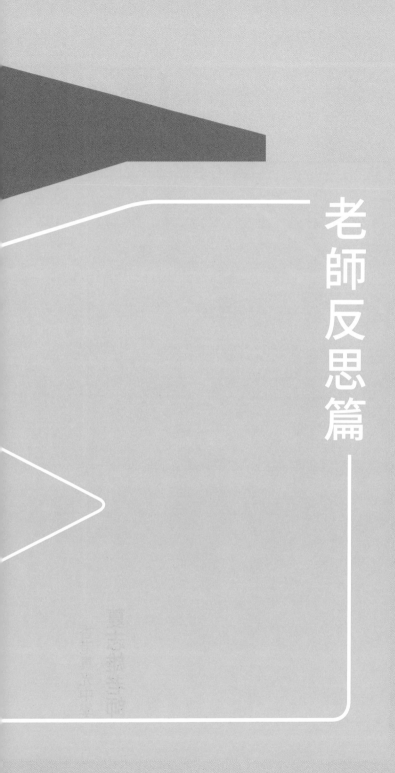

老師反思篇

新常態的電子化領導

香港真光中學

夏志雄老師

電子教學變成必須、唯一的教學渠道

2020 年的新年，是香港不少家庭團聚的日子，當晚正在同家人一起吃團年飯時，手機就傳來令人頗感震盪的短訊：政府因新冠肺炎（COVID-19）疫情發展迅速，宣佈全港學校停課，以減低老師學生因面授課堂而交叉感染的風險，「停課不停學」就在這一日開始。只是，沒有人想到要到同年 5 月下旬，全港中小學才可以分階段復課。

「停課不停學」維持了近 4 個月，如果以每年 6 星期的暑假來計算，時間等同兩個半暑假。在這個階段，學界發生了翻天覆地的改變，除牽涉學校每一個持份者外，這些改變是不可逆轉的（Irreversible），更是全球教育界要面對的問題。記得求學時期，聽過一首動聽詩歌 Pass it on，第一句的歌詞就是，「It only takes a spark to get a fire glowing.」而現在世界的境況是，「It only takes a virus to change the world. 」改變世界，只需一隻病毒。我們已經不能走回頭路，回到疫情爆發前的做事方法。以下，我將會分享作為一個在學校內推動電子教學的老師，怎樣透過科技、策略、同理心，帶領一間學校轉型，由無到有，由有到更多更好，從舊常態過渡到新常態（New Normal），並準備迎接下一個常態（Next Normal）。

在疫情爆發之前，電子教學對學界很多老師來說，仍是一種「可做可不做」的教學法。縱使政府在 2014 年已經推出「電子學習學校支援計劃」（俗稱 WiFi 100），並在 2015 年開始推行第四個資訊科技教育策略（俗稱 WiFi 900），全面在本地公營學校推動電子教學，但在不少老師的心目中，實踐電子教學或有機會提升教學效能，但不實踐亦不會有太大問題，至少還有實體課室可以進行教學，為何要學習使用科技？電子學習只是一種「有就更好，無都無所謂」（Nice-to-Have）的東西。可是，疫情的來臨，「停課不

停學」的開始，學生上不了學，實體課堂不見了，新常態促使老師的想法（Mindset）有所改變，電子教學已經成為必須（must-have），也是唯一的教學渠道。我親眼目睹不少老師的轉變、頓悟，特別是一些科主任，以前也從不接觸電子教學，在新常態下積極學習，主動提出各種技術問題，我作為校內電子教學的推動者之一，實在感到欣慰。

天各一方，遙距支援老師「停課不停教」成主流

「停課不停學」，是以學生及正面角度去看疫情對教學的影響。但對老師來說，整件事其實是「停課不停教」。如要帶領老師成功地走過這段日子，並安舒地轉型，制定網上教學藍圖，並給予老師全方位的支援，最為關鍵。以下，我將會介紹網上支援的關鍵策略。

支援由心出發，協助老師自學

停課開始，校內、校外有大量老師在短期內需要學習使用科技進行網上教學，包括使用學習平台（Learning Management System，LMS）收發功課，製作教學影片，及進行網上實時教學（開 live）。試想像，如果從一個不是經常接觸電子教學的老師角度來說，這麼多工具學得來嗎？這些工具會有成效嗎？所以我們推動及支援老師踏出第一步，嘗試實踐網上教學時，必須具備同理心。嚴格來說，「停課不停學」不單是指部分時間進行網上教學，而是指百分百網上教學，或稱呼為「遙距教學」。在以往，這些科技教學工具的學習需要不少時間，而且會透過面對面的動手做工作坊進行。香港老師一向課務繁重，所以不少老師尋找學習空間會有困難，而且面授的工作坊受

指定時間空間所限制，未能成功調動課節的老師就會錯過學習機會。但可喜的是，在新常態之下，因為沒有了面授課堂，老師的空間擴闊了，可以專心一志地學習如何進行網上教學。只是疫情關係，加上限聚令，我們不能為老師安排面授的工作坊，最後工作坊都要經網上進行，面授動手做的工作坊就變成網上研討會（Webinar）了。此外，為了支援校內同事及校外老師學習新技術，我和香港翻轉教學協會的幹事，製作了多條教導老師如何進行網上教學的影片，放在網上公開給老師們參考，內容由科技工具的使用到教學法及心得都有。製作支援影片的好處，就是老師可以隨時隨地收看，沒有時間空間限制，即是我們可以透過資訊科技本身的優勢，增加老師的教學自主性（Autonomy）。記得數年前曾經在一個 E-leadership 工作坊學過，及在另一個國際教學研討會聽過，要做得好教學，老師的自主性是首要關注的，因為它是幸福感（Well Being）重要的一環，現在也得悉這是心理學中自我決定論（Self-determination Theory）的中心思想。

大家一起學，到位及時支援很重要

老師要進行網上教學，問題隨地隨時會發生，所以使用即時通訊軟件、設立 WhatsApp 群組是少不了的支援。因為我一人回答不了那麼多的問題，而群組內總有一些資訊科技能力比較強的老師，會主動幫忙。在充滿變化及艱難的時期，這些群組的互相扶持的正面影響力可以很大。某程度上，整件事是整間學校都在一起學習，一起成長，甚至包括學校的領導層。而若日後有空間，可以把群組內的問題及相關回應，整合成一個問答冊，節省回答重複問題的時間，也可以為下一波疫情及停課作準備。

電子學習領導，須從改造環境入手

記得剛剛逝世的著名教育演說家肯尼‧羅賓森爵士（Sir Ken Robinson）在
TED Talk 中曾經描述過：教育不應該被視為是一個工業系統，而是一個農業
系統才對。學校領導層的責任，就是從環境入手，打造一個讓老師、學生都
能夠發揮所長的場景，包括網上教學。這就好比一棵農作物要發芽成長，就
需要陽光、空氣、泥土、水分。那麼，老師在網上教學要發芽成長，需要甚
麼陽光、空氣、泥土和水分呢？下圖是我的理解與體驗：

若能做齊及做好這 4 個範疇，老師的成長指日可待。我要特別強調的是教學

圖 1 老師成長所需的陽光、空氣、泥土和水分

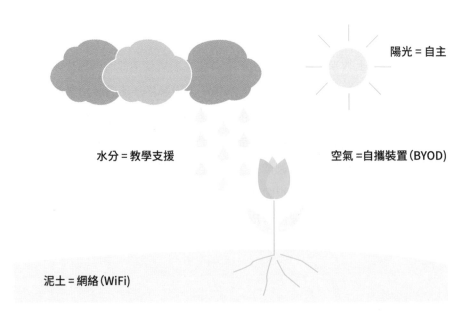

支援，支援做得不足夠，就等於植物缺乏水分一樣，老師很快會枯乾。這也好比在沙漠長年不雨，最後只剩下具備某些特別質素的植物才能生存，例如仙人掌。可是在停課不停學的年代，我們不希望學校像一個只有仙人掌的沙漠，只有少部分老師能夠成功做網上教學。我們想要的是一個百花齊放的綠洲，一個 Everyone Can Do Online Learning 的學校。所以，我們就需要進行灌溉，改造環境。

策展支援網站，推動老師自主學習

對網上教學的問題，有一些是不能夠用三言兩語去解答的。其中一個方法是把解決問題的影片連結發送給求助的老師，至於尋找合適影片方面，可以自行製作，或在 YouTube 上輸入適當的關鍵字便可。但是如果要推動老師作有系統的自主學習，把相關的影片資料及文檔，有系統地進行策展（Curate），並以簡單網頁形式展示就相當重要。這類網上教學支援網頁，對初接觸網上教學的老師相當有幫助，因為他們知道學習某一領域，需要掌握哪些及多少技能，就可以進行網上教學。我自己就利用 Google Sites，為校內老師製作了一個支援網頁。我也在社交媒體及 WhatsApp 群組分享網頁，因我相信這也是學界很多老師的需要，資源分享是不需要吝嗇的。

支援內容若分科，老師學習笑呵呵

以往在教育局主持電子學習工作坊，或親身到各間中小學主持教師發展日，培訓活動設計重點，首要是必須具備動手做的環節，第二就是在有足夠導師的情況下，進行分科、分學習領域（Key Learning Area）的平衡環節。

因為各個學科對使用科技教學的需求各有不同，各科用的 App 也不盡相

同，而即使用同一個 Apps，各科的用法亦不相同。例如在停課期間，校內及校外很多老師都會使用 Zoom 來進行網上實時教學，但是起初大家也不懂得如何使用 Zoom，因為受本科的訓練及經驗所限制，即使我拍攝教學影片，也只能夠從數理科老師的角度去拍。那麼，語文科及人文學科老師使用 Zoom 教學的方法又如何呢？我可以從哪裡得到支援，去支援校內老師這方面的需要呢？答案就是問校外各科使用 Zoom 很有心得的老師們「借」影片。背後的理念是，由語文科老師指導語文科老師使用 Zoom，一定勝過由非語文科老師指導。原因十分簡單，因為導師與學員之間的教學情景及需求相近。因著是同科的關係，導師十分了解學員的需要，而學員也信任導師所教，與自己學科有切身關係。所以導師在拍片或教學過程中，自然就可對症下藥，作出針對性引導，設計客制化（Customised）的教學內容。當然還有一個環節，就是老師在使用 Zoom 開網課之前，我們在校內先行利用 Zoom 開會互相交流，讓老師先熟習新環境及新工具，才有信心及安全感去嘗試。

工具有得揀，先至係老闆

學界在使用電子學習工具時，往往會有一種迷思，就是學校的領導層，一般會要求校內所有師生共同使用同一平台或工具。這個做法的好處顯而易見，就是所有人遇上的困難都是同一個平台的問題，支援會比較簡單。可是這個做法其實有兩大問題：風險管理問題，及削弱老師自主教學性。

記得當全世界很多學校都使用 Zoom 做網上實時教學後，就出現了各種網課保安漏洞，一些是因用戶的不小心設定，導致有外人入侵課堂，擾亂課堂秩序，即所謂 Zoom 轟炸（Zoombombing）。還有是課堂錄影被上載到網上，師生私隱受到侵犯。後來 Zoom 母公司作出了一系列的軟件更新，加上用家醒覺到，網課的私隱是需要重視的，情況才得到改善。但學界因這件事上

了一課，就是依賴單一平台具有風險問題，就如將所有雞蛋放在同一個籃子內，平台一有事，全校網課就癱瘓了。第二個問題，就是並不是每一位老師及學生都習慣或喜歡用 Zoom，例如有些老師慣用 Google Meet，劃一用 Zoom 就會限制了一部分老師的選擇。既然工具本身並沒有任何排他性，在電腦上安裝了一個工具並不會使另一個工具用不到，那麼我們何不讓老師「有得揀」？於是我和學校的領導層商量，建議學校應該容許老師使用 Zoom以外的網課平台，一方面減低風險，另一方面可以百花齊放，各人可用自己擅長並感到舒暢的工具。所以最後我學校的決定是 Zoom、Google Meet並用，將雞蛋分開兩個籃子擺放，風險就會降低。更何況在電子教學的世界，使用甚麼科技工具其實是次要，最重要還是教學法（Pedagogy），即是老師如何善用工具進行有效的網課。所以電子學習領導，應該在情況可行之下，「留白」給老師選擇，拓闊老師的自主空間。

BYOD 並非一個選擇，而是勢在必行

BYOD 是甚麼？與 1:1 有何不同？

在疫情前，學界有一定數目的學校，已開始或正在計劃推行 BYOD（自攜裝置）計劃。BYOD 全名是 Bring Your Own Device，在外國已經流行多年，特別是一些企業，容許員工自己攜帶習慣使用的流動電腦回辦公室工作，只是該部裝置需要符合企業某一些政策及規則，例如不可藏有病毒，以免在公司網絡內散播；而企業則提供工作所需的傢俬、電源及網絡。因為員工用的是自己習慣用的裝置及軟件，所以工作效能自然提高。BYOD 套用在學校的場景上，就是讓學生攜帶自己的流動裝置，回學校學習，而老師的課堂亦須重

新設計，捨棄講台式的單向教學（Sage In The Stage），並透過「從做中學」的理念，設計讓學生利用流動裝置在課堂要完成的任務，老師則在旁提供指導（Guide On The Side）。

BYOD 第一個字母意指 Bring，本意是學生可攜帶任何流動裝置，包括筆記本電腦、平板電腦、智能手機等。可是在香港學校的處境下，這個跨平台的做法在課室的教學環境中並不可行，因為科目老師不可能兼顧不同平台裝置帶來的純技術問題。所以大部分學校推行 BYOD 時，都以劃一平台為標準，這又回歸到電子教學的基本理念：科技只是手段，教學才是重點，只要選擇一個合適校情的裝置平台，師生容易操作，促進學與教的效能，又可培育 21 世紀所需的能力，就是一個理想的選擇。此外，比 BYOD 更早實踐個人化科技學習，是在 90 年代 Apple Education 提倡的一人一機計劃（1：1 Initiative），也是包含劃一硬件平台，並由學校提供手提電腦，以促進科技學習的理念。

BYOD = Buy Your Own Device 嗎？

在學校推行 BYOD 計劃，並不等同每個學生買一個流動裝置用就完事。相反，購買流動裝置只是一個開始，學生日後如何使用流動裝置作為學習之用，而不是純粹用作遊戲及娛樂，才是 BYOD 的精神。此外，流動裝置也不一定要買新的，如果學生早已購置，直接攜帶回校使用便是了。記得在 2014 年，我在校內推行第一屆 BYOD 計劃時，為了讓家長及學生了解計劃目的及內容，學校為家長舉辦了 3 場 iPad 工作坊，由我親自主持，讓家長及其子女親身體驗使用 iPad 學習的樂趣。

印象最深刻的是，除了家長十分投入「動手做」的學習過程外，還有原來

家長並不知道有學習型 Apps，例如 Kahoot!、Keynote、Explain Everything、iMovie、Nearpod 等。原來對很多大人來說，流動裝置只是一個娛樂及溝通工具，加上他們在求學時期，並未有這些新科技發明，更遑論有用它們來學習的經驗。於是我醒覺到，BYOD 其實並不只是一個攜帶機或買機計劃，更是一個教育大人的計劃，讓他們重新了解何謂利用科技學習。此外，當年學校更為家長舉辦了公開課，讓家長親身到電子學習現場，了解其子女如何使用科技學習，並在過程中獲得樂趣與啟發。這類公開透明的教學活動，大大增加了家長們對 BYOD 的信心。

推動 BYOD，方法總比困難多

曾經聽過一些學界同工反映過，BYOD 為學校帶來了不少麻煩和困擾。這在某個程度上是真實的，因為 BYOD 對學校來說，確實是一種新常態，一種在學校領導層的規劃下，按部就班地進行的新常態，涉及學校所有持份者，包括校董會、領導層、老師、學生、家教會、家長及校友等。每個持份者對 BYOD 的看法不盡相同，即使是老師之間，及學生之間也有不同意見，提出各種疑問。

例如老師會問：容許學生攜帶 iPad 上學，會有遺失或損壞問題嗎？學生上課時會拿 iPad 出來娛樂，例如玩遊戲或看音樂影片嗎？學生用 iPad 上課後成績會有進步嗎？如果成績下降學校又怎麼辦？

學生就會問：我可以攜帶 iPad 以外的平板電腦回校嗎？我的 iPad 可以安裝遊戲 Apps 嗎？

而家長就會問：有哪些學科會用 iPad 上課呢？是否每堂都需要用嗎？學校

會用電子書嗎？

所以我在學校推行這項計劃時，就會盡量吸納各持份者的意見，嘗試在中間找一個平衡點，找一個「最大公約數」，使所有人的意見都能在某程度上得到接納。

以個人經驗來說，電子學習、BYOD、翻轉教學，從推動者的角度來說，三者中最難的確是 BYOD。原因是推動電子學習，我是與願意做先行者的老師協作，大家教學理念 近似，連喜歡看的書籍及 TED Talk 也有相同之處，所以合作相當愉快。而翻轉教學，就可以先由自己一個人做起，在開始時是可以不需有其他同事一同協作，所以只涉及一個人的意願，那個人就是自己。

但到 BYOD 計劃，涉及學校所有層面、轉型，特別是我需要一些意見不同甚至相反的人協作，這就是難度所在。所以首要的是同理心、從對方角度設想，那麼阻力自然減少。

第二個關鍵，就是把 BYOD 計劃中所涉及的問題，全部按持份者分類羅列出來，有些問題不能直接找到解決方法，就將它再拆散成小問題，直至細到可以解決為止。這個解決難題的方法叫做化整為零（Divide and Conquer），而我們中國古人也有類似解決難題的故事，叫曹沖秤象。

現在回想 7 年前推行 BYOD，學校是足足用了一年時間做準備。而推行計劃的第一年，就是我工作量最大的一年，我深切體會到何謂萬事起頭難。但有趣的是，到了計劃的第二年，工作量及壓力已經大減，到第三、第四年，基本上感覺是駕輕就熟，原來校內各個持份者，已漸漸意識到這是一個新常態，會自動「埋位」，一同協作，這是當初推行計劃時想像不到的。

而到了 BYOD 推行 7 年後的今天，學校已成功轉型，校內各持份者已意識到使用科技教學，是學校一個的既定政策。而整間學校，也在一個更有效能，更能夠面對轉變的層次下運作。就如薩提爾改變模型（Satir Model of Change），對學校的各個持份者來說，在舊常態（Late Status Quo）中，來了一個外在的新元素（BYOD），大家就會經歷一段混沌（Chaos）日子，直至有人提出一些創新意念（Transforming Ideas），解決了新元素所引起的問題，整間學校就會進入整合期，並在一個更高層次的 新常態下運作。而且，整個改變過程是在一個受控的情況下進行，將來學校就更容易適應突如其來、且不受控制的改變，包括今次因疫情而停課帶來的新常態。

BYOD 使學生更 Ready，縮窄數碼鴻溝

推行 BYOD 多年，對學生來說最重要的收穫，是學校把資訊科技工具，重新定義為學習工具。舉例來說，流動裝置例如平板電腦及智能手機的發明，目的是要為用家帶來溝通及娛樂的方便，裝置本身的設計並沒有太多教育功能。

但學校用了這些流動裝置作為教學用途，這個過程就是已經改變（Repurpose）了流動裝置的使用目的。所以當疫情來到，政府宣佈停課，學校要進行網上教學時，學生及家長那邊廂早已準備好，因為她們早已認知到 iPad 是可以用來學習的，早已熟悉裝置各種操作細節，早已使用各種學習型 Apps，充其量只是安裝多一個上網課的 App，例如是 Zoom 或 Google Meet。

加上 BYOD 用的是 iPad，屏幕一般有 10 吋大，上網課看老師的投影片或筆記，絕對是比用智能手機 4 至 6 吋的小屏幕來得舒服，眼睛不會那麼疲

勞。香港大學教育學院陸羅慧英教授剛對網上學習做了一項名為「數碼素養360」的研究，發現小屏幕對學生在網上學習有負面影響，所以這更凸顯了 BYOD 有效縮窄數碼鴻溝，增加學生得到公平學習的機會。

結語

在今年 9 月下旬，全港學校再次分階段恢復半天的面授課堂，距離全面恢復面授課堂相信還有好一段日子。而且，即使恢復了面授課，如果學校有教職員或學生確診了新冠肺炎，全校就必須立刻停止面授課兩星期。

換句話說，新常態會是網課與面授課交替進行，即所謂線上線下的混合式學習（Blended Learning）。面對這種不斷改變的局面，我們作為前線教育工作者，最貼地的態度，就是接納（Acceptance）轉變，接納這是新常態。

因為拒絕改變，很大機會會影響我們的情緒和行為，薩提爾改變模描述的混沌狀態就會在我們的內在出現。

況且，如果能夠接納我們改變不來的事情，很吊詭地，最後我們反而有機會改變現況！至少，我們的情緒不會先被變化所影響到，會有較平靜的心態尋找創新意念解決問題。

此外，我們也應當學習在受控的情況下改變自己，稍微離開自己心理上的安舒區，進入「最佳憂慮區」（Optimal Anxiety），提升效能及創造力，勇敢地在充滿改變的大海中啟航，駛向未知的領域！

我的教學設備

iPad Pro 2020
畫圖、寫字、打字、分享屏幕，用來觀察學生上網課的頭像，用途太多，不能盡錄。

網課美顏燈
在 Zoom 未有自動曝光功能之前，這盞燈使老師在上網課時顯得精神奕奕，不會像電影情節中奸角在進行視像會議。

手寫板
當 iPad 用來觀察學生上課情況時，手寫板就可以用來寫字及在筆記畫面中寫註解。

網課時間表
即使是互動網課，有時老師都會「長氣」了。準時上課，準時下課，是一種美德。

疫情下的教學新常態

教學新常態

香港華人基督教聯會真道書院

鄭淑華老師

疫情下，老師的成就解鎖

2020 年，因一場世紀疫症，全球數以億計學童不能回校上課，為使停課不停學，學校老師出盡渾身解數，務求學校不因疫症而停擺。老師配合電子學習工具，教學發生翻天覆地的改變。疫情由的（Epidemic）到全球大流行（Pandemic），停課急忙得令人手足無措，「破壞式建設」在每間學校裡以自己的速度推進。在這過程中，至關重要的力量，必然是前線老師。

對於停課，我們並不陌生

2019 年「香港反修例事件」演變成大規模的罷工、罷課、堵路，當時學校也不得不停課。大專院校早於 9 月開學時已宣佈全面網課，至 11 月中教育局宣佈中小學停課，但當時的停課宣佈仍是擠牙膏式的，幾乎是教育局每天宣佈明天繼續停課，結果停課持續了 7 至 10 日不等。這種安排對學校或老師而言，很難作出規劃，因為我們天天都在想，也許明天就能與學生見面，一天半天的停課就當作是打風假。我當時也沒想太多，只在社交平台發些訊息，關心一下學生而已。

而作為電子教學的推動者，我給學生的功課或自學材料並沒有因停課而受到影響，我繼續在 LoiLoNote School 學習平台給學生指導。學校也沒有要求老師必須給學生功課，有些語文老師給學生推薦書目，著學生自修，但又因為沒法到圖書館借書，不少學生只能看家裡現有的書本。2019 年 11 月的停課初體驗，短暫而且情況特殊，大部分學校老師都覺得未必會再發生，維持現況也未嘗不可。當然也有小部分學校先知先覺，開始探索線上教學的工具，為下一次停課作準備。這些學校成為了 2020 年農曆新年假後以網課實踐「停課不停學」的先行者。

對一直推動翻轉教學的老師而言,停課真的不是難題。記得 2018 年超強颱風山竹襲港,由於破壞力太驚人,當時的打風假有兩天,我立即給學生佈置了一個任務。學校位於調景嶺,那裡海濱長廊的磚塊都被吹起了,一片狼藉,有位來自智利的居民自發清潔海濱。她在接受傳媒訪問時表示,智利有很多天災,居民都會自己清理,不用等待政府,自己的家園應該自己守護。我覺得這種精神很值得學習,便設計了一份作業,讓學生為她創作中文口號,帶出這份互助精神。

學生以小組試協作,更為口號配上音樂,加強感染力,並在線上平台遞交。這些作品還可上載到社交平台,呼籲更多市民收拾風災後的家園。就這樣一個簡單的例子,說明停課真的不必停學,有了電子學習平台、手機、平板電腦,學習早已不限制於實體課室。

停課不停學,不是停課不停做功課

停課不停做功課,不代表學習就會發生,如果老師給功課後不批改,學生沒有得到回饋,做功課恐怕只是耗費了時間、精力,沒有學懂新知識,還漸漸地消磨了做功課的意志,喪失學習動機。

有了智能電話及平板電腦後,老師製作教學影片實在太簡單,而且可以重用,一勞永逸,甚具效益。因此,在停課初期,我們盡力教導同工們製作教學影片,那怕只是在投影片(PowerPoint)上錄下自己的講解,也能為學生指明學習重點,稍為貼近課堂教學。

2020 年 1 月 31 日,教育局宣佈全港學校停課至不早於 3 月 2 日,連同農曆年假期,這次停課的日數幾乎抵得上一個暑假。此時停課不停學已得到廣泛

共識，但怎樣做到呢？單純以教學影片作為輸入，讓學生自學，再配以課業做鞏固，這個方法是否長久可行呢？我很懷疑。第一，學生遇到不明白的地方難有詢問的途徑，教學影片未能完全照顧學習有困難的學生。第二，學生的課業表現未能完全反映學習情況。因此，必須增設互動交流的空間，讓老師輔導學生，同學之間又可以互相討論。早在農曆年假時，我就在 YouTube 頻道裡分享了用 Skype 跟高中學生上課的方法，疫情前已這樣做了。我們不用回校借課室，也可以選擇學生喜歡的時段，例如晚上 9 時至 11 時。這是我們行之有效的方式，所以因疫情停課期間也沒有太大影響，我隨即向學校提議線上課堂與線上自學互相配搭的方案。

非實時 Lecture，實時 Tutorial

線上學習主要分為實時同步與非實時兩種模式。非實時模式就是我們拍片給學生線上自學，強調可以由學生調節學習步伐，影片可以由學生控制快慢停連，但缺點是比較單向，老師也較難檢測學生的學習進度。實時同步則是利用線上會議工具，進行線上課堂，在 2020 年 9 月全面網課期間，便是以這種實時同步的課堂為主流。實時同步講求互動和討論，如果單純講解書本內容，以教學影片等非實時的方式代替即可，無需強迫全班學生定時定刻坐在電腦前學習。老師只要理解實時同步與非實時的不同特性，自然能設計出兩者搭配得宜的好課堂。

疫情下校內培訓速成班

核心問題來了，我提出的方案必須配合教師專業培訓，確保全校老師們都懂得拍片與上網課，才能要求兩者配搭實施。在疫情期間的教師培訓份外艱難。製作 YouTube 短片分享簡易拍片方法與網課工具運用，與同工「開心

share」可以很簡單，因為願意搜尋短片來自學的老師肯定是高動機的學習者。但在校內做全校教師培訓，一直礙於強迫觀看，效果大打折扣。今年再因疫情嚴峻而不可面授，到底怎樣才能讓全校老師在短時間內學會？我除了拍片以外，還跟同事一起製作了網頁，編輯與分享坊間優秀工具的影片，讓老師選擇最適合、最感興趣的工具自學。我的 YouTube 頻道及教師專業培訓自學網站見頁 65 的 QR code

配合實際行政需要，讓老師用 Zoom 開全體會議及分科備課會，老師輪流做主持人，試用不同的功能。又為了讓老師們在使用上更得心應手，我和同事製作了 Zoom 設定懶人包，老師跟著設定就可以，無需逐項了解，省卻不少時間。

當然，最省時的是學校的技術人員直接設定好全體老師的賬戶，讓老師安心使用。在硬件與工具配套做好後，教學設計才是老師的專業，才是成功的關鍵。我們又展開了一輪又一輪的分科網課工作坊，集中談課堂設計。但是，社會上紛紛擾擾的聲音，沒法讓老師專注在教學設計上，要拆的炸彈還多著呢！

全港老師的一堂資訊安全課

炸彈一：私隱

在網課初期，老師和學生有很多憂慮，學校的政策又要師生共同遵守，因此衍生出兩大常見問題：開不開鏡頭？可不可以錄影？

為了讓老師更掌握學生的學習狀態，確保專注上課，學校要求進行網課的師生都要開鏡頭。校方統一規定，有利於老師執行，但阻力也很大。坊間有家長及學生群組表示反對，說用不了工具上的虛擬背景，不便公開家裡情況，又怕學生之間互相比較。最令人頭痛的是私隱問題，一方面網課錄影有利於學生重溫課堂內容，但另一方面又會擔心開著鏡頭錄影的影片一旦被轉載分享或上載至社交媒體，會侵犯私隱。有些老師憂慮得連自己也不敢開鏡頭，有些老師則不再要求學生開鏡頭。

因為怕某些人不守法規，而廢掉工具的優勢，該如何取得平衡？這在老師個人的層面未必能解決，唯有校方完善政策配套，方可保護師生。以我校為例，上網課必須開鏡頭及錄影，但事先要得到學生同意，而老師每次分享上課片段給缺席者自學時，都會再發文字聲明，表明不得上載或分享影片，違者或觸犯私隱條例。這樣的警告字眼可以盡力保障大家的「權益」。其實開不開鏡頭不是重點，有沒有專注學習才是關鍵，老師殷切地關顧學生學習情況，這一顆心意應該得到尊重。

炸彈二：Zoom 的資安風暴

我和翻協的夥伴在今年 2 月初不停試用各線上會議工具，主流的有 Zoom、Google Meet、Cisco Webex 和 Microsoft Teams ，各有特色。其中以 Zoom 最受歡迎，因為其功能強大，可追蹤專注力、分組討論、分享連結等，十分便捷。而且香港的 8 所大學一致選用 Zoom 作為推薦網課平台，自然得到大部分中小學老師的青睞，我也不例外。從 Skype 轉用 Zoom ，也製作了幾條 YouTube 短片，介紹 Zoom 的功能，以及虛擬課室管理的貼士，廣受同工歡迎，而且觀看對象不只是老師，還有想要教導子女用 Zoom 的家長 。即使日後有了更新版，這條短片仍有近 9 萬點擊率，真的超乎我想像。

Zoom 由商用會議軟件，瞬間變成用戶數億的線上學習工具，成為疫情的最大得益者，股市翻了幾番，然而樹大招風，頻頻爆出資訊安全漏洞。部分老師缺乏資安經驗，使用 Zoom 時沒有設好門防，使外人有機可乘，入到課堂搗亂，甚至分享色情畫面，引起媒體廣泛關注，美國、新加坡、中國台灣教育部甚至一刀切禁止學校使用 Zoom。

這次資安風波，促使大家思考，工具的便利往往暗埋資安危機。老師在選用電子教學工具一般集中考慮功能及介面設計，較少關心資訊安全。道理很簡單，老師開網課為求方便，不設密碼或等候室，在虛擬世界裡，如同在公眾地方做公開課，當有路人闖進，你卻驚訝於怎麼街上會有人？不應怪責網課的工具，而應該自問為甚麼有門衛卻閒著不用。

Zoom 後來不斷優化安全設定，包括必須設等候室或密碼，檔案連結在會議中的聊天室裡不能直接打開，而且伺服器儲存位置可以選擇不同地區，算是緩解了公眾的顧慮。而我學校的專家小組從 2 月底準備網課開始，就堅持要全體師生要以 Google 賬戶登入 ，也要求必須同一個 domain 的用戶才能進入網課。開始時是很痛苦的，因為有大量的技術問題要處理，但克服了這一步，師生都能安心上課，非常值得。

全面網課策略：推倒重來？還是拆牆鬆綁？

疫情持續，從今年 2 月底到 7 月初，因第三波疫情爆發，全港學校提早放暑假。其後，教育局宣佈 9 月如常開學，全面網課。這個消息震撼了教育界。有不少學校從沒有實行線上實時授課，只給線上自學功課，9 月便不得不嘗

試網課了。同時，全港學校老師也要面對 9 月新生入學，怎樣與素未謀面的學生在線上建立關係，成為各個老師頭痛的課題。在 8 月至 9 月，教育界有大量的線上工作坊，前線老師分享網課的有效策略，與混合式教學的實踐。在這個時段，我們有大量的反思，當我們面對全面網課而感到焦慮不安的同時，問問自己，網課對我們教學的轉變，是推倒重來的從頭再學？還是拆牆鬆綁，解開了創新教學一直以來的束縛？

對創新教學、推行翻轉課堂的老師們來說，線上學習並不是新鮮事。翻轉課堂講究把講授的內容拍片給學生做預習，然後再利用線上即時回饋的工具檢查預習的成果，課堂盡量以探究或小組討論為主。在這種處理下，網課與實體課在設計原則上分別不大，甚至有些拆牆鬆綁的感覺，這主要體現在兩方面：

重編時間表還學生自學空間

停課不停學帶來了重編時間表的契機，很多學校為了方便行政安排，把實體課的時間表照搬，但學生長時間坐在電腦熒幕前，既傷害眼睛，又難以專注，所以大部分學校在取捨之下，只安排半日網課的時間表，下午一般讓學生自學，或間有高中的補課。這樣處理反倒為「翻轉課堂」和「自主學習」創造了空間。我校重新編排網課時間表，並把自學時段編入時間表裡，確保學生能騰出時間自學，看影片或閱讀材料做預習，而不會被老師抓去補課。自學時段不要求開 Zoom，但有些老師會自發在這段時間開 Zoom 陪學生做功課，為學習有困難的學生提供更多支援，學生也可以在該時段向老師發問。這種陪伴的成效很顯著。或許老師會擔心，自學時段不開 Zoom，不點名，怎樣確保學生有乖乖學習呢？

自學時段其實是培育學生自律的空間,如果每次都要用他律的方式來管控,恐怕成就不了自學自主的態度。從這個角度看,重編時間表的確為翻轉課堂的老師們拆牆鬆綁了。

電子課業還多元創作空間

另一個拆牆鬆綁的體現是功課電子化。以往為了遷就主流,電子教學班別的學生也要做一定數量的紙本功課,好讓科主任或高層查簿,評價老師的批改表現。現在全面網課,學生只能以電子形式交功課,即使是寫在紙上,也要拍照上傳,意味著老師只能在電子工具上批改。如果功課本來就設在

圖1　全校編排時間表

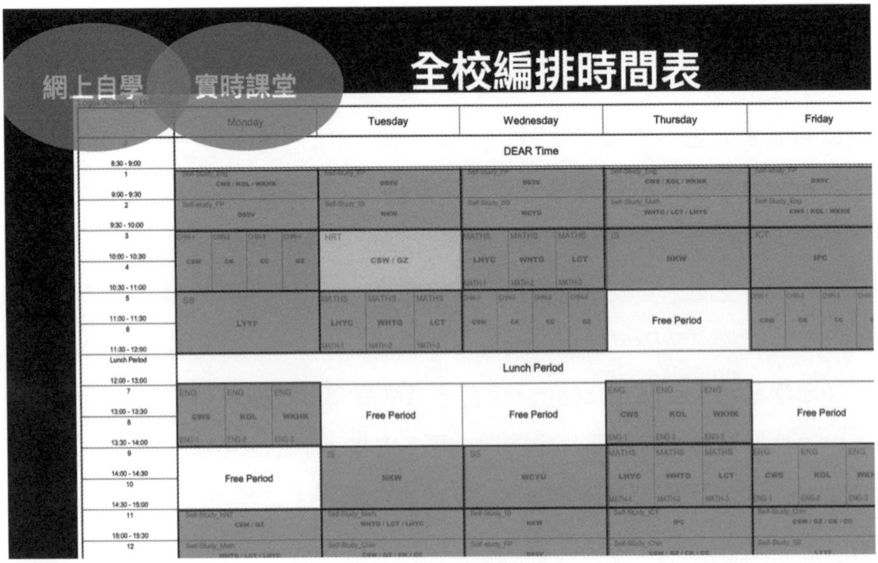

我校重新編排了網課時間表,並把自學時段編入時間表裡。

線上，我們更有理由推動多元形式的功課，例如錄音、拍片、共編投影片等，毋須局限於傳統的紙本工作紙或默書了。

老師有善用這個拆牆鬆綁的機會，讓學生更容易表達自己嗎？科主任與高層有調節老師考績的形式嗎？還是堅持在虛擬教室裡照搬一次上世紀的教學方式？當我們在推動培育學生的獨立思考、創意回饋，學校的中高層有沒有體會和認識到這個順應潮流的改變？科主任可以到 Google Classroom 查簿，也可以讓老師以教學影片或網課影片，取代觀課考績。創意無界限你我都做得到，關鍵是信任。

亂世之時，以創新和多元評量學習表現

當我們在談「停課不停學」的教學策略時，必然會談到如何評估及測量學生的學習表現。老師們總會抱怨：線上考測怎能保證學生不作弊？線上功課怎能保證學生不抄襲？

這兩個問題困擾不少老師，又難以杜絕少數害群之馬，老師擔憂學生作弊或抄襲得來的成績未能反映真正的學習表現。如此下來，倒不如不考測、不計算課業分數，實行消極抵抗。然而，學、教、評三者在教與學裡不可或缺，在網課期間，除了教導學生自律自主之餘，老師不妨在擬題與課業設計上下點工夫。

核心問題：一把打開學習的鑰匙

顧名思義，核心問題就是一道抓緊課題核心的題目，我記得在上一本書《翻轉 Teach & Learn——8 位老師帶你走進不一樣的教室》談到翻轉課堂的秘訣時已有介紹。在推行網課前，我已實踐「核心問題」策略多年，只是在網課時，它顯得更為重要。「核心問題」好比內功心法，在任何兵器或招式下，內功都是必須苦練的。為甚麼說是苦練呢？因為要擬定一道好的核心問題，一點都不容易。必須符合兩大原則：抓緊課題核心重點，以及引發好奇心與製造認知衝突（Cognitive Conflict）。

一道好的問題，能夠幫助學生打開課題、進行探究。我們常說這一代的學生是數碼原住民，他們的專注力很短暫。在這個特性下，老師問，學生回答，這樣一問一答的來回可以讓學生投入專注多少回？《曹劌論戰》說：「一鼓作氣，再而衰，三而竭。」這跟學生對於老師的不斷提問感到疲累的情況一樣。所以我們在共同備課時，只花心思在一道核心問題的擬設上。我常問老師：如果教這一課書，您只能問一道問題，您會問甚麼？

這樣一問，便能有效地讓老師提煉出課題的焦點問題，減少老師在暖身題或基礎題上打轉，也不用學生花無謂的精力回答那些主觀情感題，例如「你喜歡住在桃花源嗎？」（《桃花源記》）又或「你認為朱自清孝順嗎？」（《背影》）這些都沒有讓學生打開文本，回答時可以只是直觀。老師們，網課時間寶貴，直奔核心吧！

核心問題的另一個思考角度是：如果學生懂得回答這一題，就證明他讀通了這個課題，你會問甚麼？

這是參考 UBD（Understanding By Design）重認理解的設計，運用逆向推理的設計策略—— 以終為始。就是先將這一課教學的終點形容好、描述好，再逆向推想出要展開怎樣的引導，才能讓學生走到這個終點。例如中一物理科，我們問：「為甚麼打了結的氣球隔天會縮小了？」學生帶著這道問題展開探究之旅，在解答這個題目時，便能充分掌握「粒子」這個物理概念了。

核心問題，既是終點，又是起點。我們以核心問題打開課題，講究的是引發好奇心。好奇心是腦神經科學研究大腦如何學習時，反覆強調的要素。那怎樣才能引起好奇心呢？經過多年多個科目的實踐，我們將之設定在「製造認知衝突」上，就是說我們利用學生的「想當然」、「按常理」等作出普遍性的歸納，再在課題上發掘例外，當學生感覺奇怪或矛盾時，好奇心自然被激發了，舉例如下：

- 朱自清為何寫父親的背面而不寫正面？（《背影》）

- 為甚麼漁人走的時候，村民會說不足為外人道也，明明那裡就很好，村民又熱情款待，卻又跟漁人說沒有好到要跟別人說？（《桃花源記》）

- 滕子京文筆這麼好，為甚麼自己不寫岳陽樓記，而要請范仲淹寫？范沖淹在文章首段就說滕是被貶之人，是不是在作弄他呢？（《岳陽樓記》）

- 「數 30」的必勝策略是甚麼？（數學科）

- 人權公約強調人有自由意志，為甚麼政府在器官捐贈上預設

市民默認同意捐贈？這是不是違反了人權公約？（通識科）

● 非洲有一個地方盛產香蕉，有一年香蕉大豐收，當地人卻把
　 香蕉銷毀不賣，為甚麼？（經濟科）

老師總是為怎樣引起學生的學習動機而苦惱，常常會問有甚麼 Apps 可以幫忙讓學生更投入課堂。如果單純以 Apps 的新鮮感來激起學生興趣，會很難維持。學懂了就是學習最大的獎賞，以優秀的問題來引起學生探究的動機，這比追逐不同的 Apps 來得持久，而且始終指向學科的本質。

核心問題：串連線上自學與實時網課

線上自學講究自主、個人化步伐，是學生一個人的經歷。實時網課是集體的共同前進，講究協作、溝通、互動。由於學習樣態與工具特質有根本性的差異，我們如何扣連這兩個部分，尤為重要。

以中二級《滿江紅》為例，有非實時線上自學，以短片講解課文的部分；也有實時網課以冰山理論框架剖析人物內心的部分。而將兩者串連的，就是核心問題：岳飛如何表現他的憤怒？憤怒背後有甚麼觀點與渴望？

學生帶著這個問題看影片預習，也帶著這個問題進行課堂討論。這樣的網課既聚焦，學生也容易跟上。

核心問題的可貴之處是，它讓每一位學生都帶著好奇心進入課題，像偵探查案一樣，發揮猜測想像，找出線索支持自己的推論，建立觀點。回到開首時的疑問，老師與其擔憂學生抄答案，一直要找不同的工具彌補這個遙距教學

的距離，監控學生的學習表現。倒不如放手，信任學生，把精力心思花在備課和擬設問題上，讓學生連在網絡上也抄不到答案，必須自己歸納整理。這才是老師的專業，是老師不可取代的價值。

創意式回饋，鼓勵多元表達

停課不停學，師生的聯繫都在電子世界裡，功課不像以往一樣需要一定在紙本上進行。全面網課，在理所當然的電子化情境下，老師有沒有想過，還學生一個多元表達、創意回饋（Creative Feedback）的空間呢？

「人人皆可創造」是蘋果公司 2017 年提出的主題，意思是有了 iPad 之後，創作對任何一個人來說都是輕易而舉的。有了 Keynote 和 GarageBand，拍片、動畫、作曲，大家都可以零基礎學會。

當我們在問怎樣評估學生的學習表現時，先要問如何呈現學生的學習表現。功課、測考、課堂態度，毫無疑問，這三者都很重要，精神不變，但形式可以很多樣。以前沒有科技，只能是紙本，老師也可以讓學生偶爾畫畫來表達自己的觀點，不局限在文字表述上。同理，有了工具，有了遙距，老師更應開放，讓學生有多元形式呈現對課題的理解。

以中文科為例，我會讓學生以動畫方式，呈現他對於文章的理解。例如中二級的《賣油翁》，我讓學生繪畫他印象最深刻的畫面，有一位學生在 Keynote 上畫了賣油翁展現非凡斟油技巧的場景，然後加入了動畫效果 —— 繪製線條（Line Draw），並匯出成為動畫影片。

圖畫所見的是他理解文意，統整解釋的結果，在「創作說明」的部分，我們

可以看到學生運用古代服裝這個先備文化知識來展現陳堯咨與賣油翁的地位懸殊。我們不是美術老師,不會以畫功的高低來評判學生的學習表現,「創作說明」就讓學生有機會充分說明自己的創作。為甚麼選擇這個故事情境?為甚麼這樣描繪人物的姿態?為甚麼選用這些顏色?這與作品主題有甚麼關係?我們看到平常惜字如金的學生,在「創作說明」都會長篇大論地解釋自己的畫作或者音樂。這是理所當然的,因為我們不光讓學生閱讀理解,還讓他創作文本來回應文本。閱讀從此不再是單向了。

同樣道理,我也可以透過拍片、角色扮演、聲演、畫圖等元素,在 Keynote 上講故事,變成影音短片。在《桃花源記》的學習活動中,學生分組製作影

圖2　《賣油翁》

學生在 Keynote 上以繪畫展現對課文《賣油翁》的理解。

片，呈現對課文的理解。

在教導記敘抒情的文章《獻你一束花》的時候，我讓學生選取一個感動他的情境，以 Garageband 配上背景音樂。學生即使不懂音律，也能在工具上創作，而且喜歡用甚麼虛擬樂器都可以。學生在「創作說明」的部分，會解釋他怎樣理解文中主角的心情，和選擇這款樂器的原因，以至音樂的節奏、強弱，都充滿了學生的設計思考。這種多元化的表達方式，是傳統的紙本課業不能比擬的。

也許老師會問，考測是紙本，以問答為主，這樣多元創作表達，有多大程度能

圖3　單向性文學教學

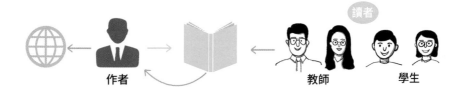

圖4　創造性文學閱讀

幫助考試？是的，這種課堂設計不是機械式地針對考測，但疫情下的電子化「破壞式建設」，不就是帶給我們拆牆鬆綁的機會嗎？那種以考測為中心的教學設計並不能應付急速變化的社會環境與人才要求。深度學習（Deep Learning）才是我們追求的目標，如果學生有深度學習，他還用擔心考測成績不好嗎？

多元創作帶動深度學習

腦神經科學權威吉兒・泰勒（Jill Bolte Taylor）在自己一次左腦完全中風的經歷中，體驗到發掘右腦潛能的重要性，並在科學實證的基礎上，提出左右腦的連繫與轉譯，是帶來深度學習的重要方法。

簡單來說，左腦主管語言、數理、邏輯；右腦主管色彩、圖像、情感。當我們以繪畫、短片或音樂作為多元創作表達，展現對文學文本的理解，或對數理概念的掌握時，我們其實在做左右腦的轉譯，只有深入掌握課題，才能以另一種媒體改編表達。這樣也避免了抄功課或考測作弊的問題，每位同學都要以自己的方式呈現對課題的理解，無從抄襲。以個人創作方式回應課題，例如製作動畫解釋畢氏定理，又或以「傭保者」角度的廣播劇講述《種梨》的故事，這些學生的創作，都是綜合能力的展現。每個人都會對自己的創作有深刻的記憶，因為這個課題不再是別人的文本，而是自己內化的創作體驗。

連結內在：人與人生命的相遇

在疫情之中，我們都留在家裡防疫，長期的限聚與停課，令我們幾乎失去與親友面對面交流的機會。每每看到台灣朋友們歡聚、出遊的 Facebook 帖文，我們都羨慕到不得了。限聚讓大家更明白到，很多事情不是理所當然

的。人與人不能在實體見面時，更渴望內在的連結。不只是老師與學生的連結，也追求師生與課文作者的連結，以至對所關心的人類文化、歷史、大自然的連結。透過創造式回應，給予學生一個表達自己內心的安全空間，沒有對與錯。

我喜歡以《爸爸的花兒落了》為例，學生讀了課文後，以動畫的方式重現一個感動他的畫面，並以「創作說明」來解釋自己的設計。我原以為他們會選擇英子爸爸去世的畫面，怎料班上竟有過半的同學選擇了爸爸叫英子起床的畫面。學生在「創作說明」上解釋：因為爸爸叫英子起床上學時又打又罵，自己的父母也是這樣，覺得很討厭，但讀完這篇文章後，就體會到這是父母親的期許，是愛的表現。學生的創作說明，展現了對文本的理解，以及對自身生命經驗的反思。經過老師的課業設計，學生得以透過文本，連結作者，同時透過自身的創作，呈現自己，連結同學與老師。

在上網課的時候，未必全部學生手上都有 iPad，但創造式閱讀沒有停止，有些同學在手機上做，有些同學在紙本上畫圖。只要有表達的意圖，有被理解的渴望，手上有甚麼工具都可以靈活運用。在今年 9 月的網課，我沒有辦法親身教導學生運用 iPad 上的 Keynote 做動畫或短片，就簡單拍片教他們基本用法。他們學得超快！最重要是老師別怕難。

下一個常態：讓學生成為課堂的主角

我有一位好同事，她是科技盲，在疫情前完全不懂電子教學，隨著停課的日子久了，她漸漸地學會了拍片，學會了用 Zoom 上實時課堂，學會了

用 Padlet 協作學習，學會了用 Google Forms 做促進學習評估，也學會了用 Mentimeter 中的 Word Clouds 功能，展現學生的意見。我覺得很驚訝，她怎麼會學得那麼快？她說必須歸功於很多老師拍攝工具介紹影片，讓她足不出戶也能學會這麼多。而更重要的是，她說因為「在乎」：在乎學生的成長，在乎為師的責任。基於這份愛與責任，有很多艱難的事情，都可以一一克服。她還補充，老師必須放下身段，尋求協助，在課堂中，很多學生會施以援手，一起共建線上學習環境，教學相長。

在網課期間有甚麼好的策略或點子值得在復課後留下來？疫情讓老師與學生迅速的成就解鎖，當使用科技工具不再困難的時候，老師應花更多時間在擬題和教學設計上，成為學習經驗設計師（Learning Experience Designer），讓學生成為課堂的主角，實踐自主學習，以人為本。因為科技能解封每個人的學習能力、資料搜集、編輯運算、創意表達的能力，當基本資訊科技能力掌握後，學生自然可以選擇適合自己的方式及步伐去學習、去解難。關鍵是，老師有沒有打開這一扇門，創造安全的學習環境，讓學生展現自我。

有得揀你先係老闆

老師們，您有多久沒有讓學生選擇呢？有多少學生能做的選擇，您都幫他決定呢？當我們在抱怨學生不會自學、不會反思、沒有成長之時，請問問自己，您有沒有為他創造選擇的空間？如果我們對每一位學生提供相同的教材、指導、時間、功課和標準答案，學生也只能像工廠一般倒模了。在網課後，老師與學生的科技水平有所提升，更有利於自學自主。選擇本身就是賦予力量。

美國的學者約翰．斯賓塞（John Spencer）在 *Empower* 這本書裡提到選擇所帶的賦能。只要老師讓學生有選擇，就可以提升學生對學習或探究的擁有感

（Ownership），引發學習的力量，達致深度學習。因此，我們在每一個核心課業設計上都該思考怎樣讓學生有更多選擇。在我的學科裡，有些範疇是可以讓學生選擇的，在疫情前我已讓學生選擇，例如在教《我的母親》這篇課文時，我讓學生以創作回應文本，選項裡有課文節錄，也有胡適的原文，篇幅大概有差不多 3 倍之別。以往原文作為延伸閱讀，學生很多時候都不會看。但當我把這篇原文作為一個選項，讓他們選擇時，全班同學都細細閱讀，最後班上有過半數學生選擇回應原文，而非簡單的課文節錄。這就是選擇引發的力量！

點心紙：從多項選擇到自定選項

為了讓學生更能作出選擇，我們設計了「點心紙」，為同學的選擇搭建鷹架，而重點是，除了著學生的自我成長，這張點心紙要從多項選擇，走到填空，讓學生可以自定選項。點心紙只是一個探究學習的輔助工具。

圖 6-7 是我們在教《愛蓮說》時用的「點心紙」，從疫情前「點心紙一」，到停課期間的「點心紙二」，我們讓學生有更大、更自由的選擇空間。多元

圖 5　學習賦能過程

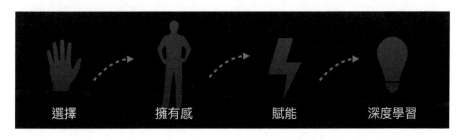

透過選擇，讓學生擁有學習的過程，深化所學。

創作也不再局限於呈現對文本的理解，而是主題式探究。學生自選的探究題目很有趣，例如：

- 周敦頤說蓮是君子，為甚麼古人稱「花中四君子」卻沒有蓮花？
- 為甚麼長者之間瘋傳的「長輩圖」總是會出現蓮花？與君子有關嗎？
- 作者說蓮「出淤泥而不染」是真的嗎？蓮是怎樣做到的？

在網課期間，學生保有這份好奇心，探究文本，並以多元的形式表達。有學生對蓮的佛教意象特別有興趣，更在 GarageBand 裡用琵琶創作了蓮花的主

圖 6　點心紙一

分組/個人		我想回應的文本：《愛蓮說》周敦頤		
		課文	周敦頤	世人/陶潛
	題目	我最欣賞的地方 1. 蓮花的美態 2. 自然造物的神奇 3. 以花喻人的文學手法	我覺得最好奇的地方 1. 為甚麼在周敦頤之前，沒有人以蓮花比作君子？ 2. 為甚麼蓮花能自我潔淨？ 3. 周敦頤這樣做人會唔會很累？	我認同/質疑的說法 1. 追求富貴有甚麼不好？ 2. 周敦頤怎樣看陶淵明？ 3. 古典文學裡一直以蓮花代表思念、蘭花代表君子，你喜歡周敦頤的突破嗎？
	表達形式	動畫	影片	音樂
	目的	重現	再創作	欣賞/批判

創作計劃表　請圈出你的選項

題音樂，說明她對蓮的看法。每個課題都能製成班級的電子作品集，只要把作品、創作說明、反思都放進頁面裡，就能簡單排出電子書。

在擬設引起學生好奇心的核心問題時，我有更多時間與老師共同備課。有時候老師覺得難以用提問引起學生的好奇心，我卻喜歡從老師入手。老師們，您有多久沒有好奇過您在教的課題呢？像我在預備《歸園田居》這篇文章時，便很好奇陶淵明田園詩的獨特性，他是第一位親身過著躬耕生活的文學家，而不像那些寫山水詩的詩人，只寫遊山玩水，像現在的 Facebook 打卡一樣。在預備朱自清的《背影》時，雖然這是中一的文章，教過很多遍，但每年我對它都有不同的好奇，例如為何《背影》會被傳誦多年？它的文學

圖7　點心紙二

創作計劃表　請圈出你的選項			
分組/個人	我想回應的文本：《愛蓮說》周敦頤		
	題目			
	表達形式			
	目的			

獨特性在哪裡？在搜尋資料後，我發現這篇文章所展現的父親形象，與民初時期其他文學家所寫的嚴父形象大有不同。

當我在預備《愛蓮說》的時候，我好奇於「為甚麼在周敦頤之前，沒有人將蓮花比作君子？」然後再找出蓮花這個意象的獨特之處，連繫到援佛入儒的背景。當我們不斷探索科技帶來教學的種種可能時，請老師莫忘初衷，我們不要用一個又一個新穎的 Apps 或遊戲去吸引學生的眼球，而是要保持他的新鮮感，找出他學習最大的喜樂是甚麼？學習最大的獎賞就是學會了！

對老師而言也是，好奇心保存的就是對學習的熱誠，這一份身教的魅力，不因客觀條件的轉變而喪失。因此我在網課期間積極籌備科本共備讀書會，希望老師們也一起讀書，享受學習。

結語

誰也說不清下一次大的挑戰會是甚麼，世事常變，不變的是我們教者的熱誠與執著。與其擔心要應對未來的挑戰，不如先行開創更多可能，從心出發，以人為本。在推廣線上學習工具與策略時，保持靈活變化，以照顧學生的需要。不是要老師周身刀，而是學會了工具法寶，在遇有「事故」時，可以隨時應變，維持教與學。這個疫情令我學會了：

- 家裡 WiFi 不穩，我特別預備了 WiFi 蛋、數據卡。
- 學習材料必定在兩個平台上保持同步更新，Google Classroom 若有事故，還有 LoiLoNote School 可以讓學生溫習交功課。

● 若 Zoom 網絡擠塞，我們也可以用 Skype 進行網課。

● 檢視學生學習進度，Kahoot！連不到線，也可以用 Quizlet。

無論客觀環境怎樣變化，都阻隔不了老師與學生的連結，關鍵在於每一位老師的堅持，選擇適合自己的工具，融入教學法，針對學科本質，每一堂課都是我們可以努力，可以發揮的場地。在教與學的工作裡，每天都充滿挑戰，有解決不完的問題，但不言乏力，溫柔而堅定，因為我們天天領受到的是學生學會了的獎賞。共勉之。

我的 YouTube 頻道

教師專業培訓線上資源

我的教學設備

網課美顏燈
老師不想做黑面神，就必須備有美顏燈，可讓老師更上鏡。

電腦支架
上網課往往要用電腦的前置鏡自拍，老師不想有雙下巴，就當然要靠電腦支架，不僅符合視線水平，又能在打字時符合人體工學。

綠色壁報紙
左面牆身貼有綠色壁報紙，在文具店買才 5 元一張，可以作為老師拍片時的背景，拍片講解課文很有天氣報道的「feel」，還用 iMovie 褪去綠色背景。

平板電腦
必備的電子手寫工具，取代課室的黑板。配合教學平台，可以收發及批改學生課業。當然 iPad 的強大功能遠不止於此，可參考其他老師的做法。

運用「設計思維」，解決「教學問題」

香港管理專業協會羅桂祥中學

林振龍老師

本文要送給剛退休的鄧振強校長及胡敏華副校長，沒有你們多年來的指導，就不會有這一個章節的誕生了！

做決定，就是要想清楚為誰而做

2020 年 2 月 13 日，你在幹甚麼呢？

當日，教育局宣佈全港學校不早於 3 月 16 日復課，我任職的學校在經過兩星期，在只利用「線上學習平台」來維持有限度學習的階段後，決定在 2 月 24 日開始線上實時課堂。回想起來，在此也要多謝鄧校長提供足夠的資源及包容，令同事能夠安心地踏出這一步。

常常伴隨老師工作的其中一種工具是教科書，我們習慣根據教科書的內容，將書內的知識傳授給面前的學生，教科書這個救生圈幫助了我們很多年。但要踏出線上實時課堂的一刻開始，為面授課堂而設的教學書看來不再受用，我們要選用不同的教學工具去啟動，去有效地運作我們的線上實時課堂，這些決定，沒有教科書的指導，要自行找方法摸索，這時，我除了仍是一位教師外，也立即成為了學習者，在不斷學習新知識之餘，也要為種種的轉變而作出適當的決定。

當時第一個遇到的難題是，學校應該使用哪一個實時教學系統呢？不同的資訊在四方八面傳過來，也解釋了不同系統的好與壞，但基本上卻是難以選擇。但剛好在當晚，我重溫了一個台灣設計師的訪問，在主持人和設計師的交談之中，設計師說了一句：「設計最重要的，就是要想清楚為誰而做的。」

而作為教師的我們，就應該從老師和學生的角度去看，選出一個教學效能最高的系統。我就是根據這種設計思維，在這個階段作出一個又一個的決定。

進行線上教學之初

決定了系統的兩天後，就到了老師及學生培訓，要令同事熟習軟件操作，傳統來講上實體課堂是在所難免的，但在疫情之中，全部實體課堂實在是不大可能，所以我們取了一個兩者平衡的方案，一方面立即建立教師發展組網頁，拍攝影片教授同事如何使用系統；另一方面也設立實體課堂工作坊，同事可以選擇回校進行實體培訓，當時還不知道效果如何，但事後來看絕大部分同事也能順利啟動教學，之後我還將這種模式略為進化，放在學生身上，轉變成「備課分流」的課堂，這個會在下一節討論。而學生呢？人數這麼多，實體培訓更加沒有可能，所以我們改變方向，只需學生輸入 10 位數字就能順利登入系統，最後順利過關。

還記得啟動線上實時課堂前的數天，每天的工作，就是在電腦面前，不停思考老師在使用系統時可能會出現的問題，又不停嘗試系統內的不同可能性，腦中不停在想的，就是「如果咁做會點呢？」。到了每天晚上，就與翻協的幹事們一起開視像會議，大家一方面分享自己學校種種的應變方案，另一方面不停討論不同的技術問題。還記得有一晚，在視像會議的過程中，有同事 WhatsApp 問我關於系統的問題，我立即在會議中提出，結果不到 10 秒就有人解答到了。這段日子，沒有教科書，沒有前人的經驗，我們就是這樣在一起度過了很多個的晚上，一步一步的走過了。

終於到了 2 月 24 日，雖然我當天沒有線上實時課堂，但我就像球隊的領隊一樣，在電腦旁一路觀察著系統的走向，很幸運，除了系統的正常運作，也

有賴於副校長帶領的團隊，差不多所有班級都在正常的情況下完成課堂，當天的下午，確實有一種舒一口氣的感覺。

這個階段令我知道，除了本著「為誰而做」的基本宗旨去做決定之外，同業中的互相支持及資訊交流也是十分重要的。

系統安全帶來挑戰

到了 4 月，坊間開始關注到不同線上實時課堂平台的安全問題，這個多月來正常地運作的新常態，又再一次變得不穩定起來。我們的工作模式又再回到 2 月初的境況，不過今次的情況更為複雜，這是因為老師、學生已習慣了使用舊有系統教學，假如選擇轉用新系統，就是推倒重來，由頭開始。如果維持使用舊系統，學校就要提升大家對保安的信心，令大家可以無後顧之憂地學習。整個復活節假期，我們都在思考著不同的可能性，嘗試不同系統的好與壞，心中盤算著做不同的決定後的情況。

又是很幸運，我們使用系統的總公司也了解到維持資訊安全的重要性，他們立即更新了許多安全的措施，例如儲存信息中心的地區及位置，從不同層面加強保安程度，他們的種種舉措重新增強了我對他們的信心。另外，學校內部也提升了保安級別，經過校內同事的反覆測試，大家也得到一個滿意的效果，老師及學生也大致上接納了繼續使用舊系統教學，總算又跨過一個難關了。

一路說著，也是一個又一個的難關，其實這個過程中有一些令人開心的事情嗎？4 月尾段，開始有同事在學校內的 WhatsApp 群組主動討論如何在線上實時課堂中加強與學生的互動，很多老師也爭相地回應及加入討論，熱鬧非

常，結果在這個群組討論，成為了一個持續而有效的教師發展活動。作為學校內教師發展的負責人，這不是我最想看到的場面嗎？

由 2 月到現在，從「無」到「有」，再從「有」到「好」，環境的巨變令大家在教學上也急促地成長，這過程當中我又有甚麼得著呢？現在就和大家分享一下吧。

找出線上教學的優勢

線上實時教學和面授教學比較起來，真是一無是處嗎？

如果你問香港的老師，相信大部分都可以講出很多關於線上實時教學的缺點，例如不能使用慣常的黑板，未能與學生進行面對面的互動，也難以確保學生是在專心上堂等等，這些缺點我也是同意的。但線上實時教學真的是一個優點也沒有嗎？我們站在教師的角度，或者確實是一個優點也找不到，但在學生或家長的層面來看，就未必完全一樣了。

行動研究報告的發現

每個學年，我任職的學校都會和駐校的教學心理學家合作，進行一個關於學生學習情況的調查，令學校明白學生對學校所推行策略的想法，以往曾經進行過的調查包括，學生對自主合作學習的看法，以及學生的閱讀習慣等。今年的下學期，基本上所有學習活動都改到線上進行，我們就順理成章將調查的重點改為比較傳統教學和線上學習兩種教學模式，這次研究還有 4 位香港

中文大學的實習教學心理學家一起參與，令我們可以完成及分析 200 多位同學的意見。

當然，其實學生也和老師一樣，提出了很多關於線上學習的缺點，例如未能與同學和老師互動等。但當說到線上活動的優勢時，基本上所有同學都提到了「可重看影片」，究竟這個答案有甚麼啟示呢？

我任職的學校，所有線上課堂都是要錄影的，這個是由於預期即使有部分學生因技術問題而不能登入實時課堂，也能在課堂後重溫課堂內容。但從他們的回應中，發現錄影片段可方便他們抄筆記，解決老師講得太快的問題。另外，重看錄影亦可幫助他們重溫學習內容。所以，這個措施在無心插柳之下，成為了一個照顧學習多樣性的有效方法。我認為，這就是線上教學的一個很重要的優點，也是一個拉近傳統面授課堂與線上教學的效能的關鍵，以此為起點去建構線上課堂，也許是一個成功的方式。

如何「設計」線上實時課堂？

我在設計線上實時課堂的大原則是，要將線上教學的優勢盡量放大，相反就要將其缺點盡量縮小。在經過 2 月至 6 月這個線上學習的磨合期，我在暑期的課堂設計上嘗試了一些實驗，這些實驗的目的，是把握機遇，改善恆常的課堂。另外，我期望這些實驗不只是幫助學習有困難的學生，而是所有學生。以下我所舉的例子，大家可能認為不會適用於自己的學校與學生，又可能會覺得行政安排不到等等。但不要緊，最重要是同工們思考一下，當中有沒有部分元素，可以放進自己的工作之中。

以任務為主的線上學習：「備課分流」

前文說到我們在「設計」課堂時，最重要是要思考為誰而做的。在教育上，我們是為學生去思考課堂的佈置的，傳統課堂的其中一個缺口，是學生在課堂中是以同一個進度去學習的，老師也知道，必定會有學生覺得太快或太慢，但就是因為課室的規限，我們不能突破此限制。但如果我們可以給學生「選擇」學習速度呢？所以我就嘗試了一個「備課分流」的實驗了。

我在暑期的數學課是這樣的，我和同學設立了一個 WhatsApp 群組。我會提前告訴學生即將要教的章節，並給他們兩個選擇，第一個選擇就是準時出席

圖 1　與學生的 WhatsApp 對話

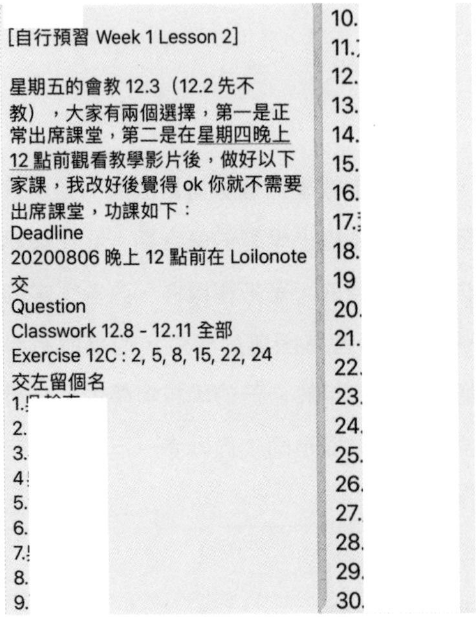

```
[自行預習 Week 1 Lesson 2]

星期五的會教 12.3（12.2 先不
教），大家有兩個選擇，第一是正
常出席課堂，第二是在星期四晚上
12 點前觀看教學影片後，做好以下
家課，我改好後覺得 ok 你就不需要
出席課堂，功課如下：
Deadline
20200806 晚上 12 點前在 Loilonote
交
Question
Classwork 12.8 - 12.11 全部
Exercise 12C：2, 5, 8, 15, 22, 24
交左留個名
1.
2.
3.
4.
5.
6.
7.
8.
9.
10.
11.
12.
13.
14.
15.
16.
17.
18.
19
20.
21.
22.
23.
24.
25.
26.
27.
28.
29.
30.
```

先在 WhatsApp 群組提前告訴學生即將要教的章節，並讓他們選擇上課與否。

星期五的課堂，這個沒甚麼特別。第二個選擇就是在星期四晚上 12 時前觀看教學短片，並完成習作，待我批改並改正至全部正確後，就可以不出席課堂。這個設計背後的原則是甚麼呢？就是將以往假設「出席等於學習」，改變為「完成任務等於學習」的教學模式，再配以給學生選擇以提供彈性。

備課影片和以往的有甚麼分別呢？就是量比較多，因為當中包括了整個課堂的內容，例如前文所講的教學影片會包括 4 個例子，學生要完成 4 個例子的跟進練習，另外再完成我要求的練習，才算完成任務，以一個中五學生來講，我期望他們會用一小時至一個半小時去完成此任務。你們或者會想，這個要求會不會太高呢？大家要留意，其實我沒有要求他們這樣做，他們是可以選擇是否這樣做的，如果他們覺得內容太多，學生是可以選擇不備課而出席課堂的，最重要的是選擇他們想要的方法。

大家或者會問，為甚麼會有這個想法呢？其實當時我沒有想那麼多，起初主要是想分流學生，我相信有些學生是有能力完成學習任務的，也有些學生是有能力而不選擇這樣做的，也有些同學覺得自己沒有能力或不想備課等。但甚麼原因也不要緊，最重要的是可以分流學生，令他們有選擇，而進行真實的課堂時，我就可以用心照顧有需要的學生，當時的初心，其實就是這麼簡單。

最後，這個實驗的情況如何呢？上述例子中能力較強的班級有 34 個學生，最後有 30 個學生在課堂前完成了課業，並在我批改後得到我的允許，可以選擇不上堂。而另一個能力中等的班別，16 個學生中就有 13 個完成了課業。多人完成是否代表好呢？這又未必，我認為最理想是有半班完成課業，半班上堂，才能做到分流效果，這需要通過調節功課的深度去調動一下。

課堂上的情況又是如何呢？兩班的人數都是大約 10 個人，但根據之前的數

據，不是只有 3 位和 4 位同學沒有交功課嗎？其實，是因為有些同學會重新上堂，即是看完備課影片，完成任務後，又重新上同一課堂，這一類同學我不會故意問他問題，因為他已經完成課堂了，他甚至可以「掛機」。相反，我會全力照顧未完成任務的同學。所以，在師生比例的角度來看，由原來的一名老師對 30 多位學生，變到剩下 10 個，這個改變令你不需要去思考甚麼特別的新方法去照顧學生，你只需要問學生問題，甚至每一位學生問幾次，變相已經成為了一個照顧學習多樣性的措施。

「備課分流」的方法，還有一個好處，就是由於我在真正的課堂前已批改了一部分同學的功課，我就會了解同學的常犯錯誤，所以在真實課堂前，我就會略為修改這些知識點的說法，也會提醒得更多，講得更詳細，觸及他們的難點。

「備課分流」下的學生感受

我已講很多了，現在來聽聽學生的感受吧，我有問過他們，覺得「備課分流」的方式怎麼樣？有學生覺得很好，他們認為這個方式可以自由控制時間，又可以重複觀看影片，效能更高。而在時間方面，能力較高的同學當然做得比較快，有些只用 30 至 45 分鐘已完成了，對他們來講，其實會令整個學習過程更有效率。也有一些學生不會選擇備課，而選擇上課，我問她為甚麼，她說覺得上課會更認真，這方面是完全沒有所謂的，最重要是適合自己。最後我問若提高難度又如何，有些學生說會嘗試觀看影片，若應付不到就會選擇上堂。所以說到底，就是要有選擇。

交功課這回事

在這裡同工或者會有一個疑問，為甚麼學生功課交得這麼齊，而自己的學校又未必做得到。其實對於每間學校而言，線上教學都是一個新事物，要建立良好的紀律習慣，才可以令整件事運作得流暢。我校幸運地有胡敏華副校長組織了一個負責點名的團隊，在線上學習首天開始，就會致電給每一位缺席的學生，問清楚是甚麼原因，但這一點要十分留意，我們並不是打去責罵該學生，而是以關愛的態度去處理這件事，例如問他們為甚麼不能上課？會不會是電腦有問題？我們是盡量幫助他們解決這些問題。當解決了這些枝節的問題後，出席率自然會穩定地變高了，出席率高，連帶「備課分流」的完成

圖 2　學生對「備課分流」的感受

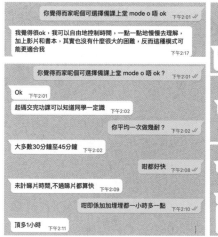
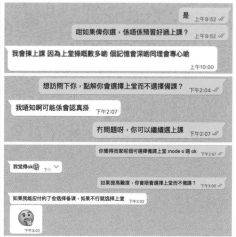

率也會高。

這個系統還有一個重要的環節，就是在線上提交家課，在傳統面授課堂中，我們是在早上一起交功課，但現在不再出現這個場面，我們用甚麼原則要提醒他們交功課呢？我會用「留名提醒法」，其實這個方法也是從翻協的會友中偷回來的，我會請同學在提交功課後，在 WhatsApp 寫下自己的名字，所以當有第一位同學交功課後，訊息就會不停彈出，不停提醒，將他們提交家課的情況「外在化」，這個方法是否可以令所有學生都準時交家課？當然不是，但當提交時間越來越接近時，你就可以個別經 WhatsApp 問未遞交的同學，了解他們的困難，這個「功課分流」也幫助我解決了不少問題。

靈活設計「備課分流」突破學校限制

看到這一個段落，你或者會有以下想法：「我的學校不容許我這樣做。」「每堂都這樣做會有進度問題。」我們很容易會想到這些令我們卻步的限制，但其實轉一轉角度及用法，可能就是另一個機會了。

8 月的時候，我工作的學校決定使用一個新的線上教學系統（Learning Management System，LMS），通常要使用一個新的教學系統，一些實體的訓練課程是必不可少的。但當時疫情嚴重，實在是不適合舉辦一個面授課堂；但另一方面已約定了有關方面作培訓，當時如何可以平衡各方面的安排呢？想著想著，「備課分流」不就是一個方法嗎？

有了為學生準備「備課分流」，老師的版本就容易多了，我先研究新線上教學系統的種種功能，將所有必須要老師所學到的功能都拍攝成影片，最後定下時限，容許同事在一段時間內完成任務，但也是和學生版本一樣，假如老

師想參加實體課程，也可以在已定的日子裡回校上課。最後，有 10 多位同事進行實體課程，其他老師就利用教學影片，在線上完成任務。

老師又怎麼這個「備課分流」的做法呢？在活動後的調查，所有回覆的同事都認為這線上自學的模式更能掌握到活動目標。而有同事提出了很重要的一點，就是線上自學模式沒有壓力，一方面可以自定時間進行，也不會因為進度落後於其他人而有不安的感覺。相反更有同事指希望安排多一些任務，讓他們在家中自行學習。

如果你的學校不容許你這樣做，規定學生必須出席實時線上課堂。這也沒有問題，我們可以將規模縮小，將「備課分流」放在課後的小組補課上，這樣就可以選出哪些同學需要在課後特別指導了。另外，不能讓每堂情況都一樣，其實我們不是要將整個模式改為「備課分流」（說真我也不是），不能每一堂都做，就選擇性來做，多一種方法，多一種選擇，遇到怎樣突發的場面，我們也能隨機應變。

下一個常態：線上＋面授，1＋1〉2

「備課分流」、「重播影片」及本書作者在書內寫出來的內容，都是我們在疫情停課期想到的點子，但這些點子很多只適用實時線上教學的環境，當學習環境由線上轉回面授教學，我們又可不可以將這些點子放回實體面授教學呢？轉移的過程中能否帶來相同，甚至是比以往更佳的效果，即是 1＋1〉2 呢？如果在轉移的過程中有困難，又會是出於甚麼原因呢？我認為這些疑問，才是我們最需要深思的問題。

建立使用線上教學工具的品味

我又重新回到「可重看影片」這個例子上開啟這個話題了。傳統的面授課堂，我們常會做的一個動作就是將教授的內容寫在黑板上，但黑板一擦掉，內容就會消失了。當復課後，我們又會否回到以往的場景呢？我認為復課後，其實我們仍然可以維持「可重看課堂」的場面，但當中有一點是非常重要的，就是學校要將教學設備重新組合，以及老師要有操控這些設備的能力。看到這裡，大家很有可能認為「錢」是最重要的，但我認為另一樣東西才是最重要的，那就是建立學校及老師使用線上教學工具的品味，最終才可以達到相應的效果。

我記得當一開始有 iPad 時，我是很抗拒使用它去製作課件及工作的，因為當時沒有 Apple Pencil，也沒有對應的筆記工具，我根本不能用平常的工作習慣去準備我的教材。當時有些同事或朋友勸告我不要要求這麼多，用一些代替品，例如手指，或一些膠製的筆。但這個思考方法有一個很重要的問題，當你使用一個教學工具時，假如你使用後工作比以往更不方便，教學效果沒有改善，那為甚麼要用呢？所以，選對及好的線上教學工具，是成功的第一步。

從根本做起，思考每一個細節

有適當的工具也未足夠，因為工具需要老師適當地使用才能在課堂上發揮效用，先講一講線上實時課堂的例子，我們是否有線上實時課堂軟件，就可以有效地運作一個課堂呢？當然不是，我會用實時課堂軟件配搭以下設備去進行。

- 平板電腦：我會用平板電腦及對應的筆，去重現在黑板寫字的場面。
- 後備賬戶：我也會用另一賬戶在電腦上登入線上實時課堂軟件，以確保同學所看到的畫面是和我一致的。
- 鍵盤和電腦：另一樣最重要的，是我們在線上實時課堂中會缺少了與學生直接的眼神及口語互動，所以我除了利用線上實時課堂軟件去問學生問題，還會用 WhatsApp 去與學生傳輸堂課，立即對大家的堂課表現給予意見。
- 教科書：看到教科書也是必不可少吧。

復課回到學校後，一方面我希望持續「可重看影片」這個習慣，另一方面我也要同時照顧在內地的學生，所以就要想清楚細節了。由於內地同學未能清楚地看到黑板，所以要盡用平板電腦以及筆記軟件作為黑板，另一個問題是用手拿著平板電腦其實是一件相當不便的事，所以確實需要一個類似譜架的設備去令我可以站著在平板電腦上寫字。最後，我還需要一個可靠的線上學習平台，讓每位同學也可以上載堂課、家課及觀看課堂影片。

思考了這些細節，並不代表可以解決所有問題，但至少可以控制到大部分可變因素，再有問題出現時，也可以有時間資源隨機應變。

重整評估活動

每一位老師都會在課堂上進行評估，但評估並不限於測驗及考試，可以是一條課堂練習，甚至是一個對學生的提問，甚至是一個眼神。但在這次疫情中，我們反思傳統的評估活動在線上教學的成效，發現我們需要發展更多元化，適合不同學生需要的評估方法。所以，這個也是一個好機會，讓我們重

新反思，評估在未來應該是怎樣走的。

重新定義評估點

我是一個數學老師，傳統的數學課堂，基本上是以「例子」去分割課堂。老師講解完一個例子後，就會指示學生完成一個相應的課堂練習，完成後檢視學生的學習成果。但在線上實時課堂中，我們會發現這一個方法的效能並未如以往般有效，當中的原因，很可能是我們忽略了一個例子中，其實埋藏了很多學生的難點，在面授課堂中，我們能夠以眼神，或對話去及時了解情況，解決這些難點，但在線上課堂，我們就不易發現這些情況了，所以在準備線上實時課堂時，我們需要重新拆細每一個評估點，老師要更主動，更有預備地去應付學生會遇到的難點。

但我們復課後，是否又要用回以往的傳統方式去應付學生的難點呢？我認為不是，我們更加要憑著在線上實時教學時的經驗，將以往傳統的評估點分得更仔細，用更多元化的工具去評估學生的表現，才可以在未來提升學與教的表現。

結語

我在學校有帶領一些運動團隊，我最記得每當有教練或學生在經過國外訓練及集訓後，都會和隊友分享他們在國外訓練的所見所聞，以及嘗試將一些訓練方式融入到我校的訓練之中，當中有一些有效，也有一些未必合適，但最重要的，是為隊伍加添活力，令大家維持著積極向上之心。

這半年來，全香港的老師就像進入了一個集訓的氣氛之中。我在本章節所提到的做法、例子，可能會因為大家工作環境的不同，或者大家遇到的學生情況不一樣，而有所限制。但其實這並不重要，我想帶出的，是希望大家維持這種熱情，多參考同業的例子，配合自己的風格及工作情況，將同業的方法融合到自己的教學環境之中，令我們創造一個教學效能更高、更遠的教學環境。

我的教學設備

iPad + Apple Pencil

可重現黑板，面授課堂其中一個情節就是老師在黑板或白板上寫字，這個部分在線上實時課堂也是需要的，用 iPad + Apple Pencil，用 Zoom 分享畫面，就可以做到這個要求了。

MacBook Pro

可展示 Zoom 畫面，你在 iPad 上寫字，學生是否真正在 Zoom 上看到呢？利用電腦展示畫面，確保現場效果（例如歌星都要戴耳機聽清楚自己在唱甚麼）如你所想，也是非常重要的。

WhatsApp

有助保持師生互動，數學堂中的堂課是非常重要的，怎樣在線上課堂有效率地觀看學生堂課成果呢？我利用 MacBook 延伸畫面到另一個顯示器，在 WhatsApp 中要求學生即時傳送堂課給我，為甚麼要用 WhatsApp 而不用其他平台呢？原因就是快。

「劇本」

在顯示器另一旁，就顯示教科書或需要講的內容或筆記，拍戲也要有劇本吧！

鍵盤

這個最主要用來回覆 WhatsApp，老師未必可以一一詳細回覆學生的堂課，但至少也要打個「OK」，表示答案正確。

「上課中」紙牌

我是在學校用 Zoom 上堂的，總會有同事走來走去，有了這張牌，同事就知道我正在上堂，不會打擾我了。

學習動機篇

CHAPTER 2

新常態下的
學習動機啟動禮

李兆基老師

循道中學

司儀一聲令下，主禮嘉賓輕輕按下大會早已準備的機關按鈕，色彩繽紛的彩帶及紙屑在室內舞動 —— 這是許多「啟動禮」的指定場面。然後，與會者無需任何人牽導，場面氣氛已熱鬧起來，彼此彷彿有說不完的話題⋯⋯

如果，課室也設有這個按鈕，你說有多好？

返學＝有學習動機？

突如其來的疫情，全球學校幾近停課，師生紛紛被動地進入學習新常態。對一向將學習重心放在「學校」的香港師生來說，衝擊更大。「學生在家上課，失去學校及老師的監管，怎會還有動機學習？」這種想法，相信曾在每一位香港老師的腦海出現，我也不例外。

可是，仔細想想，這想法的潛台詞，似乎是假設了學生只有在學校的課室內，才有學習動機。我竭力整理自己十多年來在課室教學的風景。誠然，我的確品嚐過師生互動、深化提問、學生認真執行，彼此朝著目標學習的甘甜。然而，我不也曾為了學生伏在課室桌上睡覺，而扭盡六王去「喚醒」他們嗎？我不也曾見過，學生雖然正襟危坐，但靈魂卻早已「洋洋乎與造物者遊」，椅上只殘留一具又一具的血肉之軀（殼）嗎？我不也是曾與學生炯炯有神的目光相觸，以為彼此已心領神會，但最後學生卻始終未有「高抬貴手」或「大開金口」，依然惜字／話如金嗎？更何況，如果我們認為學生在家沒有學習動機，那為甚麼仍要樂此不疲的發放「家課」呢？這不是自討苦吃嗎？但，我又的確曾收過一些用心完成，甚至讓我喜出望外的家課呀！上述的教室日常風情畫，不知有否引起各位老師的共鳴？如果有，我想大膽的跟你說 —— 你已有足夠的力量去應付「新常態」了！

為甚麼我會這樣說？在說明具體的執行方法之前，我想舉一個例子，印證我的想法。相信大家也聽過，甚至說過「只有努力，才能讓你成功」這句話。或許，再配搭一個類似「鐵杵磨成針」的典故為論據，可以讓這句說話感覺更有說服力。但，講者真的以為，單憑這句說話，便可以對聽者「當頭棒喝」，讓他們紛紛頓悟，自動自覺「努力」起來？要將「鐵杵」磨成「針」，我不會否定「努力」的重要性，但相信當中所牽涉的「知識」、「技能」，甚至「態度」，也是必不可少的吧？回想我在上文所描述的日常課室風情畫，我們總不會只單靠「只要一息尚存，我也可以改變這些同學」的信念，去進行班級經營或施教吧？回想昔日在課室如何運用寬猛並濟、恩威並施、剛柔並重⋯⋯恍若武林高手的那個自己吧！我們不是也熬過來了嗎？正正因為我們曾經歷過這些「常態」，所以我們知道，就算學生坐在課室內，也不能百分百保證他們對學習充滿動機。因此，老師只要主動去理解及處理「新常態」中的「新」是甚麼，其實當中的衝擊並沒有如我們想像中嚴重。

如何在新常態下，啟動學生的遙距學習動機？

學生不能回校坐在課室上課，老師呢？其實大部分也要在家中工作。在「新常態」下，到底香港師生面對怎樣的情況？現以圖 1，稍加歸納。

其實香港師生在「新常態」下，彼此所面對的情況均沒有太大分別。老師具備一貫的專業態度，加上學校管理層迅速應變，可以協助處理或解決問題。但學生呢？他們極需要學校及老師以「同理」出發，幫助他們在「新常態」下，展開學習歷程。由此所見，「新常態」的「新」，其實是指將一切過往在學校完成的學習活動，盡可能搬到線上進行，再因應情況而不斷修訂

和調節。在過程中，我們不一定找到答案，但每一次的探索，都成為下次做得更穩妥的經驗。以下，我嘗試以「啟動禮」的形式，分享一下自己在停課期間的工作，冀拋磚引玉，與各位教育同道人分享。

第一幕：軟硬天師

要順利啟動「新常態」下學生的學習動機，第一步就是先不要處理學生「學甚麼」的問題，而是要將學生「如何學」作為當前急務。正所謂：「三軍未動，糧草先行」，所謂「軟硬天師」，就是要求老師（「師」）主動了解學生在「軟」（家庭狀況及情緒支援）、「硬」（電腦配備）兩方面的需要，而這種

圖 1　　師生共同面對的情況

共同面對的情況		
	老師	學生
精神層面	・疫情變化不定 ・防疫物資不足 ・復課日期一再改變 ・擔心教學進度	・疫情變化不定 ・防疫物資不足 ・復課日期一再改變 ・擔心測驗／考試／公開試
家庭環境	・與在家工作／學習的家人／子女共處在家 ・空間分配問題	・與在家工作的家人／在學的兄弟姐妹共處在家 ・空間分配問題
硬件配備	・與在家工作／學習的家人／子女共用電腦 ・家中的電腦配備是否足以支援線上教學 ・同時與家人／子女共用家中網絡	・與在家工作／學習的家人／在學的兄弟姐妹共用電腦 ・家中的電腦配備是否足以支援線上學習 ・同時與家人／兄弟姐妹共用家中網絡
學與教	・多製作紙本學習材料／課業 ・資料多貯存於學校的伺服器 ・課堂互動，即時／適時跟進	・多通過紙本完成學習任務／課業／評估 ・多使用實體檔案夾整理及貯存不同的課業 ・即時／下課後，向老師提問

了解,並不是一次性的,而是需要老師持續多天跟進的,這位「軟硬天師」(如圖 2 所示),最佳人選則非「班主任」莫屬了。

學生感受不到自己與學校、老師有「關係」,又何來透過學校進行學習的動機?不如索性自己上補習班,又或聘請私人補習,甚至自習算了。通過上表的比較,不難發現,無論是「常態」抑或「新常態」,老師需要跟進的事項,除了「家中電腦設備」外,其實與停課前並無相異之處。因此,要讓家校在新常態下產生連結,其實可以很簡單:

- 利用簡單的線上問卷,如 Google Forms,由學生填寫家中成

圖 2　常態和新常態下的「軟硬天師」

常態下的「軟硬天師」	新常態下的「軟硬天師」
· 教科書、校簿、講義…… · 校服 · 所需學習文具 · 學校各項系統登入方法及密碼 · 學習壓力／朋輩相處 · 家校溝通	· 教科書、校簿、講義…… · 校服 (?) · 所需學習工具 (家中電腦設備) · 學校各項系統登入方法及密碼 · 學習壓力／朋輩相處 · 家校溝通

員在家工作、兄弟姐妹在家上課的情況、家中的電腦及網絡配備。

- 善用「陽光電話」，配合線上問卷結果，決定跟進的先後次序。
- 提醒家長／監護人，如多於一名子女在家上網課，而又分別於不同學校就讀，應主動聯絡相關學校反映情況，尋求協調。

關於「陽光電話」，實在需要多說一兩句。隨著停課持續，「陽光電話」已被部分家長或學生謔稱為「陽光追債電話」。因為，每當電話接通後，家長只聽到彼端的老師數說著學生「欠交多少樣功課」、「缺席了多少次網課」……再用復課後考試，影響升留級唬嚇一番。漸漸地，有些同工發現，有一批家長見到學校來電，已索性不接聽了。最後，惟有衍生出「陽光電郵」、「陽光即時通訊群組」等稀奇古怪的通訊方式，將「欠交多少樣功課」、「缺席了多少次網課」的訊息，如水銀瀉地般通知家長。當然，這不能全怪責老師，因為老師也要就學生的學習表現，向校方和管理層交代。但在處理上，是否可以多點「人情」的考量呢？和煦的「陽光」，教人感到溫暖。倘若太灼熱的話，會讓人有刺痛感呢！

完成了「硬天師」的工作後，就輪到「軟天師」登場了。如何讓學生們感到老師一直在旁陪伴，而又不感壓力呢？答案就是善用「線上班主任課」了。首次宣佈停課是在農曆新年假期，學習壓力相對不大。加上我校採雙班主任制，我跟另一位班主任立即商討對策。在協調後，彼此均同意首要是照顧學生情緒（我是中二級的班主任），陪伴他們應對突如其來的轉變。因此，由 2020 年 2 月 3 日起，每天早上 8 時 05 分至 8 時 20 分的「線上班主任課」便出現了。

起初，我們沒有太多詳細的規劃，只簡單地分工，由我負責執行校方的關注事項「正向教育」，設計一些分享活動（如圖 3、圖 4 所示）；另一位班主任則分享《聖經》福音。我的設計一開始頗為粗糙，只是希望通過一些有趣的小任務，吸引學生在早上起床，跟我們「聚一聚」。後來，我們調整了方向，配合疫情的變化及學生對復課的渴望、對復課日期一延再延的無奈，製作了與現實社會脈動相關的任務，例如自製防護面罩、以 Google 3D animals 拍攝照片並擬定自我勉勵的題目。我們觀察到，學生多了表達情緒，也慢慢學習如何積極面對疫情。

隨著疫情稍為緩和，局方正式宣佈復課。2020 年 6 月 5 日，「線上班主任

圖 3　　正念人生：情人節小任務

歌曲中，梁靜茹說「愛」最需要「勇氣」，你認為「愛」最需要甚麼？🖤

1. 請將答案填寫在【　　　】內
2. 請你為情人節給一個「心心手勢」，並自拍一張照片吧！（不懂就跟費玉清叔叔學學）
3. 記得要讓我和Miss Wong看到你的樣子呀！太掛住大家😊
4. 準時完成而又符合要求者，ClassDojo 自學力🔋+同理力🔋共10分😊

【　　　】

相片張貼位置🖤

課」正式劃上句號。這 4 個多月，我不知道自己設計的小任務對學生有多大影響。但我知道，學生在這段期間交給我的字句、圖畫、照片、錄音……是我堅持不懈的原動力。

第二幕：你知道我在等你嗎？

「陽光電話」和「線上班主任課」的實施，總算沒有讓學生切斷與學校及老師的連繫。但這是否代表再搭配校方的「網課時間表」，就可以讓學生啟動「學習」的程序？誠然，網課時間表是必須的，這有助學校行政、協調學生在線上延續各學習領域的學習任務。與此同時，為了減輕學生眼睛的負荷及

圖 4　　正念人生：Blob Tree 分享

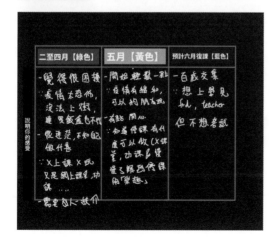

電腦配備的緊張,大部分學校均會將網課的課時濃縮、刪減。因此,如何有效地啟動「網課」,箇中關鍵,就是老師要主動出擊,讓學生知道,老師已準備好一切,等待他們來上課:

- 清晰有序的網課學與教流程安排
- 前置學習任務的設計
- 賦予學生責任:為自己的學習負責

停課初期,我主要依靠 WhatsApp、Gmail 或學校內聯網發放網課的資訊,但效果平平,究其原因,一來在於太散亂,欠缺統整;二來由於其他科目也

圖 5　使用 Google Sites 整理的教學框架

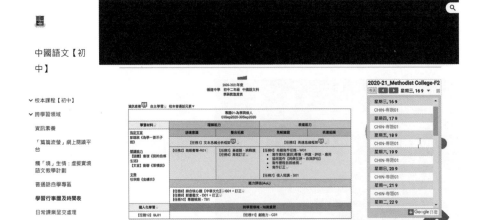

通過相同的渠道發放一大堆資訊，學生根本沒有耐性去處理，於是通通已讀不回。老師說了等於白說，泛濫的資訊，反過來讓學生無法清晰地看見所需資訊。於是，我嘗試使用 Google Sites 自己整理教學的框架，將學生每一階段的學習任務，和需要呈交的課業，都清晰有序地分類排列好。學生或家長只要登入 Google Sites，就可了解每一階段的學習任務。值得一提的，是 Google Sites 連結其他網頁也十分方便，我其後索性連結到學校的線上功課系統及網課時間表，家長及學生只要登入 Google Sites，就可一站式適時跟進子女的學習情況，對初中學生而言，更為重要。

此外，因為發展了 Google Sites，連帶之前存放在 YouTube 頻道的翻轉教學

圖 6　學生個人化學習任務清單

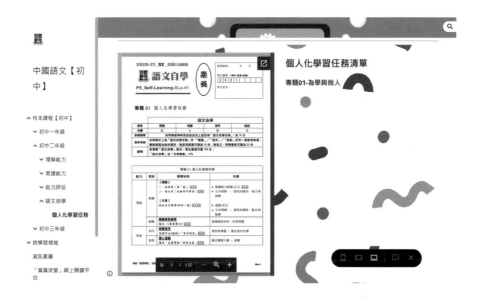

影片，也得以作更有效的整合。觀看翻轉教學影片是很有效的前置學習任務，我在停課前，已經採取這種教學策略，因此，學生普遍對課前「睇片」絕不感到陌生。我嘗試作一比喻，如果「課堂」好比「會議」，那麼，翻轉教學影片就是「會議議程」。學生根據「議程」，為「開會」（上課）做好準備。以下是我一些處理方法，列舉予各位準備「翻轉」教學影片的老師參考：

- 時間盡量控制在 10 分鐘內，如超過 10 分鐘，建議劃分成多段影片，讓學生分階段觀看。
- 片中須包含一些重要資訊，例如：破題技巧、討論問題、作答框架、教學示範等，讓學生知道，不看片是他們自己的損失。
- 如屬一些「知識性」或「資訊性」的內容，建議在片中附上連結，讓學生自行查閱。
- 不為沒有準備的人「付鈔」，與學生約法三章，絕不在課堂重播影片內容。（我會要求學生主動提醒）
- 課堂開始前，可設計一些小測驗，以掌握已看片的學生人數，再據此將課堂討論集中在沒有看片的學生身上，讓他們產生危機感。
- 偶爾在講義中，故意滲入一些「錯誤」或「似是而非」的資訊，只在影片中提供解難方向，既可訓練同學的資訊素養，也可吸引同學觀看影片解難。
- 掌握沒有觀看影片的同學，課後跟進，了解他們的需要和困難
- 時刻邀請學生就影片提供意見，加以修訂。

無論是實體課抑或網課，整個課堂作單向講授，終非上策。特別是網課，學生很聰明，他們會問，如果只是依書直說，為甚麼不拍片？因此，他們

情願選擇「掛機」。將課堂視為一場「會議」，要求「與會者」有備而來，會議一開始，由老師帶動討論，逐層深化學習主題。這種老生常談，放諸網課，也可有效實踐和執行。

最後，在網課期間，老師宜主動建立一個與學生妥善溝通的機制。我主要通過 WhatsApp 與學生溝通（如同工不欲透露個人電話或開設多一個電話號碼，可考慮用 Google Chat）。汲取了初期在 WhatsApp 開設「大 Group」，訊息如投進深海，無人回應的教訓，我設計了以下的溝通機制：

圖中的運作非常簡單，學生甲、乙、丙是組長，任期為一個月。我只將組

圖7　多方面成長——責任、同理

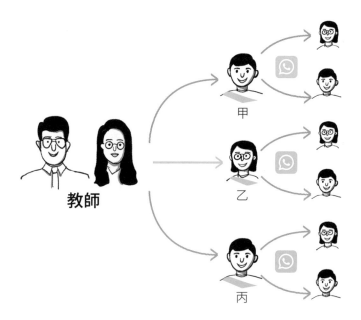

長加到通訊群組內（不多於 8 位學生）。我先向組長發放關於網課或校方的最新資訊，再由組長另行與組員設立群組，向組員轉發訊息。若學生對網課或校方安排有意見，我不接受組長以個人身分提問，組長只能反映與組員商討後的共識，又或反映組員的疑惑和憂慮。一個月後，組長卸任，離開群組，再由組內的其他同學分別入「Group」，擔任組長。

此舉一來可避免長期由某幾位同學擔任組長而累積壓力；二來可以發揮彼此扶持，共同承擔的效果。學生對自己的行為和學習負責，是理所當然，但當為別人負起責任時，才算是真正的成長。撰寫此文時，這個群組內的學生已升讀中三了。我未有關閉群組，9 月「開學但不能上學」，雖然已不是這班學生的班主任，但仍忍不住偶爾向他們發一兩句訊息，但換來的卻是「阿Sir，得啦！你照顧好自己今年班中二啦！」看來，這班小朋友真的成長了。

總括而言，利用 Google Sites 及翻轉教學影片，配搭組長主導模式的通訊溝通群組，目的是要讓更多的教學環節及學習任務可視化（Visualization），代替了過去大量由老師口述／管理的模式，讓學生能更具體地「看見」自己的學習之餘，表現效果亦兼及多媒體元素。這種處理方式，可向學生傳遞「學習是很方便」的訊息，因為通過互聯網，學習幾乎可以說是無處不在。學生毋須單靠固定課堂時間表或等到上課才開展學習，而是可以有效利用「碎片化時間」，進行自我學習管理。所以，老師可考慮充分利用互聯網的優勢，主動打破學校課室的圍牆，讓「學習」滲透於學生的日常生活之中。

第三幕：小小宇宙，花花世界

當架設好清晰有序的教學，並安排好翻轉教學影片作為前置教學任務後，就要對學習任務式課業加以設計了。無論線上線下，都應將學習任務分拆成

不同環節，任務彼此扣連之餘，更與課業互相呼應。此舉可以讓學生「做中學、學中做」，避免先花大量時間聽講，到執行時，又忘記了指示和要求。停課期間，學生出席網課，大部分時間也是即時回應及動手完成各項學習任務。此舉有助學生分階段完成課業，有助減輕學與教的壓力，流程如下：

| 計劃 | 執行 | 評估 | 檢視 | 修訂 | 檢視 | 再行動 |

我嘗試用中二級中文科的校本課程為例，說明上述安排。學生需要學習一篇

圖8　PDCA 計劃（（Plan）、執行（Do）、檢視（Check）、行動（Act））理解訂正力

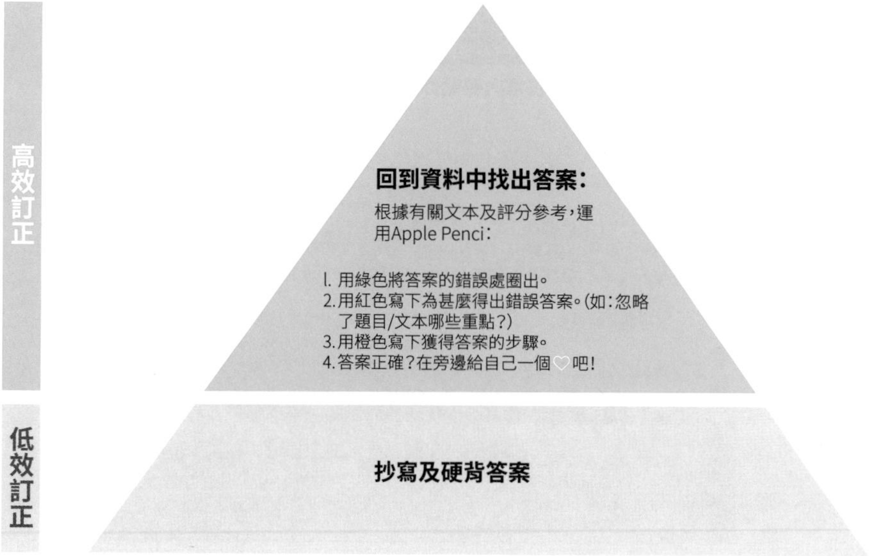

高效訂正

回到資料中找出答案：
根據有關文本及評分參考，運用Apple Penci：

1. 用綠色將答案的錯誤處圈出。
2. 用紅色寫下為甚麼得出錯誤答案。(如：忽略了題目/文本哪些重點？)
3. 用橙色寫下獲得答案的步驟。
4. 答案正確？在旁邊給自己一個 ♡ 吧!

低效訂正

抄寫及硬背答案

文言文，是彭端淑的《為學一首示子姪》。

首先，老師通過翻轉教學影片，向學生說明整個學習歷程中，各項學習任務的安排及要求，學生需根據影片，配合 Google Sites，「計劃」自己這次如何學習。學生先完成「文本思維框架」，對文本有整體認識，然後在網課時，老師發放不同難度的題目進行評估，先用「基礎題」「檢視」學生對課題是否有一定的理解；再發放「挑戰題」，既鼓勵學生挑戰自我，又可在網課進行小組互動。在學生完成題目後，老師即場發放參考答案，學生即時檢視自己表現，連隨進行「高效訂正」，在課堂尾聲，就比較複雜的題目發放 M.U.D Card（Most Unclear Discussion Card），讓學生寫下有關學習任務的難點。老

圖 9　　學生進行高效訂正的例子

師「檢視」M.U.D Card 的意見，並進行「修訂」，再安排下一階段的學習活動，如統計最多學生表達的學習重點，加以引導、補充；又或安排時間，由能力較高的學生主導，成為課堂的主角，分享心得，讓同學參考後，加以修訂及跟進。凡此種種，無論線上線下，俱可增加課堂的互動性。

所謂「小小宇宙」，是指每項任務雖小，但卻包含不同的學習目的，既有自主學習，亦有不同層級的「促進學習的評估」（Assessment for Learning），而當中，「檢視」佔了兩次，目的是讓學生覺察自己的學習問題，體現「作為學習的評估」（Assessment as Learning），使學生自覺地監察自己的學習。

圖 10　PDCA 理解訂正力

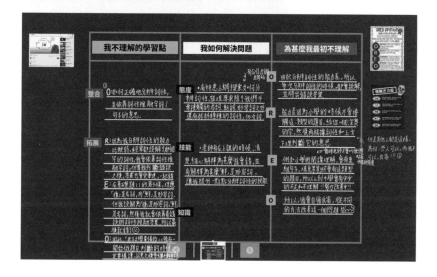

除了網課的學習任務連絡課業外，在課業安排上，也可活用資訊科技平台，簡易如有「共同編輯」功能 Google Slide、Google doc、Keynote、Pages等。無論是線上線下，學生也可繼續發展與人協作及溝通的能力，共同完全學習任務。而在課業內容上，也因應停課而作了改動，意念源自「線上班主任課」，就是加強學生與日常生活的聯繫，讓他們可在完成課業的經歷中，對個人與社會作出反思及抒發體會。例如：停課期間，中二級的中文寫作，以「不倒翁」為題，以呼應陳葒校長的《全城關懷學生行動日》活動。雖然，陳校長的活動因疫情而停辦，但我們成功邀得陳葒校長拍攝了一段短片，為學生講解寫作之餘，更藉「不倒翁」精神，勉勵學生積極面對「疫」境。除日常課業之外，老師也在校本課程上動動腦筋，利用一些「跨學科」小活

圖 11 《不倒翁》作文審題思維過程工作紙

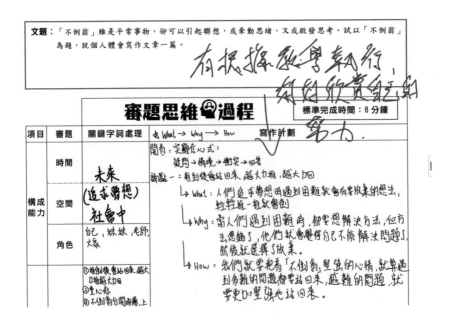

動，除了增加學習趣味外，也可引導學生以正向思維，處理當前的困難。例如：在停課期間，教畢《愛蓮說》一文後，利用學生已掌握「借物說理」的能力，設計了一項扣連文本的「創意」活動，要求學生回想學校的事物，然後任選其一，與組員共同發揮創意，通過學校事物的特質，表達勉勵之意。例如：有些學生將校歌原先的英文歌詞重新改編，譜上中文歌詞，並與組員合作，利用 GarageBand 的共同編輯功能，重新編曲，並以自己擅長的樂器演奏／唱校歌又有學生竟然發掘出不起眼的校園石牆，利用石牆上的話語，連繫基督信仰，既自勵，亦互勉。此外，有學生選取了學校旁邊的「斜路」，利用每天上學需要爬斜路的經歷，與組員合作，構思廣播劇，以上落斜路喻人生得失。

圖 12　　《不倒翁》作文審題思維過程及寫作教學短片

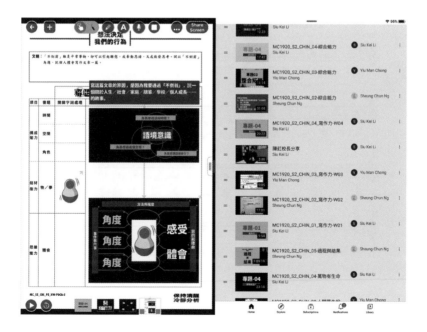

「一粒沙裡看世界，半瓣花上說人情」。無論是線上線下，給學生的學習任務，永遠是叩問「學習意義」。資訊科技有利學生打破空間局限，與人協作（甚至境外的學生），彼此一起探索這個色彩絢麗的花花宇宙。

第四幕：你是最好的，你知道嗎？

隨著學生陸續完成功課，老師也是時候進行回饋了。過去，老師的回饋不離批改或班上的口頭回饋評改。在新常態下，運用資訊科技進行回饋，當然是一條出路，無論是數據分析或課業存檔，一定比人手處理優勝。然而，這些評估系統大多只有數據或分析圖表的回饋，而且在「文字論述題」的評

圖 13　校歌中文歌詞

學生將校歌原先的英文歌詞重新改編，譜上中文歌詞。

改上，未盡完善之餘，亦欠缺人與人之間的互動。加上，在網課進行概述式的整體口頭回饋，效果也不大理想。因此，疫情期間，我嘗試了「個人化回饋」，靈感來自現時部分商業機構所採用的「一對一會議」。

我嘗試以寫作課業為試點，在評改及發還課業後，利用 Flipgrid，邀請同學用個人短講的方式，講述自己在是次寫作的表現，內容包括：

- 在整個寫作歷程中，自己有哪些值得欣賞的表現？有哪些地方可以做得更好？
- 談談對自己的寫作有甚麼期許？
- 對老師的評改有甚麼不同意／有疑問的地方？
- 希望得到怎樣的協助？

當我在 Flipgrid 收到學生的自評影片後，隨即在平台以錄影回應。個人化回饋短片大概 5 至 8 分鐘，我視這段影片是我和特定學生的專屬時間，因此，我可聚焦有關學生的寫作問題，讓學生表達意見，引導學生思考如何在修訂時，做得更好。

當然，我也會積極回應學生於個人短片中提到的問題，特別最後兩項。如果學生願意和你分享這兩項，肯定是一種信任的表現。老師們應把握機會，與學生建立互信。

值得一提的是，為了讓學生觀看自己的專屬回饋影片時更加有效能，我在評改寫作課業時，主要根據學生課業的內容架構，切割為若干區域。再將過去的手寫批改，差不多改為在影片口述，節省了評改時間（有時早上乘車回校，也可錄影）。

此外，老師在 Flipgrid 的個人化回饋及課業上的文字回饋也要有明確的分工，讓評改更有效率，我的分工如圖 14。

藉著個人化回饋，尋求寫作訓練的突破。學生感覺似有人聆聽他們進行課業時的心路歷程，雖然只是淡淡然，沒有甚麼煽情的內容，但言談之間，學生也提出一些纏繞多時的學習疑難，期待老師可以提供協助。

起初，我對這種個人化回饋也有少許憂慮，擔心會否令學生變得自我中心？但後來，我收到一些學生查詢，問可否將自己的寫作個人化回饋分享予好友一同觀看。由此看來，隨著資訊科技越來越先進，學生只要有一部接通互聯

圖 14　個人化回饋短片和文字回饋的分別

Flipgrid 個人化回饋	課業上的文字回饋
· 集中對學生的「內容」、「立意」、「用例」提出疑問 · 回應學生的意見及疑惑	· 集中對學生的「表達」及「申述」提出改善的地方 · 處理錯別字

網的電子設備，已可因應個人喜好學習。

學生不甘於接受千人一面的「客制化」教學，如果「每一位孩子都是獨特的」不是一句空話，取而代之的，相信是學校和老師想方法為每一位學生的學習「量體裁衣」，協助學生因應個人的學習需要，連結其他學習群體，建立個人化學習平台，實踐自主學習。

圖 15　個人化回饋短片

下一個新常態：「今天」不是今天，是未來！

今天的新常態，到底為香港教育發展、老師、學生、家長帶來怎麼啟示？答案可能莫衷一是。個人認為，有幾點值得探討：

- 學校全日上課的必要性。
- 以紙筆考核為主的公開試，在新常態下陷入窘態。
- 校本評核未能發揮原有的作用。
- 資訊素養越益重要。
- 通過資訊科技，「學習」全面滲透至學生的日常生活。

圖 16　自主學習課程架構

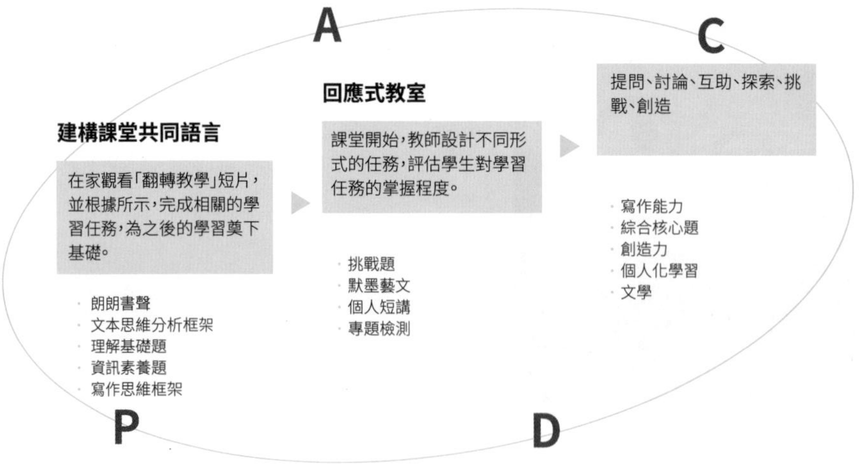

A

C

回應式教室

提問、討論、互助、探索、挑戰、創造

建構課堂共同語言

課堂開始，教師設計不同形式的任務，評估學生對學習任務的掌握程度。

在家觀看「翻轉教學」短片，並根據所示，完成相關的學習任務，為之後的學習奠下基礎。

· 寫作能力
· 綜合核心題
· 創造力
· 個人化學習
· 文學

· 挑戰題
· 默墨藝文
· 個人短講
· 專題檢測

· 朗朗書聲
· 文本思維分析框架
· 理解基礎題
· 資訊素養題
· 寫作思維框架

P

D

● 局方的政策及評核指標能否對應新常態下的學校發展。

● 個人化學習計劃的渴求。

● 現在的教學內容在未來的適用性。

上述每一項都可以化為教育研究的大課題，我當然沒有能力解答，但願意參與其中。作為前線老師，我最關心的，是隨著疫情消退後，現在所進行的教學工作，有哪些是有保留的價值的呢？有哪些過去行之有效的教學方法，將永久失效呢？

我們的學生，在疫情底下，到底對「學習」有甚麼看法？老師如何轉型？我們沒有水晶球，無法預知未來，但在檢視過由 2 月到 9 月，歷時 5 個多月的網課後，以下的一些嘗試，可以繼續加以修正、推動：

學生可以在家或利用碎片化時間，觀看而又不限於老師提供的翻轉教學影片，完成課堂前置任務，目的是為建構「師生、生生」擁有共同的課堂語言做準備，提升課堂的「含金量」。

在實體課堂中，老師不再重複影片內容，而是直接評估各人的能力，再發放具挑戰性的學習任務，學生彼此運用已有知識及技能，積極回應。最後，將學生的個人知識與個人經歷、社區、世界連結，將許多富創造性的新意念實踐出來。

學校方面，善用資訊科技，無形中也令老師之間打開了教室的大門。例如，老師彼此分享各自的翻轉教學影片，進行共備，比過去蜻蜓點水式的觀課，更具持續性。

一些跨地域的教學合作，過去往往因資源或時間而難以實踐。但現在已可透過線上平台，邀請世界不同地方的專業人士、校友等進行線上分享。

學校應協助老師探討如何利用資訊科技，釋放師生的學與教空間，提升課堂的質量，而非不斷通過增加課時，複述知識及操練。

結語

走筆至此，教育局已陸續開辦一些線上培訓課程，供老師們靈活調配參與，老師也無需如過往般大費周章調堂、安排代課、由學校趕往指定地點參與。

取而代之的，是老師可安排自己的時間，進行「個人化學習」，這些由局方提供的線上課程，極有可能成為日後老師的進修新常態。

> 「食飯時間無時間食飯，
> 創造空間無空間創造」

這兩句打油詩，是一位教壇前輩在退休時「贈」給我的，用來形容香港老師的工作。停課期間，我又想起這兩句。

然而，停課期間，半天網課結束後，師生可以悠閒地吃個午飯，之後再各自埋首專注自己的工作。只要老師的教學指示清晰有序，學生其實不會有太多疑問。當然，學生也不願意老師太過侵入他們的私人時間。這種不遠又不

近，有需要時可立即通過網絡聯繫的師生關係，是否正是新常態下的產物呢？

試想想，在「啟動禮」中，按下按鈕的，不再是老師，而是學生。由學生擔任司儀和主禮嘉賓，老師只是來賓之一，與學生有著彼此的共同話題，妙問妙答，積極回應 —— 這，是否才是一場最動人的「學習動機啟動禮」呢？

我的教學設備

iPad
控制 LoiLoNote School（學習管理平台）進行課堂互動任務。

MacBook
開啟線上實時課堂及即時功課「繳交盒」。

網課美顏燈
調節燈光。

混合式教學的
前傳、發展與展望

粉嶺禮賢會中學

程詠詩助理校長

混合式教學前傳

當你閉上眼，腦海裡出現一個玻璃杯，你對玻璃杯內盛載的東西會有何想像？我的想像是甚麼？先在這賣個關子。

在疫情期間及教學新常態下，我學校選擇了混合式教學（Blended Learning），即把部分教學材料放在網絡上，讓學生在線上經歷學習歷程，同時，我們亦會安排面授課堂，透過視訊軟件或實體進行師生和生生交流。

如果要更精準地描述，採取混合式教學並非我們刻意選擇，而是自然而然走上的路。現在回想起來，這道路的發展可追溯至 10 年前。

製作教學影片，影片如老師分身

10 年前，前校長潘詠棠先生與我們分享他的教學經驗，他是任教高考的經濟科老師。高考的經濟課程並不容易，學生在學習上常感困難，為了幫助學生掌握學習內容，他把整個高考課程分割成不同的學習主題，並逐一為每個主題錄製教學影片，放在自己製作的平台上，讓學生遇到難以理解的課題時可多聽幾次老師的講解，學生也可按需要利用影片作為重溫。所以老師自製教學影片，我並非從可汗學院（Khan Academy）認識的，而是由前校長介紹而知道的。

前校長告訴我們，他不但會讓學生在課堂外觀看影片，還會在課堂上播放這些影片，他覺得這些影片就像是自己的分身，當播放影片時，他可騰出空間遊走於學生之間，即時解答學生的問題，照顧學生。現在回想起來，原來我很早就已開始接觸這些教學上的嶄新觀念。印象很深刻的是，他分享

他女兒讀預科時，所有科目都很優秀，唯獨對經濟科感到很困難。女兒向他求助，於是他就把自己的教學影片給女兒觀看，結果他的女兒由恐懼經濟科，變為於高考經濟科取得優異成績的高材生，他繪形繪聲地訴說女兒因此而感謝他的情境，我現在還歷歷在目。前校長除了遊說我們嘗試製作影片外，他更是「落手落腳」地教我們如何使用不同工具，如 PowerPoint、SMRecorder 等軟件錄製影片。

由於我校在北區，有不少跨境生，不能使用 YouTube 平台，因此他亦利用 Portal 平台為我們建立放置影片的平台（ELP，E-learning Platform）。在我眼中，他真的非常厲害，尤其他說這些技術都是透過自學和嘗試而學懂的。可惜，我當時少不更事，那刻有很多的不理解，尤其在製作影片時，無論在選材、講解和技術操作上都遇到困難。因為不能接受不完美的自己，結果一段影片反來覆去錄了很長時間，便會質疑這樣投放時間是否值得，而且我也實在不太明白為何老師已在課室，還要多此一舉錄製影片。幸好，我並沒有因此拒絕學習，我還是努力的嘗試了。那幾年，我做得最多的就是錄製影片教學生做通識教育科的獨立專題探究（IES），以取代在禮堂的大班教學。後來，我發現習慣了錄製影片後，會慢慢摸索到方法，亦漸漸懂得如何選材。在介紹探究方法、搜集資料方法和電腦操作等，這些影片都能發揮作用，而且可給不同老師，於不同年度使用。加上老師可分工協作製作影片，如以長遠及整個團隊來計算，我們實際所花的時間可能是少了。

推展協同探究，步向自主學習

前校長對學校發展的方向非常明確清晰，他期許的不只是老師「教得好」，更重要的是學生要「學得到」。學生在學校最多時間就是在課堂內，如要學生學得到，每天每堂的教學成效都非常重要，而且也會影響學生對學習的態

度與看法。因此，他訂立了為期 5 年的學校發展計劃，以優化課堂教學為學校著力發展的關注事項。我們透過研究及推行「協同探究」教學模式，促進老師的專業發展，提升課堂的教學效能。

「協同探究」課堂教學改進計劃目的包括：

- 培育學生成為活用知識、具處理資訊、解決問題及溝通能力的新一代。
- 孕育學生成為主動的學習者，擁有並享受學習的喜悅。
- 老師能落實角色轉變，課堂以學習者為中心，老師能成為學生學習的促進者。
- 組成老師專業學習社群，建立學習型組織文化，提升老師教學效能並培育教學領導，令學校能持續完善發展。

我們相信：孩子要處事解難，更要學會與人協作。在協同過程中，學生學會聆聽別人意見，表達自己想法，嘗試磋商取得共識，令溝通及協作能力提升。我們相信：孩子要回答問題，更要懂得尋問反思。老師在設計課程時，根據每堂的教學內容，分析課題的學習重點、難點、關鍵特徵，清晰定立每堂的學習目標及預期學習成果，設計不同的探究任務，為學生搭建鷹架（Scaffolding），讓學生於完成任務的過程中，逐步發現和建構新知識。老師角色由單向知識傳授轉為學生學習促進者。學生在探究過程中發展出的共通能力和高階思維能力，有利學習遷移（Transfer of Learning），提升學習效能。

「協同探究」結合翻轉教學

學生以「協同探究」方式上課，需要時間思考和討論。為了把這些時間最大

化，在課程設計上，老師們也嘗試配合翻轉教學，一方面承接上一階段製作教學影片的做法，把一些學生能自學、老師適合以直述形式教授的內容以影片呈現。學生在上課前先學，有些知識上的輸入，以促進回校後能與學生進行有意義的討論，亦能騰出原先佔用面授課堂的課時，把這些課時用作生生互動與師生互動。期望這做法能配合原先的課程進度，減少老師的疑慮。為了配合翻轉教學的推展，前校長利用 Moodle 系統創建了我校的學習管理平台（LMS）。當時，亦就此在線上線下進行了一連串的老師培訓。

為了推展「協同探究」的發展，學校成立了教與學改進計劃促進小組，成員包括校長、副校長及我。我有幸成為其中一位核心變革能動者（Change Agent），負責籌劃及推動整個校本計劃的實施，領導老師進行變革，透過範式轉移（Paradigm Shift）優化課堂教學，而課堂研究便是整個計劃的重點項目。

在這 5 年，我們摸著石頭過河，過程中，我們曾遇到不少迷惘的時刻，但每當看到學生因著老師的課程設計而投入參與學習，都會令我再次肯定我們走的路是正確的。唯有這樣的教學模式轉變，把課堂交還給學生才能幫助學生產生有意義的學習經歷，讓他們學會學習、享受學習，然後有機會持續學習、終身學習。

這些經驗亦令我明白到課程設計是導致有效學習的核心，要維持學習的動機與興趣，就要讓學生擁有及享受學習。教學不能只單向灌輸，應要啟發學生主動探究、發現與建構知識。同時，我亦累積了一些與老師一起專業成長的經驗，這些經驗亦增添了我們推展混合式教學的助力。

繼續向前，協同探究 2.0

從去年開始，在現任校長陳俊平博士帶領下，我們開始了新一周期的學校發展計劃。我們會延續協同探究的目標、精神與專業發展模式，研究如何加入資優教育元素，以進一步照顧學生學習的多樣性。同時，希望能探討如何透過電子學習的優勢促進教學成效。最後，亦希望有系統地提升學生學習策略與培養學習習慣以促進他們自主學習。

混合式教學發展：危機與契機

用了很多篇幅描繪我校的校情與發展，目的是讓大家了解我們於新常態下選取的教學模式與目標並非突然發生。我校用了 10 年時間確立了我們的教學理念，在軟件和硬件都有準備的情況下，這才在無形中幫助我們適應這次因疫症停課而必須作出的教學轉變。而這些轉變，也剛好提供了機會推動我們回應疫情下的挑戰。

在以往的日子，沒有人會想像得到我們要經歷這麼長時間的停課。在習以為常、無風無浪的慣性狀態下，我們並不容易察覺有變革的需要。但當疫症發生，時間好像停頓了一樣，雖然原先正常的生活未能進行，但這些不尋常的經歷卻給予我們空間，叫我們有機會停下來反思，究竟教育的本質是甚麼？我們應如何裝備學生？學生的需要是甚麼？我們又應如何裝備自己？ 對於學校的發展，我從正面的角度看，這疫症給予我們轉變的契機，亦成為教學範式轉移與老師專業發展的催化劑。

混合式教學的有限與無限

非同步與同步教學各有優勢與局限，如我們能把各自的優勢放大，互補不足，就能提高教學效能。因此，我們首先要認識兩種教學的特色。

非同步教學的優勢在於有利個人化的學習，只要老師把設計好的課程和評估放到線上平台，學生可按個人需要、步伐藉著這些教材進行學習。而且網絡上有很多不同形式的材料，如文字、圖片、影片等，只要老師在課程內容上刻意安排，就能兼顧不同學生的學習風格及需要。此外，因著互聯網的特性，學生只要能連接網絡，足不出戶就能隨時隨地進行學習，而且網絡上的資訊有跨地域、時空的獨特性，有無限的學習延展空間，只要學生懂得搜尋資料，他們絕對可就著自己的興趣，在網絡中自由遊走，即時滿足自己的學習需求，令自己的學習更深更廣。

正因以上種種特性，非同步教學可照顧學生的學習多樣性，也可提供彈性，促進學生進行自主學習。另外，線上平台可做到多樣化的評估，有很多不同的題型可選擇，如是非題、多項選擇題、配對、短答題，而且大多也能做到即時回饋的效果。有些更加入遊戲化元素，這些特質都可提升學生的學習動機。而且，善用學習管理平台，可為學生的學習歷程存檔，既方便學生重溫，亦可讓他們了解自己的學習足印，有利檢視及反思個人學習進程。對於老師而言，非同步課程具可持續發展性，既可重複使用合用的教材，也可輕易就著任教學生的能力和需要調整課程，值得投放時間發展。當然，非同步教學也有它的局限，這種學習方式需要學習者有一定的學習動機與自學能力。因此，如全靠這種模式，一些本來弱勢的學生可能會因為未能掌握學習方法，或當學習出現疑問或困難，因未能即時得到幫助，以致落後，甚至因此無力感太大而放棄學習。

同步教學方面，面授課堂能提供人際互動的機會，老師與學生、學生與學生之間都能在面授期間有頻繁的交流，除知識外，師生和學生間的情感需求也可得到滿足。而且，透過提問與雙向溝通，師生對課題的討論可更深入，而且學生也有表達與提問的機會，可釐清學生對學習內容的理解和進行多元能力與高階思維的培訓。可是，能進行同步教學的時間始終有限，而且要約定在某一時間才能進行，成本相對較高。所以，我個人會抱著非常珍惜的心態，把最重要且必須透過面授才學到或學得好的內容放在同步課程內。

還有一關鍵點是，非同步課程與同步課程的學習內容應互有關連，互相配合。這樣不但可促進同步課程的學習成效，亦令學生覺得兩種課程同樣有其意義和價值，提升他們的學習動機。

混合式教學模式及例子

以下我會以例子說明，如何嘗試利用非同步與同步教學的優勢，按不同年級的需要與科目性質，作課程設計與學習內容的選材。

模式一：非同步課程＋同步課程（利用非同步評估結果促進學生學習）

例子　　中一級　生物科

非同步課程

對於中一級學生來說，他們對非同步課程相對陌生，而且對學習方法和運用電子工具的掌握差異較大。為了減低學生在學習上的阻力和因陌生而產生的恐懼，並讓他們知道只要肯學，定有方法可學到。因此，在課程的開首，我

會清楚列出完成進行非同步課程的步驟、方法、要求與尋找支援的途徑。

我會從學習者的角度和學生的實際情況思考，從課前準備到進行線上學習時的過程步驟和注意事項，用點列式的方法陳述。同時，也會告訴學生回校後的安排，讓學生知道老師是會驗收他們的學習成果的，讓學生為自己設定短期、中期和長期的學習目標。另外，我也考慮到學生在家的設備各有不同，因此會就不同情況向學生作出建議，告訴他們可用甚麼方法處理筆記、完成非同步課程和課業。最後，我也會給予學生課業格式範本，讓他們清楚知道老師的要求。

設定課程指引

完成非同步課程的指引主要包括以下內容：

課前準備

- 先下載每課的筆記，並打印出來；若沒有打印機，可在用電腦學習時，同時開啟筆記和 rMoodle 版面；若使用手機學習，可先閱覽筆記內容，並以紙筆寫下重點。

進行網上學習

- 先閱讀每課的學習重點；
- 省覽筆記，留意標題及筆記內的任務；
- 瀏覽每課的動畫，可同時完成筆記任務；
- 細心聆聽老師的簡報講解，同時完成筆記任務，摘下個人筆記和重點；

- 閱讀課本；
- 完成測試站題目，直到百分百準確；
- 檢視自己是否已掌握學習重點，並完成筆記第一頁；
- 自由選擇進行延伸學習，並可善用討論區作討論交流。

回校後

- 遞交筆記予科任老師；
- 所有線上學習的內容將涵蓋在期終考試的範圍內。

在建構非同步課程時，我會先審視課程大綱，找出每個課題的學習目標、重點與重要概念。按照經驗及以往學生的表現，確定此課題的難點或常見的錯誤概念。我會修訂筆記，在每課筆記的開首清晰指出該課的學習目標，讓學生知道經歷整個線上課程後，應要掌握到的知識。而且，為了培養學生的反思能力，我會請學生於完成線上課程後逐項目標檢視，並自評對目標的掌握程度。另外，我會嘗試從學習者自學的角度再檢視以往的筆記，看看有哪些部分需修訂、改寫或補充，目的是令學生能於自學的過程中明白學習內容、掌握重點。因此，筆記內的學習內容脈絡要有系統，有時可能需要調動面授時的鋪排。

根據筆記設計教學影片

接著，我會就著筆記，歸納在課題下有多少個重點與難點，然後決定如何把整課分拆成不同主題，再決定需錄製多少段教學影片。每段影片的學習目標不可以太多。影片要短、內容要精，講解要清晰，只講重點，避免講述一些無關痛癢的事情。通常每段影片為 5 至 7 分鐘，10 分鐘是極限。每段影片

開始時，都會指出該影片的學習重點，讓學生了解看過影片以後，要掌握哪些知識。為了配合科目性質、照顧不同學習風格學生的需要，促進他們對學習內容的理解及吸引初中學生觀看影片，我會在影片內附以精美圖片或動態圖片。同時，亦會採用不同的組織圖整理教學內容，一方面幫助學生找到重點，另一方面，可起示範作用，在潛移默化下令學生知道可用甚麼方法整理資料。最後，每段影片都會有總結部分，回應開首的學習目標。因此，在一段影片內，我有機會已把重點重複 2 至 3 次。學生看過影片後，我會請他們先閱讀課本，再進行評估。

圖 1 自評表

2.2‧生境、生物多樣性

完成網上學習後，請檢視你的學習情況並在適當的空格加「✓」。如遇有不明白的學習內容，鼓勵同學善用網上工具搜尋資料解決問題，同學亦可善用本學習平台的討論區功能發問及同學間互相討論、解決問題。

學習目標	完全掌握	部分掌握	不太掌握
明白生物的種類繁多			
知道不同生物的體形大小差異很大			
指出什麼是生物多樣性			
指出什麼是生境			
能夠將生物的主要特徵與其功用及生物如何適應不同生境連繫			
指出生物多樣性的重要性			
解釋生活在同一生境中的生物(動物、植物及微生物)，如何互相影響，形成生態系			

學生針對自身學習情況進行評估。

根據學習內容設計評估

我會按照每段影片的學習內容配以評估，讓學生和老師了解學生的學習成效。簡單的主題，可能只設一個評估，較深的主題，則可能會設初階和高階兩個評估，讓他們能循序漸進地學習。此外，我們對學生有一特別的要求，就是要求他們的評估要達到百分百準確才算完成功課。理念是希望藉此從小培養學生反思及尋根究底的習慣，也希望他們明白學習過程中答題有錯是很正常的事，我們很多時都是從錯誤中學習，希望他們學懂如何把握從錯誤中弄清知識概念的機會。為了幫助學生做到此要求，我也會建議他們學習的方法。例如：題目做錯後，可先自行嘗試找出做錯的原因，是因為審題？學習時遺漏了某個重點？ 還是未有弄清概念？我建議學生可再次觀看影片、閱讀筆記或教科書。有不明白的地方，也可透過 Moodle 內的討論區與同學交流，透過朋輩力量互教互學，也可使用電郵向老師提問請教。從 Moodle 內的系統記錄，我發現大多學生做 2 至 3 次就能全對。

在 Moodle 上的筆記、影片、討論區和原先已有的課本都是老師的分身。因此，學習不一定要面對老師才能發生，而是可同時從多元渠道達致。

正如前文所述，非同步課程的優勢在於不受限於課時，所以學習內容可不斷擴展。我利用了此優勢在課程內加入延伸部分，內容包括一些與課題相關的文章、影片、跨學科英語課程（Language Across Curriculum，LAC）、甚至跨科及跨領域的學習材料，如生物科與生命教育等。除了放上素材，也會配以思考問題，讓學生能更深入的學習。這些延伸部分也能配合學校發展資優教育（照顧學習多樣性）和跨學科英語課程兩項關注事項。

雖然已盡力建構非同步課程，但不能否認學生的學習多樣性在非同步課程學

習上更見明顯。因此，必須配合同步課程的學習。

同步課程

在構思同步課程時，我很清楚由於課時非常有限，因此在教學內容的選取上，我會選最重要而且必須透過面授才能達致的學習內容。同步課程與非同步課程的內容必須緊扣相關。在中一的生物科，為了提升同學以百分百準確度完成評估的能力感，我會先檢視同學於評估中的表現，根據 Moodle 上的數據，選取較多同學暫時未能答對的題目與他們討論。電子學習的其中一個好處，就是可以即時有一些有用的統計數字，如每題有多少同學答對、每個同學的答題情況。老師可利用這些數據了解同學的難點，然後再去設計之後的教學，這更能貼合學生的學習需要。同時，老師也可知道哪些同學需要特別幫忙，這亦有助照顧學習多樣性，如有需要，老師可個別或以小組跟進同學的學習情況。

採用互動教學法

在同步課堂上，我會採用與學生多互動的教學法，甚少直述。我認為老師直述的學習內容，放在非同步課程會較有利。我會利用提問、Zoom 的投票功能和聊天室與同學進行互動。另外，我也會邀請不同同學解題，貫徹平日在協同探究課堂中，希望同學互教互學的精神。我希望透過同學解題，讓他們能把思考過程透過口述表達，讓「思考變得可見」，這樣同學的學習會變得更深層，對學習內容的印象也會較深刻。我希望同學不要只重視答案的對錯，更重要的是要明白為何某個答案是對、某個答案是錯，這樣他們才能釐清自己在學習上的概念。在他們解釋時，他們會知道哪些地方是自己真正懂得的、哪些地方其實並不明白。而當他們能很完整地解題時，他們自己也會

很有成功感。當他們聽到有同學很詳細的解題，他們會發現不同同學的優點，漸漸學懂互相欣賞、亦會互相學習，有時也會願意作出一些挑戰。在過程中，必須要有老師參與，因為老師可在過程中作引導、點撥和回饋，也可邀請不同的學生作補充。

發放題目以作即時檢視

此外，為了提高學生投入課堂的程度，我會隨機在不同時段發放多項選擇題請全班學生回應。題目的內容都是圍繞課堂時討論的題目，相同知識點與概念，但用不同的提問方式。這些問題就像課堂內的檢視站，讓學生自己檢視對課堂學習內容的理解程度，同時，也讓老師即時檢視學生在課堂的參與度與教學成效。若發現某些題目依然有很多學生未能答對，亦可即時跟進。印象最深刻的好幾次，是我問了一些延伸題目，學生即時運用搜尋器尋找資料，然後回應問題，有學生選擇口頭回應，亦有學生選擇在聊天室私訊我。看到此情此景，內心真的興奮，亦有點激動，因為我知道我引起了學生的好奇心，而且他們也活用了網絡工具去自己解決問題，滿足自己的求知慾。這不正是我們所樂見的嗎？

模式二：非同步課程 + 同步課程（高階思維訓練）

例子　　中五級　通識教育科

非同步課程

在建構非同步課程方面，構想與中一的框架大致類同。不同的是，由於高中要面對公開試。為了減低學生因害怕課程落後的不安感，更要小心安排非同

步課程每個主題的知識點與頻次。我要求同學每天完成非同步課程，但每次的課程只聚焦一、兩個重點，以我對學生的理解和評估他們的可用時間，應該是有能力完成的。此外，我會加入更多的思考問題，幫助同學掌握課程的重點和引導他們思考的方向。

同步課程

至於同步課程，同樣地為了急同學之所急，及回應他們的實際需要，我選擇了以公開試歷屆試題為學習素材，內容都是配合該時段的非同步學習主題的。這樣同學就會發現必須要先學非同步課程的內容，否則他們無法應付課堂的活動，或不能作出有意義的討論。若他們經歷過先用心學習非同步課程的好處，便會產生繼續堅持每天完成非同步課程的動力。

在課堂內，我會不斷訓練學生審題，開始時先作示範，慢慢放手，請同學口述整個解題的思考過程。理念與前述希望能讓同學的「思考變得可見」同出一轍。老師在這裡的角色非常重要，因為很多時候也需透過提問，引導同學找到題目的關鍵字、思考盲點等。而藉這些不斷重複的練習，不同同學都有機會回應、補充，也漸漸提升了他們於審題時的敏感度與精準程度。在答題的內容回應上，我會透過搭建鷹架和問題設計，引導他們思考回應題目的整個過程、提醒他們需留意的概念，特別要留意的答題陷阱及公開試的答題要求。

我會運用 Zoom 內的分組功能，請同學分組討論我給予他們的任務，由部分到整體逐步思考，最後便能知道如何回應公開試的題目。為了驗收同學的學習成果，課堂完結後，學生需遞交課業給我作批改。由於學生帶著明確目標上課，所以已啟動了他們的學習動機。

同時，為了進一步幫助學生成功地完成課業，而且希望他們能投入課堂，減少「掛機」情況，我要求他們需於課堂當天繳交課堂筆記。一方面希望他們能整理課堂學到的知識，提升學習技巧與培養學習習慣；另一方面，也讓我有機會檢視我所設定的學習重點能否成功傳遞給學生。為了進一步鼓勵他們認真學習，我會以 Google Sites 整理和展示他們的優秀作品。我期望學生知道老師看到他的努力，希望透過表揚、欣賞，推動學生繼續進步。每當學生能產出優秀作品或是我看到他的進步，我都會把握每個機會透過不同方法，如電郵、即時通訊軟件或課堂內的口頭表揚，讓學生知道他的好表現。

模式三：非同步課程 + 同步課程（導修課）

例子　教師專業發展

非同步課程

雖然學校已有一定準備，至少有適用的平台，老師和學生也曾使用，對平台的使用並非由零開始，但學校內老師間對電子教學的掌握和信心存在差異是很正常的。因此，在停課之初，正如大部分學校一樣，我們都要盡力盡快協助老師掌握線上教學工具。

首先，自停課開始，就陸續從不同教師團體的即時通訊群組，收到老師們提供的自製或坊間電子教學資源，甚至是自己準備的教師發展教材和自製影片。我整理了這些資料，利用 Google Sites 製作了網頁作教師培訓之用。為了方便老師學習和使用，我嘗試把這些素材歸類，讓老師可自行選擇適合自己的學習內容。接著，我針對本校使用的兩個平台 Moodle 及 Zoom 製作了教學手冊，並按手冊的內容分段錄製了教學影片供老師自學參考。願意花大

量時間整理這些資料，是因為覺得這些素材之後也可不斷使用，而且可持續發展。

同步課程

除了以網頁整理老師培訓的非同步課程外，因應老師有不同的教學風格，和對電子工具的掌握程度也有不同，因此，在培訓校內老師使用 Zoom 的課程上，也有安排同步課程，以 Zoom 與老師進行視訊小組導修。課程不會硬性規定所有老師出席，有需要的老師可自由報名參加。由於時間很寶貴，這安排是想節省已懂得使用 Zoom 的老師時間，同時，小組的導修課，導師與學員比例減少，這樣可令有需要的同工得到更充分的照顧。此外，我們也有就 Moodle 和 Zoom 的使用建立即時通訊群組，讓老師可有渠道發問，藉群組內老師的互動互相支援，我們也可藉此了解老師的需要和所面對的困難，作出適時支援或制定補救措施。

以混合式教學進行老師培訓，希望老師能親身體驗這種教學模式的特色，促進反思，加深了解。

啟動學生內在學習動機

無論是哪種模式的課堂，提升學生的內在學習動機都是非常重要的。因為唯有學生願意參與學習過程，學習才會發生。學習像是我們每一個人與生俱來的能力，只要我們想去學，覺得有學的需要，我們就會願意去學，想辦法學到和堅持去學，影響力才會持久。

疫情期間，很多朋友不約而同地鑽研廚藝，然後把他們的製成品相片上載至

社交媒體。從相片可見，他們都學有所成，作品有如五星級酒店食物的水準，而且樂此不疲地不斷製作各式各樣的食品。我不禁好奇，是甚麼驅動他們熱衷於這些「新技能」，還在短時間內「成就解鎖」？ 同時，我也嘗試代入反思，究竟甚麼時候我才會很想做某項工作或學習某樣東西？

我發現這些事情都具備一些共通條件，如對於個人來說是可做到、可控制、具挑戰、能與個人連結、重要和有意義。同時，在我們做這些事情時，我們能有自主權、會感覺到安全，也能享受過程。更重要的是在做這些事情時或完成後，我們的心理需要得到滿足，如我們會獲得能力感、成就感、擁有感和滿足感。我們會感到自己被信任、受尊重、被認同、獲肯定。如我們能看到自己的進步，從中獲得快樂，也會推動我們繼續去做。有夥伴一起，不感覺孤單，有人支持與支援，感到被愛和關心也是重要的驅動力。最後，這件事能否引發我們的好奇也是重要的。

學所有東西、做所有事情都一樣，因此，當我們想啟動學生的內在學習動機，我們就要時常記得以上能引發學生學習動機的要素，無論在師生關係、課程設計還是課堂氛圍，都要刻意安排與規劃，務求令學生獲得以上的內在需要。而在遙距的情況下，在疫情期間的教學，這些鋪排更見重要。我們應以課堂學習吸引學生為目標，自然地吸引學生去期待課堂，所以我個人會花最多時間在這一點上。要留住學生去學習，從來都不是用時間捆綁他們，而是要留住他們的心。

混合式教學的目標與心法

還記得在忙於整理前述專業發展網頁時，心裡一直非常焦急。一方面當時的資訊如雨後春筍，每天都要花一定時間整理；另一方面，我覺得自己花了很

多時間在工具的學習上，但我心中知道要幫助學生進行有效學習，工具雖重要，但並不是最重要，重要的關鍵應是課程設計、教學與善用評估促進教學。而且，這些部分才是我們的專業所在。「工具是手段、課程是核心」。我們的時間和心思應花在非同步課程與同步課程的設計上，從這三環思考如何引發學生的好奇心，提升他們的學習動機。

就著我過往於推行「協同探究」與「翻轉學習」的經驗，我發現了一些幫助學生有效學習的要素，嘗試做了一些歸納，並分別歸類於課程、教學與評估上，我稱之為一些心法。我會經常提醒自己要根據這些原則設計課程，以提升教學效能。在前述我設計的混合式教學示例裡，未知大家能否找到這些元素的蹤跡？

在課程上，採取逆向課程設計，先預期學生達致的學習成果，再設定學習目標，每個課題及課堂的學習目標必須清晰，而且學生應事先知道，這有助他們找到學習重點，能幫他們聚焦。要避免因想追趕進度，而將學習內容定得太多，反而要記著「Less is More」的原則。我們不是追求教完，而是要幫助學生學到。

在教學上，在確立學生的學習成果後，要從學生的已有知識考慮，然後再拆解學生從已有知識到達學習成果的思考過程與步驟。如要學生學到，學生要再掌握哪些知識？要經歷哪些和多少個思考步驟？程序如何？以甚麼方法切入，學生會更易掌握？從多方考慮，再搭建鷹架，讓學生能透過這些鷹架建構知識。製作教學影片要短而精，重點和學習難點要講解清晰。學習內容要與學生連結，令他們覺得這些學習內容對他們來說是有意義的、是有用的，令他們「有感」。精心設計教學活動情境可有助達致以上效果。在同步教學上，宜能讓學生從做中學，亦應把握機會多進行生生互動與師生互

動。生生互動能啟動朋輩間的學習動能，這些朋輩間的力量亦宜善加運用。

在評估上，評估的內容應回應目標，評估的其中一個目的就像是為學生訂定學習上的檢查站，檢視自己的學習成果。老師宜設定一些機制或活動，加強學生的後設認知能力及培養他們的反思能力與習慣。同時，在設計評估時，我們應善用科技的功能設計評估，如即時回饋、隨機調動選擇題的題目。為了令學生知道要求，亦有可追求的目標，可藉展示優秀課業，說明作品的優秀之處，既讓學生有「樣版」可參考，也引發他們的上進心。最後，在評估的過程中，亦宜提供不同渠道支援學生，讓他們能感覺到自己是做得到的，亦藉此建立他們的信心。

圖 2　工具是手段、課程是核心

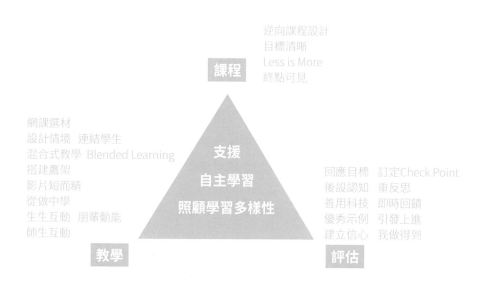

下一個新常態：混合式教學展望

展望未來，混合式教學將會是教育新常態下的重要趨勢，藉此也可達致培養學生自主學習能力的目標。綜合此次經驗及個人的一些反思，我希望能繼續完善整個教學模式，以下是我正進行的一些嘗試和對混合式教學發展的看法。

善用互動工具，學生從做中學

由於我個人對非同步課程的建構已有一定想法，所以在新常態的教學模式下，我期待自己能花更多時間去探究如何於同步的線上課程，透過課程設計與利用適合的網絡工具，增加學生於課堂的參與度、互動，繼而提升他們的學習動機。這段期間，我嘗試使用了 Mentimeter、Padlet、Google 表單與 Google Slide 共編等，期望透過以上工具把平日面授課堂的生生與師生互動，放到線上進行。網絡上有很多這些不同的工具，不少的操作也很簡易，老師只要知道有這些工具，在短時間內就能學懂如何操作。我會盡所能了解有哪些工具、他們的特色與使用方法，但並不追求要全部使用或不停轉換工具。正如前文所述，工具只是手段，課程才是核心。因此，我期望自己透過多認識，以擴闊選取合用工具的可能性。同時，在進行老師培訓時，當我了解到不同科組的需要時，亦能給予他們建議。

加強學習策略，培養學習習慣

如最終目標是推動學生自主學習，我們必須先於學生學習的進程中培養他們的能力和學習習慣，讓他們知道自己是可以有方法和能力做到的。而且，方法有很多，他們可以從中選擇適合自己的方法。如能從中為他們製造一些成

功經驗，這就更理想。

我嘗試利用學校的 Moodle 平台建構有關學習策略的非同步課程，現時課程內會有介紹不同學習策略的老師自製影片，也會有坊間相關的文章與影片，供全校師生參考。同時，亦鼓勵班主任與科任老師一起推動學生將這些策略運用於個人學習上。在中一級，我們有面授的學習策略課，透過課堂活動，讓學生從體驗與討論中明白學習策略的重要性、不同策略適用於甚麼地方及當中的技巧與應用，既學習技巧，亦希望培養態度。但整個學習策略的課程，我們還在建構中，尤其要如何回應學生於混合式教學上的學習，尚需更多思考。而且，如何有系統地建構縱向課程、並於各科橫向發展，配合各科課程及性質，增加學生使用機會，藉此培養習慣，仍尚待發展。

摘寫筆記是其中一項正幫助學生培養的學習習慣。未來如何帶動各科，與各科合作，培養學生類似的學習習慣，促進他們自主學習，也會是迎向混合式教學重要的探討範疇。

進行自主學習，師生皆需要空間

如果我腦海裡出現一個玻璃杯，我希望玻璃杯內盛載的不是滿溢到漏出的水，我希望玻璃杯內永遠都只有一半的水。這樣我們才有空間去繼續填滿。對於學生來說，如最終目標是要他們自主學習，他們需要空間去學會如何管理時間；他們需要時間去學習、探究和鑽研；他們亦需要機會學懂如何按自己的需要和步伐去學習。因此，我期望自己是一個懂得收放自如的老師，不希望自己因對學生的過分著緊而事事過問、樣樣管束，我要願意放手，學生才能有機會以自己的步伐成長。我也要接納在這過程中，學生需要時間去轉變、建立和培養學習方法和習慣。因此，即使他們的行為不是

立即達致我的「標準」，我也要學懂接受這是正常的，以免剝奪他們成長的機會。放手並不代表放任。要放手，老師要花的工夫其實比以往還要多。因為我們要花心思，設計吸引他們會走而又能引導他們的路，這比強行推他們前進，要花更多的力氣。因此，我不希望玻璃杯被充塞填滿，我希望有空間，這對師生皆重要。老師需要空間去學習，探討教學、設計課程、製作教材，這些都做好，老師才能在與學生接觸時，點燃他們對學習的熱情。天馬行空的想，如果我們可持續的只上半天課，未嘗不是一件好事。

結語

世界在變，所以如學校和老師的任務是幫助學生適應未來的社會、為社會培育未來所需的人才時，我們也不可以不變。面對變化，有很多不確定性，要走出舒適圈，要經歷很多迷惘的時刻，內心有很多掙扎。但請老師們要相信自己，我們是有這樣的勇氣和能力去改變的。還記得嗎？當初我們選擇成為教育工作者，就是我們相信教育可改變一個人，如我們期待學生會因教育而改變，我們也要作為榜樣，讓學生看到我們也在改變，而我們的改變是為了讓學生能學得更好，讓他們能有更好的裝備迎向未來。或許有老師會因自己暫時在技術上或教學上的不習慣而卻步或舉步維艱，但若我們期待學生會學習，我們也要接納這只是我們在學習過程中遇到的陣痛，我們自己也要先學。我們「不是因為厲害才開始，而是開始了才會變厲害。不是因為看見希望才堅持，而是因為堅持了才有機會看見希望」。老師們，只要您願嘗試、肯堅持，就會看見課堂內不一樣的風景，一個師生皆沉醉，充滿學習氛圍的課堂風景。

「其實地上本沒有路；走的人多了，也便成了路。」——魯迅

開拓的確要用很多力氣，但如這條是可以幫助學生迎向未來的路，相信每位老師都會願意走在這條路上。願我們在未來的某一天回望所走過的路時，都會為自己所走過的每一步感到驕傲，給予自己掌聲，搏盡無悔，一起努力、一起在教育路上「協同探究」。

我的教學設備

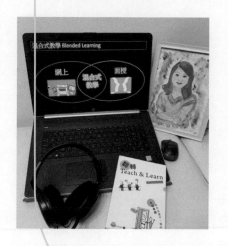

素人硬件裝備
連鏡頭的手提電腦、有線耳機、咪高峰、滑鼠。

其他
手提電腦座、安靜環境、穩定 WiFi、足夠光源。

疫情中搜尋學習的關鍵字：網課、自主學習

順利天主教中學

卓少雄老師

疫情帶來的「副作用」

如果翻轉課堂（Flipped Classroom）能夠培養學生的自學能力，那麼疫情便是培養自學能力的一大機遇。

如果自學能讓學生進一步擁有學習，那麼讓學生從教室中「解放」出來，好好思考和調節自己的學習，便是疫情的「副作用」。

中六學生怎麼辦？

1 月底接獲停課的消息，首先想到的是備戰已久的中六同學，在沒有最後的提點和練習下，在忐忑之中沒有老師的安慰和鼓勵，怎麼辦？

然後再想到，忽然停課的其他同學，他們如何保持學生的學習動機，不至於荒怠懶惰，作為老師，我們應該做甚麼？應該避免做甚麼？

最後擔心的是自己，疫情讓我們的「任」更重，「道」更遠 —— 不知這樣的教學日子何時才終結，每位同事任教兩三級中文是等閒之事，還可能要兼教其他科目，如何一下子準備線上材料？

學校的決定令人舒一口氣

「我們會採用電子學習平台，老師上載教材和教學影片，暫時不設上課時間表。」老師會議中最重要的一句話，使我如釋重負。坦白說，我對電子學習認識不深，更遑論實踐！Google Classroom 就如我們平日使用的討論區，對我來說較易掌握。如果立刻要求我進行線上實時教學，我想師生都需要花不

少時間適應和調節，還有千千萬萬線上實時課堂的弊端，條件反射地在腦海浮現（回想起來，這是我的偏見），當時，至少我可以專注教學內容的設計，毋須重頭學起。對於學校的決定，我極為欣賞，我認為他們在學生利益和可行性之間作了最佳的決定。

軟件、硬件缺一不可

我說的可行，不只是硬件的考慮、學生學習模式的轉換，還有何者較為貼近學生本來的學習經驗，使他們更容易適應。我校物理科實行翻轉課堂已有數年時間，以教學影片作為主要學習材料，回校討論和深化所學，成效顯著。而中文科的翻轉學習則通常用於學生預習，多數讓學生自習作者背景、歷史背景或字詞解釋。有了以上的學習經驗，我相信學生對影片學習不會感到陌生，除了容易適應之外，亦不會太抗拒反感。

說回硬件，雖然現在的學生大多數擁有基本的電腦配備，但我校的學生主要來自附近的公共屋邨，不能假定所有學生都有良好的電腦學習配備和網絡，還要顧及家中或許只有一台電腦，卻有兩三個在學的兄弟姐妹的家庭，要求他們短時間添置配備，也可能有困難。所以我們第一次「陽光電話」的首要任務，便是了解學生家中的電腦配備和學習困難。當時，已有組織和社會人士關注數碼鴻溝的問題，捐出手提電腦，可惜僧多粥少，最後只有兩名同學獲贈。可是，根據班主任的了解，全校至少數十名同學需要電腦，故學校即時與校友會商討合作，發起募捐，在極短的時間內已籌得十多萬元，為同學購置新電腦。這次機會，使學生勇於提出自己的需要，透過校長和他們的傾談，教育學生日後熱心助人，培養「Pay it forward」的精神。

老師的學習動機

「透過教學影片，大家有機會跟不同的老師學習，不是很好嗎？」

「如果大家不明白，可以再看一遍教學影片，如有疑問，請在 Google Classroom 留言。」

說到這裡，終於說到學生的學習動機。動機固然因為愛，因為責任，可是要讓學生感受到老師的熱情和關心以外，道理也不得不說。究竟如何讓學生明白疫情停課期間的學習，和平日上課所學分別不大，甚至可能比面授課堂有更多好處呢？如果就連我自己都認定，線上學習只是權宜之計，永遠不能得到和平日一樣的效果，他們又怎會學得好，怎會有動機去學呢？故此，我要先說服自己。

身教是傳統而有效的教育方式，除了培養品德外，讓學生成為終生學習者的教育，因此老師更需要成為學生的榜樣。

在 5 月之前，我仍然埋首照顧兩班中六學生，為他們設計自學材料，批閱作文，而設計和拍攝教學影片的重任，就落在與我教授同一年級的同工身上。說來有愧，當時我仍在麻醉自己，如此各展所長、各司其職，多好啊！不過，當我看過他們拍攝〈廉頗藺相如列傳〉的教學影片後，發現他們對每個教學重點都能拿捏得宜，扮演繆賢和趙王的對話維妙維肖，還有演說的節奏、重點的鋪排……當中有太多可以發揮的空間，太多令我重新反思教學內容的機會了！更重要的是，他們其中一位的教學年資是我的兩倍，另一位的年資是我的一半，我還有藉口不學嗎？

另外一個刺激我學習動機的經驗，便是使用 Zoom。原本我以為 Zoom 的交流太慢，只是單向的表述，難以做到真正的意見交流。但參加的會議經驗多了，發現原來講者只要善用材料，善用不同應用程式的書寫和意見分享功能，也可以歸納重點，提升參與度。這為我後來自己的 Zoom 實時課堂帶來很大的啟發。所以，我提醒自己，每一次的會議和網絡研討會（Webinar），都是一個學習機會。

線上學習材料及影片教學

可否不用 Zoom？

本文討論的主要是線上材料設計和影片教學（Video Lesson）。先交代背景：剛開始停課的時候，我們 11 位中文科老師就在想如何分工拍片和剪裁課程，最終我們的定案是每級 2 位同事負責拍一級的影片，再交給其他老師在自己任教的班別平台發放。為甚麼選擇這個方法呢？因為老師都跨級教學，如果老師同時任教 3 個年級，要處理 3 級的學習材料，實在太辛苦了。停課初期，我們首先考慮師生對線上學習的接受程度和工作量，而我們的團隊建立了很好的互信關係，我們相信同事的專業，相信大家都能為學生製作適切的教學影片，供大家使用。直到 5、6 月復課為止，我們因應不同的需要，也曾嘗試用 Zoom 進行視像教學，但是最主要的學習模式還是透過影片傳遞教學內容，沒有特定的上課時間表，讓學生自己規劃學習時間。鄭淑華老師告訴我，這種做法實屬罕見，因為我知道很多學校一開始就用 Zoom 教學，或者中途加入 Zoom 的行列。我們的談話刺激我反思：當大家追求互動、刺激學習動機、迎合學生興趣的時候，我捫心自問，過去數月，在沒有

用 Zoom 的情況下，有沒有顧及學生需要呢？這次反思，促成了我分享的內容。

接下來，我先會分享過去數月製作教學影片的歷程。

調整工作紙、筆記設計

在拍片前，我們會先設計好筆記和學習材料，平日設計的都是些不同的工作紙、筆記，有些在堂上完成、有些是家課，當我們重新檢視時，發現內容非常「豐富」。當轉為線上學習的時候，要處理跟面授課堂同等份量的教學內容，要求實在太高，所以我們設計線上教材的第一個原則，就是減少工作紙的問題數量。另外，我們也會因應短片教學加入一些平日教學沒有的題目，例如有一次我在講解經典文章〈師說〉，我相信其他中文科老師也不會否定「位卑則足羞，官盛則近諛」這句子非常艱深，我在剪接的時候不小心剪去了這句話的講解，後來我就「將錯就錯」，提問學生這句的解釋，結果區分了會主動找答案的同學，以及按照表面理解答題的同學，這樣我便能了解同學在沒有老師教學下，有沒有嘗試自己尋找正確答案。

另外，製作影片的目標清晰，配合重點清晰的筆記，有助學生自學；而工作紙的任務也有所調節，使能力稍遜的同學也能處理。

統一教學平台 提升學習動機

然後，我們會透過 Google Classroom 定期發放影片和學習材料，一般周二及周四發放，大部分影片之後也會配以家課。以前的堂課，會一起完成和講解、對答案，現在就會派發答案，未必每份也批改。大部分的科目，都會統一用 Google Classroom，大家可以發現介面左方的欄目，會顯示同學的學習

科目和材料，還有即將呈交家課的限期。雖然 Google Classroom 和其他教學平台比較，功能不多，但對學生有莫大的好處：學生可以輕易看到自己的學習進度，我有時候也會查看學生到底學了些甚麼，在檢視學習進度而言，我覺得線上學習比平日面授更加清楚。另一個功能就是，學生呈交其他功課時，我也會收到通知，這樣我就能了解他們有多忙碌，會不會兩科在同一個期限提交功課等等。

故此，統一平台，條目清晰，有助提升學生動機，不同科目的學習材料條目清晰，毋須反覆登入不同平台。

觀看他人影片，檢視影片成效

談到製作影片的經驗，我們也是牛刀小試。我比較了自己和同事的教學片段，發現兩者在表述方式、資訊展示方式上的差別頗大，不過仔細想想，其實這是好處。大概在兩三年前，鄭淑華老師跟我們全科同事分享了製作教學影片的技巧，其後在初中試行。我任教高中，在疫情之下才認真去拍片，在拍片的時候我也會參考其他同事的片段，深思處理不同課題的設計，發現每位同事會在片段中展現自己獨特的風格、不同的表述方式，其實，觀看同事的教學片段也是很好的專業交流。對學生而言，也是跟從其他老師學習的絕佳機會。

對於自己影片的要求，我未能免俗，和時下「網紅」的心態相似 —— 留意 YouTube 影片的點擊率，從而檢視有多少人「點讚」，或者看了多少遍。我發現眾多類型的教學影片中，最受歡迎的是課文講解，點擊率比全級人數還要高，例如是高中文言範文的講解，同學考試前可以選擇以影片重溫 12 篇文章的內容。影片可以多次使用，也供學生、老師使用，無論上課、備

課、溫習，也可配合使用，在效益而言，實在值得投資！

那麼點擊率最低的又是甚麼影片呢？就是我們花耗最多時間製作的閱讀和寫作評講短片。老師先批改作文，歸納同學寫作的常見錯誤、逐點評講，並提出改善建議，可惜這類短片較少同學觀看，事後檢討的時候，發現我們很少就評講短片發放對應的習作，即使是作文改正，同學可能會認為改正和短片沒有直接關係，或者認為評講內容相若，無需花耗時間聆聽也可以完成改正。如此說來，只有很強學習動機的學生才會觀看。相信也許提供個別的回饋，或者是實時課堂，會更為有效。

圖 1 影片類別與點擊率比較

影片類別

影片類別	點擊率
預習	✓✓
課文分析	✓✓✓✓✓
文化/語文知識	✓✓✓
寫作引入	✓✓✓
讀寫評講	✗✗

六國論文章講解一
觀看次數：147次・3 個月前
不公開

留意影片長度，分段講解課文

我想很多同事都有製作教學影片的經驗，我只分享一個簡單的例子。在教授《魚我所欲也》時，第一部分是課文分析和預習，都由一位同事負責設計並製作影片，短短的 20 分鐘，我們堅持逐句講解，或者處理重點字眼，然後歸納段落內容等，語速很快，講解也力求精要。我們訪問過一些學生，發現如果正常語速的影片，為了節省時間（或者他們覺得老師說話冗贅！）他們會以 1.5 或 2 倍速加快觀看，所以未必存在語速太快的問題，反而理科的老師會提醒影片不能太長，否則會降低學生觀看的動機。我講授文言文的時候，會先寫講稿，這樣可以縮短製作影片的時間。第二部分是文化知識的講

圖 2　　我校中文科同工合力製作的教學影片

解，講一下捨生取義的例子、人性的光輝，我們推舉了一位擅長價值教育的同事，和同學分享古今中外捨生取義者的義舉，他磁性沉厚的聲線，說起來時而慷慨激昂，時而溫婉動人，我那刺耳的聲線實在給比下去了！話說回來，這種聲情相生效果的追求，正是語文老師的專業要求！在我們討論分工的過程中，有時候會按同事的特質專長，編排不同的課題。而最後一部分是全篇寫作手法總結，負責同事會看完前兩部分的影片，思考有甚麼可以呼應和補充。我覺得這樣的安排頗為理想，因為可以和不同同事合作，製作互相呼應的影片。

關於影片的質量和製作技巧，我們都不是專家，只是透過上網學習，還有IT同事的「急救包」，採用最簡單的程式和工具，例如 Screencastify，或者是 iPad 本身的錄影功能製作的。我想，這段時間最寶貴的，並非電腦技術的掌握和精進，也不是產出多少段教學影片，而是同工在教學設計上的分工合作和討論過程，比平日的備課交流還要多、還要深入。

分類上載教材，學生各取所需

除了拍攝影片，我們也花耗不少時間製作額外教材，例如中六的自學材料。在停課期間，本應為中六同學補課，為他們作最後的提點和重點練習，當初的想法是既然無法補課，只好做些自學教材，按卷別區分，然後善用 Google Classroom 條理分明的 Directory 功能，按課題、類型，將不同的練習和教材放到不同的「儲物櫃」，供學生選擇和練習。對於學生，尤其寸陰必爭的應屆學生來說，選擇是非常重要的，比如寫作的教材，未必每個學生都想動筆寫作，有的學生可能只想閱讀佳作，或者只是構思內容。學生自由呈交作文給我批改，而為了方便中六同學，任何呈交方式我都接受，WhatsApp 我也會接受。對於閱讀理解，部分我會讓學生自行選擇不同的方

法完成，可以純粹看文章或完成練習，學生可以針對自身弱點選擇自己想要完成的部分，或者專攻某些題型，他們可以在清晰的文件夾中找到自己需要的練習。另外，教學影片也會針對學生的難點，比如考完模擬試後，發現綜合見解論證表現欠理想，根據這個需要，我們就會去製作說明見解角度的影片，最後發現竟然全級同學都有觀看！這類片段的內容不多，但作為學習總結，有助學生鞏固所學。

此外，我也會向同學推薦一些有用的學習網站，例如「見英教室」，這是我們的校友吳俊賢的寫作教學 YouTube 頻道，他熱愛創作，也做了很多文學教育的工作，俊賢在今年各大文學獎中也有收穫。他拍片的方式和一般的老師

圖 3　綜合見解教學影片

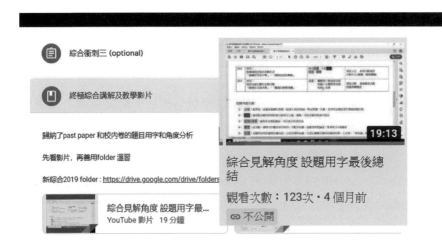

不同，就是以文藝手法為主題，以此講解、欣賞不同的文章。我覺得這些材料也很合適，便介紹同學去看。

善用 WhatsApp 及 Instagram 作師生交流

除了 Google Classroom 外，我也會用 WhatsApp，思考有甚麼方法既可以讓學生作文，又可以刺激學生思維，於是設計了「大綱練習設計比賽」，旨在讓他們思考文章立意，並讓他們互相交流觀摩。現在的學生機不離手，用手機寫作，有助加強動機，我們最後也有收到不同的作品，有參考價值的作品就會透過 WhatsApp 群組與學生分享。

圖 4　以通訊工具發還功課

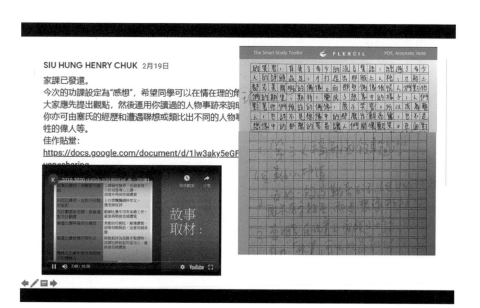

疫情期間可善用通訊軟件，增加評講、師生交流。

WhatsApp 除了用作群體交流外，亦是交功課的平台。在疫情期間有同學會作文給我批改，我會在線上評改後發回。平日發回作文，沒甚麼互動，在 WhatsApp 中就可以多些提問，例如請同學分析自己的文章出了甚麼問題，我就會根據他的回答判斷同學是否真正理解，接著就會討論有甚麼可以改進的地方。此外我發現某些同學在面對面的時候未必講很多，但在文字交流的平台則較敢於提問。因此，我覺得這段時期是透過通訊軟件，增加評講、師生交流的良機。

除了 WhatsApp 遞交作文外，我知道同事還有用 Instagram。我自己沒有用 Instagram，但老師看到學生喜歡這個平台，而老師又樂於透過這平台和學生溝通，也可以靈活運用，進行富趣味性的語文活動。

在疫情下，我跟學生強調我和他們一樣，都在無止境的學習當中。我第一次拍片、第一次用 iPad 批改作業的經驗，我都會撰文與他們分享。在進行傳統的讀文教學之前，我也會說說日常生活的經歷或體驗，連繫到為甚麼會推介這些文章的話題上，或者想透過這篇文章，帶領學生思考甚麼道理等等。對於少數欠交功課的同學，我會透過 WhatsApp 關心他們，首先問的問題，必定是「你欠交功課，是否有甚麼困難？」我收到的答案，基本上都是沒甚麼困難，只是動力較低而已，將心比己，這個理由我是接受的，也希望學生有所改善，很多同學也會承諾之後會再做好。我覺得作為老師，不用擺出「債主臨門」的姿態，不用假定學生一定不會做、不想做，而要相信學生都有學習的心，在這個突如其來的學習模式轉變中，尤其重要。

非實時課堂＋實時教學

有人問我為甚麼沒想過進行實時課堂。我們早於 3 月已進行全校問卷調查，

主要了解學生電子學習的習慣，識別到一些上網課遇上困難的同學，並提供額外支援；第二就是關於非實時課堂的效能，例如影片教學、老師的線上家課回饋能否幫助學生學習等等。結果正如大家所料，在很多項目中表示非常同意或同意的人數頗多，大約有八九成。而且根據老師觀察，在實行影片教學的情況下，學生課業的水平和平日相差不遠，雖然偶爾也有些同學不肯交功課，但這些問題平日也會存在，因此我們決定繼續進行影片教學。

大家或許會問，這些數據是否可信，我就舉個例子。關於寫作回饋，有某級的中文科回饋的分數顯著較低，經了解後，最後發現該班別是在填寫問卷後才收到老師的寫作回饋。從這件事可以看到，同學對自己的學習過程、材料和效能的判斷非常準確，因此我們決定相信數據，繼續實行影片教學。針對教學效能，其實老師的重點，很多人也講過，是要關注、投入情感，使學生反思學習，擁有學習。至於學生欠專心，未能呈交家課的行為，我們也可藉此機會教育學生，讓他們為自己的行為負責。

然而，在可以預知的將來，我們應該也會嘗試加入實時課堂的元素，因為影片教學雖可以節省老師備課的時間，間接加強教學設計的交流，片段也可以重溫，但始終形式單向，希望適時運用線上實時教學，互補長短。

結語

9 月開課，我校決定按上課時間表推行 Zoom 實時教學，當初我百思不得其解：原本行之有效的影片教學，為何捨棄？ 經過多番解釋和討論，我們面對的情況和之前停課時不同 —— 上一學期，同學老師原本已有較多時間彼

此認識，課後容易跟進學生進度，但新學年同學升班，同學和老師還未互相了解，自主性較強的影片教學可能沒有那麼有效。再加上大家都認為復課之日不遠，希望利用實時網課時間多與學生建立關係，維持上課的「常態」，故此，這並非「今日的我打倒昨日的我」，當中的考慮仍然是以學生為本。

經過實踐，我認為混合式教學的好處是各取所長。我們利用過去的教學影片，在 Zoom 課堂播放，然後適時提問，再利用不同的應用程式安排不同的協作活動推進課堂。影片講解規劃清晰，較為簡潔，時間較易掌控；老師視乎學生的專注能力、水平，適時停下來講解內容，了解究竟學生是否明白，再附以例子加以解釋或提問。而利用不同媒介（觀看影片和實時答問）讓學生清晰區分不同任務，有助學生調動不同能力，避免長時間進行同一任務。

另外，老師預備實時網課的時間亦能減少。對於一名有經驗的老師而言，認真的網課，備課時間很可能遠超課室面授課堂。播放適合的課堂影片，減省覆述內容的工夫，便能集中處理較艱深的學習內容。

這次疫情之前，我「確診」「電子教學科技症候群」—— 我害怕在課堂上使用新科技，我斷定那些便利教學的應用程式就如快時尚（Fast Fashion）時裝店一樣兩周後便推出新款，我更習慣身處只有黑板、最最基本配備的電腦，還有那常常老化的投影機，所有學生都專心聽講，留心記下我「精心」設計的演說！

不過，經此一「疫」，我相信這已過去，不復存在。那想像中的電子學習模式，正出現於「現在」的時空。

這段時間，我沒有「確診」肺炎，卻得了抗體 —— 我發現大部分教學應用

程式都是「一理通，百理明」；我欣賞來自不同學校的老師除了互相提供必須的情感支援和安慰之外，還會認真地交流高質網課的實用點子；我更欣喜的是我的學生，在網課這段期間，他們大多認真學習，所以我知道，無論在甚麼地方，再多來幾多個疫病，我和我的學生，也能克服未知的困難，繼續學習。

我的教學設備

清晰的收音咪高峰
試過不同款，價格高昂不一定適合，收音太精細反而欠缺「生活感」。

手寫板
這款方便寫字和繪圖，作為網課分享白板十分適合。

其他
輕巧的電腦、多功能滑鼠，支援 Multi-tasking 更方便！

喝一口咖啡，啟動最重要的「硬件」。

利用Classcraft遊戲平台增加學習動機

大光德萃書院

梁靜巒老師

停課之始

2019 年的 9 月，是我教書 9 年半以來，最特別的開學月。這個 9 月，我不用回校上課，因為我正在放產假。也因為是新學年的緣故，我都沒有特別和代課老師進行太多交流。主要都是由學校直接與代課老師聯絡。所以，我都安心地放我的產假。

直至 10 月尾的時候，我開始有「放完一個悠長暑假」的感覺。準備回學校上課的前一星期，我開始擔心學生的進度、能力與行為表現。但我心想，他們都只是開了學一個多月而已，應該不難從頭開始建立班規或學習常規。

但原來我錯了。

在我第一天回校上課時，看到代課老師留下了一些學生的作業。我都未搞清楚學生做了甚麼、學了甚麼，就這樣走進班房了。我心想，沒關係，就來一點破冰遊戲認識一下學生，也讓他們認識我吧。其他要跟進的東西，就在下課後再慢慢跟進吧。

但這是一個過於天真、太理想的想法。

我進入課室的第一個畫面，就是所有學生都把他們的筆記型電腦打開。但我還未開始上堂呢！為甚麼他們已經把電腦打開了？然後我走進課室的白板前，都沒有一位學生抬起頭來看我一眼。我當下已經心知不妙了。這個畫面，我 7 年前看見過。

7 年前我遇過一班學生。無論我教甚麼、叫他們做甚麼，他們都不會理會

我。在班上，你可以找到年級最高分的學生和全級最低分的學生。學生學習差異的程度大到不能想像。我教了一個學期，差不多要放棄了。我想，很快又會完成一個學年。就算他們不理會我，下一年我也不會再見到他們。心裡有一把聲音叫我放棄。

沒想到，這一個想法，7 年後的今天又再出現。我還安慰自己說，放了產假是這樣的。好好的把上學期撐下去吧。下學期又有一番新的景象。我可以重新開始建立新的常規。

接下來的日子，我都在追趕教學進度，但我並沒有因此而直接面授。我還是有選用一直沿用的課堂活動。可是效果還是不太理想，學生還是對我不理不睬。

我復課後兩星期，便遇上了因社會事件而停課數天。那時，線上授課還未變成常規，變相好像又放了幾天假期。再過兩星期，學校就考試了，接著就是聖誕假期了，上學期就在混混沌沌的過程中完結。

難得可以得到一個喘息空間，我期待著下學期的降臨。因為我可以把下學期的課程重新開展。我可以讓學生重新了解我的要求，也不用再追趕課程。

可惜，下學期開始了 3 星期後，農曆新年假期開始，就在新年假期完結前的數日，教育局宣佈停課。但這次有點不同，因為大家都不知道甚麼時候可以復課。教育局、學界都開始推廣「停課不停學」的教育新常規。我原本難得可以在下學年跟學生把關係慢慢建立起來，學生剛習慣我的教學模式，現在我們又要推倒重來。

這一次，不只是學生，就連我，也要重新適應。這一次突如其來的停課，一

停就停了 4 個多月。我的教學模式，也因應新常規而來了一個徹底的改變。

第一重難關：追功課難

新年假完結第一天，我回學校參與會議。討論應怎樣制定線上授課及安排復課。在那次會議討論中，大家當作會於 3 月復課的情況來計劃。因為這次停課來得太突然，大家都是摸著石頭過河。起初的兩星期，我們都在各自準備自學材料，讓學生在線上學習平台進行學習。

停課第一重難關，就在這自學階段展開。

我們起初要求學生利用原本時間表的課堂時間，來完成每天的自學課業。簡單來說，即當天原有的課堂，都會有相關的學習活動和功課需要完成，也因為每天都有英文課的緣故，我的學生每天都需要完成我給他們的英文功課。

其實第一星期，我也不敢太進取。我只是追回新年假前已留下或教導過的功課。我以為學生會用很多時間去完成這些功課。我又太天真了。一星期過去，有交功課的學生寥寥可數，但礙於未能親身與他們見面，我只能透過社交平台聯絡他們，提醒他們完成作業並繳交功課。

再一星期過去，就有一些新的課業要完成。可惜，有少數學生還感覺自己在放新年假，一樣功課都沒有繳交。即使我們已經發了家長通告，以及在社交平台上不停提醒他們。但這少部分的同學，就好像在世界消失了一樣，完全聯絡不上他們。我看著他們停滯不前，而其他同學已完成所有課業，我的心比他們更著急。再這樣下去，復課時的統測他們能應付嗎？奈何，我已經想不到還可以做些甚麼去處理這個問題了，只好每天不停提醒他們。

第二重難關：拍片考心思

直至第三星期，我開始使用教學短片及用 Zoom 上課。終於可以和學生見面了。

我們學校剛開始進行實時課堂的時候，沒有硬性規定所有老師要根據時間表上課；反之，老師可以自行彈性處理實時及非實時教學的比例。在剛開始使用 Zoom 上課時，我每班最少一星期上兩節實時課堂，而其他時間，我會準備教學短片給學生學習。

所以停課初期，每天的工作就是不停拍攝教學短片，除此之外，我還需要準備給老師的培訓影片。所以每天我在家裡，除了照顧我的兒子以外，就是不停在拍片。還未計算要實時教學及批改作業的時間，我真的體驗到了甚麼叫做 24 小時在工作。因為在家工作真的好像沒有放工、休息時間。雖然很辛苦，但若果能幫助學生學習，我都覺得是值得的。我也認為這是一個很好的契機，可以準備多一點的教學影片，用在復課後的翻轉課堂。

可惜，無論我多努力，這些影片都未能得到所有觀眾（我的學生）的垂青。我開始反問自己，我的影片應該怎樣改進，學生才會願意觀賞呢？

在檢視我的影片時，我發現我犯了一個很嚴重的毛病，就是有的影片時間過長。但礙於我未能每天都進行實時教學，所以有很多教學內容需要以影片形式教授。這樣的需求，導致我只專注在發放更多教學內容上，希望用最短的時間把最多的資訊傳遞給學生；然而，我忽略了影片的質素及學生的學習模式、需求和習慣。所以在我發現這問題後，立刻把一段 20 分鐘的教學片，分拆成 2 至 3 小段的影片來發放。這樣的修改，頓時吸引了多些同學觀看影片。

教學生自學具迫切性

停課前，我的教學模式是「先學後教」。我會設計不同的活動讓學生先自行學習或與同儕一起學習，接著才會和他們梳理、總結所學。

但我發現，這樣的教學模式未必能完全套用在線上教學當中。學生的學習能力、科技資訊的素養及電子設備上的差異，嚴重影響線上實時教學的學習效能。學生們未必能完全理解、消化老師的指令，或在沒有老師協助的情況下使用電子教學工具，從而順利地進行線上教學活動。若他們未能完成教學活動，就不能透過那些活動去自學課題。若是根據我停課前「先學後教」的教

圖1　功課解說影片

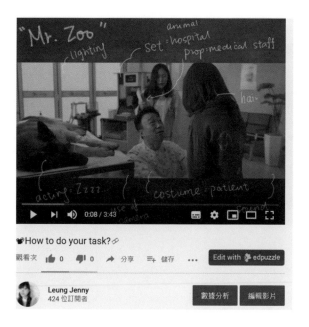

學模式,學生如不能完成自學活動,我也不能不顧他們的進度而草草總結教學,所以我必須改變我的教學模式。

我再細心思考當中問題的所在。我發現,除了因為資訊科技素養或電子設備上的差異外,還有部分學生不懂自學。那不能怪他們呀!因為我從來都沒有在課堂裡教他們要怎樣自學。整個課程設計上都只是專注在怎樣獲得英語知識。無論在我的課堂裡有多豐富的教學活動,我就是沒有教他們自學的技能。

所以在停課的一個月後,我跟組員商討,在新學年復課時,我們必須要把教授學生自學的元素放進英語課程當中。雖然我們未知道要怎樣進行這件事

圖 2 　 學生繳交的功課

情，但我們看到這個改革的迫切性。這是停課為我們帶來的其中一樣衝擊。

讓學生編排時間自學

因為我的學生們在線上學習的主動性較平日在課堂上低，我必須改變我的教學策略。我沒有再要求學生進行大量不同類型的活動。反之，我減慢了教學速度。每星期的第一天，我會把該星期需要進行的教學、活動、要完成的功課，都逐一介紹及解釋，好讓他們有心理準備，並好好安排自己的自學時間表。

我也使用了 Google Sheet 準備了一個欠交功課紀錄，希望能把繳交功課這事

圖 3　以 Google Sheet 製作的欠交功課紀錄

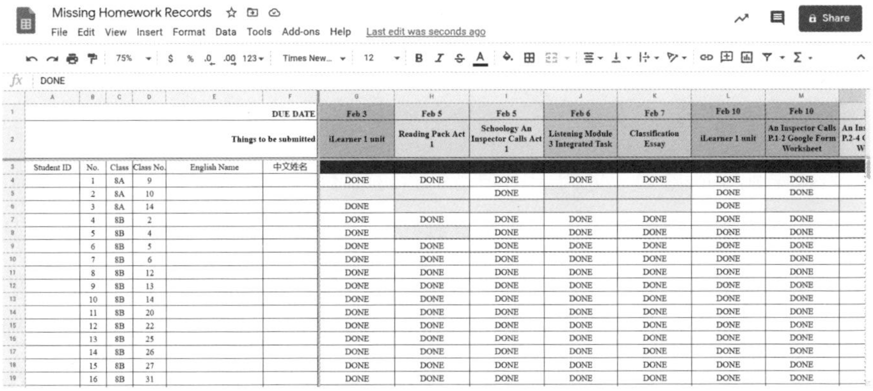

					DUE DATE	Feb 3	Feb 5	Feb 5	Feb 6	Feb 7	Feb 10	Feb 10	
					Things to be submitted	iLearner 1 unit	Reading Pack Act 1	Schoology An Inspector Calls Act 1	Listening Module 3 Integrated Task	Classification Essay	iLearner 1 unit	An Inspector Calls P.1-2 Google Form Worksheet	An Ins P.2-4 (W
Student ID	No.	Class	Class No.	English Name	中文姓名								
	1	8A	9			DONE	DONE	DONE	DONE	DONE	DONE	DONE	
	2	8A	10					DONE			DONE	DONE	
	3	8A	14			DONE					DONE		
	4	8B	2			DONE	DONE	DONE	DONE	DONE	DONE	DONE	
	5	8B	4			DONE		DONE	DONE	DONE	DONE	DONE	
	6	8B	5			DONE	DONE	DONE	DONE	DONE	DONE	DONE	
	7	8B	6			DONE	DONE	DONE	DONE	DONE	DONE	DONE	
	8	8B	12			DONE	DONE	DONE	DONE	DONE	DONE	DONE	
	9	8B	13			DONE	DONE	DONE	DONE	DONE	DONE	DONE	
	10	8B	14			DONE	DONE	DONE	DONE	DONE	DONE	DONE	
	11	8B	20			DONE	DONE	DONE	DONE	DONE	DONE	DONE	
	12	8B	22			DONE	DONE	DONE	DONE	DONE	DONE	DONE	
	13	8B	25			DONE	DONE	DONE	DONE	DONE	DONE	DONE	
	14	8B	26			DONE	DONE	DONE	DONE	DONE	DONE	DONE	
	15	8B	27			DONE	DONE	DONE	DONE	DONE	DONE	DONE	
	16	8B	31			DONE	DONE	DONE	DONE	DONE	DONE	DONE	

情更圖像化，讓他們可以參考，並跟進自己的學習進度。我認為，學生不交功課，懶惰很少會是主要、根本的原因，有可能，他們不明白，有可能，他們未懂得怎樣安排時間。所以，我盡量使用不同工具去解決學生做功課時遇到的問題。

除此之外，我相信，學生們之所以未能安排好自己的學習時間，是因為他們不是學習計劃的主要設計者，學生們都不能預計老師會給他們甚麼課業、甚麼活動，所以，便很難去預計需要用多少時間去完成所有學習項目。設計學習計劃正正就是自學的其中一個重要元素。而我不是沒有嘗試放手讓學生去設計他們的學習內容和時間表。

學生支持非實時配合實時教學

我在停課的一個月後，設計了一份問卷給學生們作答。我在問卷中問到，究竟他們比較喜歡非實時教學的影片還是實時教學的課堂；他們比較喜歡使用不同的電子學習軟件完成功課，還是希望使用單一軟件完成功課，我嘗試透過這些問題了解我的學生。從問卷的答案我發現學生沒有一面倒地支持非實時教學或實時教學，他們認為兩者的存在都有其重要性。他們可以在實時課堂直接詢問教學內容，但同時也喜歡觀看教學影片，因為他們能根據自己的學習進程、速度和能力，來選擇觀看哪條影片，或在何時收看，有需要的時候，他們可以重複觀看。也正正因為這個原因，即使我增加實時課堂的課時，亦沒有完全將其取代教學影片。我發現，在每星期初介紹當周會進行的教學內容或活動，然後附上教學影片讓學生自學，並在每星期的最後一兩天，進行實時教學，讓學生發問，解答他們不明白之處，是很有效且很理想的線上授課模式。這樣就像在大學裡我們會分別上 Lecture 和 Tutorial 的模式一樣，只是 Lecture 部分已變成自學短片。

在問卷中我亦問到，他們有沒有信心自己設計下一個月停課的學習計劃。結果在我預料之內，學生們是有興趣想嘗試設計自己的學習計劃的。可是，當我問他們有沒有信心去進行時，他們卻一面倒地都說沒有信心能完成。他們都認為老師才是有能力的那一位，認為自己不專業。他們認為老師才能推動他們學習。雖然他們相信我的能力，但我也覺得很感慨。為甚麼本身應該屬於他們自己的學習，他們卻這麼安心地交到別人的手上呢？為甚麼學生們被訓練到需要完全倚賴他們的老師呢？我非常希望在復課後，學生能不再倚賴他們的老師，而是真的完全地掌握自己的學習。

經過個多月的停課後，因為嚴峻的疫情，教育局再延長了復課的期限。而我透過問卷了解了學生，並從這個多月停課中觀察到學生的學習表現，已經更能適應和掌握線上教學的模式。學生們也開始明白他們不能無了期地放假。所以，大部分學生已開始追趕進度，把未完成的功課慢慢地完成。

利用 Classcraft 遊戲平台，增加課業樂趣

我為了鼓勵學生們能更踴躍地完成往後的課業，便給了他們一個重新出發的機會。

我在復活節假後，啟動了一個班內的小型比賽。我利用 Classcraft 這個行為管理平台，給予學生們獨特的角色，並把他們分成不同隊伍，互相比拼。我告訴他們，最高分的 10 位同學及整體分數最高的一對隊伍，將會獲得小禮物。我希望透過這樣小獎勵，鼓勵他們找到多一點外在動機，去完成停課期間的學習活動和功課。

當我把這個想法告訴中二級的同學時，他們都顯得非常雀躍。其實，他們在小學時，已經接觸過 Classcraft。所以一聽到我會在課堂中使用這個遊戲平台，他們都很期待去參與這一場小小的比賽。我還未給他們開賬戶，他們已經在自行分組及討論勝出的策略。看到他們這麼雀躍，我也安心了一點。我希望透過這個平台，能為他們在停課、抗疫的苦悶日子裡，帶來一點趣味。

Classcraft 是一個具計分功能的數位遊戲平台。雖然是遊戲平台，但其實學生是不需要花很多時間去玩的。簡單來說，學生可透過不同的學習表現來贏取分數，而老師可以決定如何發放分數。以我為例子，我把所有功課、課堂活動、行為表現都和分數扣上關係。例如，學生們提早交功課，可獲 200 分，準時完成功課，則獲 100 分，若遲交功課，就會被罰給倒扣分數。若以小組形式進行，即使你自己完成了課業，但隊員未能準時交功課，整隊的分數都會被倒扣。所以使用這個遊戲平台，除了能增加個人的外在動機，還能在學生間增加少許監察的作用，讓他們互相提醒，準時完成功課。而到學期末，誰拿到最高分，誰就有獎勵。所以大家除了想拿到基本的分數以外，也會嘗試做得更好，以爭取更多額外的分數，從而贏取這次比賽。

其實我也不是第一次使用這個遊戲平台，就如我之前所說，7 年前我遇過一班學習動機很低的學生。當時我除了開始實踐翻轉教學以外，便是利用這個遊戲平台，進行課室經營，令同學們喜歡上課。

我還記得當時有一件很特別的事。班上有一位同學，他的英文能力特別弱，上課動機也特別差。他是統測裡全級最低分的一位同學。基本上我要求同學們組隊時，都沒有同學願意與他組隊。因為大家都明白，如果跟這位同學組隊了，就有機會被拖低分數，不能勝出比賽。所以，沒有一位同學願意與他組隊。

幸好，有一組比較乖巧的同學們，聽我解釋過後，願意接納這位同學成為組員。接下來，這些同學們，為這一位能力較差的同學，帶來了非常正面的影響。這一位同學幾乎不能再逃避學習活動，因為他的組員不停要求他參與活動，也給了他協助。當他有不明白的地方，其他組員會非常有耐性地給他解釋。即使他力有不逮，他的組員也盡量給他機會，讓他參與所有活動。

起初，這一位同學還是會欠交功課。但因為每一次他欠交功課的時候，我就會扣除他的個人分數，導致整個隊伍的分數也頓時被降低。有見及此，他的組員們都忍不住給他一些提示和協助。每一次要交功課的時候，組員都會提醒他完成及繳交。

最後，這位同學也慢慢地建立了準時完成及交功課的習慣。在接下來的學期中，他都能準時完成功課。在最後一次的考試裡，奇蹟也發生了，他從完全不合格的成績，10 分、20 分的成績，變為合格。我還記得他在期末考試裡，拿到了 51 分的合格成績，他自己也完全不敢想像。你可能認為，51 分也不是甚麼特別好的成績，但對他來說，獲得的不只是這 51 分。而是，他明白到，要完成學習，並不是一件難以登天的事情。只要參與課堂活動，完成功課，要合格也並不是一件難事。這大大提升了他對學習的信心。

就如記者方東昇所說，世上最大的空間，就是進步空間。而這位同學，在這空間裡，找到了信心和學習動機。

你可能很好奇，究竟這個遊戲平台是怎麼樣的呢？就讓我在以下的部分簡單的介紹一下吧。

Classcraft 平台簡介

角色

創建賬戶時，學生可選擇個人角色，例如勇士、魔法師、治療師等，並因應分數或金幣，換取裝備打扮角色。不同角色有不同功能，例如，有同學因忘記交功課而將被扣分之際，治療師便可為這位同學減低需要被扣取的分數，從而減低對整個隊伍的傷害。

分數

在這平台裡，其實有幾項不同的分數項目，包括：經驗值 Experience Point （XP）、生命值 Health Point（HP）、能量值 Action Point（AP）和金幣值 Gold Piece（GP）。

經驗值 Experience Point（XP）

經驗值是同學們可以因良好的課堂表現而獲得的分數。當同學們獲得了一定的經驗值，便可以升級和使用特定的技能。這些技能是老師自行設定的，多數都是一些獎勵或待遇。例如同學獲得一定分數之後，老師容許他有 2 分鐘的休息時間；或可以自行調換座位一次，和自己喜歡的同學一起坐等這些待遇。

生命值 Health Point（HP）

生命值是在同學犯規時，老師扣除的分數。當這個生命值到零的時候，同學就應獲得一定程度的懲罰。例如，老師們可以要求同學背誦一首詩歌；或同

學需要在班上表演說一個笑話等。這些懲罰完全都是老師自行設定的，也不一定完全需要跟學術掛上直接關係。

能量值 Action Point（AP）

當同學們想使用一些技能，例如，需要幫助隊友的時候，他們的能量就會被扣除。同學每天會自動獲得一定數量的能量值的，所以他們每天都可以在課堂使用能量值來幫助同學或使用技能。

金幣值 Gold Piece（GP）

最後的就是金幣值。如果你試過付費的版本，你便可以發放金幣給你的學生。學生可以使用這些金幣來購置裝備或升級他們的寵物等。所以這些也可以是老師給學生們的一些小獎勵，讓他們可以為他們自己的角色打扮和提升等級。

怎樣去使用這些分數，老師可以完全自由控制。例如，學生準時繳交一份功課，老師便可以決定增加多少生命值和能力值等；或在課堂上樂意協助其他同學，老師又可以增加同學經驗值或金幣值以茲獎勵。這些都可以在控制介面設定。

小工具

老師除了可以在 Classcraft 給學生分數，還可以利用平台的一些小工具來協助教學。你可以看到，每一個小工具都有他獨特的名字。因為設計者在設計這個平台的時候，是希望老師能把故事元素帶進教學當中。讓學生能感受

到，他們是身處在一個虛擬遊戲環境中學習。所以即使是一個很簡單的工具，例如一個計時器，它也不會只叫作 Timer，而是 The White Mountain。若你忘記了這些是甚麼工具，亦可以參考工具名字下的英文字，那些小小的英文字就是工具的真實用途。

現在就讓我簡單解釋一下這些工具是甚麼啦！（我本身用的是英文版本，所以我就不胡亂把這些工具的名字翻譯成中文了。）

圖 4　Classcraft 教學小工具

Class Tools
Use these tools to gamify your lessons. Find out more

The Wheel of Destiny
Random Picker

The Riders of Vay
Random Events

The Makus Valley
Volume Meter

Boss Battles
Formative Review

Shrine of the Ancients
Kudos

The White Mountain
Timer

The Wheel of Destiny（Random Picker）

這是一個非常好用的隨機挑選同學或隊伍的工具。很多時候我們需要邀請同學作出回饋，但是同學們都可能因害羞而不敢自願作答。有了這個隨機挑選工具，當同學被選中，就要回答問題。在我的經驗當中，很少同學會被抽中而不願意作答。因為他們承諾參與這場比賽的之初，就答應了無論這個平台有任何獎罰或安排，都願意接受。

圖 5　The Wheel of Destiny

HKBUAS 19/20 EL 8G2 ▾
Class Tools / **The Wheel of Destiny (Random Picker)** ▾

Pick a Random:

👥 PLAYER　　OR　　🛡 TEAM

↻ RESET PLAYERS (0/17)　　↻ RESET TEAMS (0/7)

The Riders of Vay（Random Events）

利用這個小工具，老師任何時候都可以和學生一起迎接平台中的隨機事件。至於這些事件，老師也可以在設定版面中自行制定。例如，老師可以設計一個活動，讓學生說出五大洋七大洲的名字；也可以要求學生以唱歌的形式表現一首唐詩等。這些事件，都是一些小活動或遊戲。我會用這些小遊戲來開展或完結每一天的課堂。這樣除了可以令學生習慣使用這個遊戲平台外，也可以讓學生感覺到，課堂裡不只有老師授課和沉重的功課、練習。學習，也可以來得輕鬆一點的。

圖 6 The Riders of Vay

圖 7 The Makus

The Makus Valley（Volume Meter）

若你的電腦有收音功能，它可以檢測課室內的聲量。假如你現在想讓同學們專心完成作業，不希望他們有太大的聲量，便可選用這個工具。若同學們能夠在限時之內保持一定的聲量，他們就可以獲得一定的經驗值。這個工具對年紀較小的同學，更能發揮作用。

Boss Battle（Formative Review）

這個遊戲平台本身不是用來處理學習進程的，但它也加入了一些學習評估的

圖 8　Boss Battle

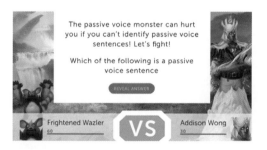

圖 9　Shrine of the Ancients

元素。單從名字也可以明白，這個工具就是讓學生「打大佬」。你可以利用這個小工具設定一些選擇題讓學生作答。若他們答對，就能攻擊遊戲中的怪獸敵人，並獲得分數。若他們答錯了，就會被攻擊。每一次的攻擊，老師都可以根據題目的深淺程度來設定不同的經驗值和生命值分數。所以學生都不一定要完全答對題目才能勝出。這視乎老師怎樣設定不同題目的分數。當學生勝出後，他們就會獲得不同的經驗值、生命值或金幣值。

Shrine of the Ancients（Kudos）

Kudos 就是只給別人公開的稱讚或給別人的榮譽。這個小工具就像班房裡的

圖 10　The White Mountain

圖 11　The Forest Run

壁報板。同學們可以分享不同的信息，也可以用來分享他們所想所感，和給予同學讚賞。這是一個對班級經營非常好的小工具。

The White Mountain（Timer）

它的操作十分簡單。你只要設定時間並按下開始，就會開始倒數。計時器有漂亮的介面，比起一些傳統的計時器，同學在完成課業的同時，不會感到太大心理壓力。

圖 12　Treasures of Tavuro

Class Tools / **Treasures of Tavuros (Grade Converter)** ▼

📇 27-5-2020 Learning Plan: Writing 3 main body paragraphs of your movie review

Point Reward Options

☒ Grades (XP)　☒ Timely hand-in, before **2020/06/04 @ 23:59**

Student On Time [100] [100]　Team On Time [100] [100]　Late Penalty [100]

Assignment Submissions　　　　　　　　　　　　　　　　　　Handed-in : 0/0

NAME	ON TIME	TEAM	TEAM ON TIME	GRADE	RESULT

(BACK)　　　　　　　　　　　　　　　　　　　　(AWARD POINTS)

The Forest Run（Stopwatch）

這是一個秒錶。當你要計算任何活動需時多久，就可以使用這一個工具。

Treasures of Tavuros（Grade Converter）

幫助老師把一些其他平台，例如 Google Classroom 的功課、測驗轉化為經驗值、金幣值的一個小工具。

這些小工具都是一些大家可能常用的工具，但因為版面設計實在太漂亮了，而且擁有獨特名字。若加一點創意，加上一些故事元素，也可以令學生更感興趣去完成學習活動。

Quest

Quest 是 Classcraft 遊戲平台中的一個遊戲任務。其實它是一個由老師設定的學習過程（Learning Path）。老師們可以在數款不同地圖的不同位置上設下學習任務。現在更可以加入 Google Classroom 或 Google Forms 的測驗或功課。同學們需要完成一定數量的測驗或功課才可以前進到下一個檢查點（Check Point）。當同學們完成整個任務，就能獲得一定的經驗值或金幣值。這也是如何在這個平台以遊戲的方式鼓勵學生學習和完成課業。

若果大家想了解多一點 Classcraft 這平台，大家可以到 https://www.classcraft.com 或到 https://vimeo.com/classcraftgame 了解更多。

Classcraft 最近也推出了一個教師認證計劃。你只需要登入 Classcraft，完成

一個 Quest。然後答對問題，就可以獲取認證。

我認為，這個平台能吸引學生投入參與學習，並不是完全因為到學期末，勝出的隊伍能得到獎勵。而是，每一位學生，都喜歡「玩」。若學習能變成遊戲，誰不喜歡學習？尤其在停課期間，學生們都不能與朋友、同學見面。他們即使能在線上上課，其實仍是孤獨地面對著自己的電腦，在虛擬世界與別人接觸。我想，大家都期待著和別人親身接觸，做有溫度的交流。而不只是望著冷冰冰的電腦。所以，若要協助學生改善學習技巧和能力，我們除了要留意他們資訊科技的素養，還應多留意他們的情緒、社交能力。因為這樣的能力，必定會影響他們的學習。

圖 13　Quest

圖 14　Classcraft 老師認證勳章

結語

轉眼間，差不多長達 3 個半月的停課終於完結了。因為停課的影響，學校也順延了放暑假的日期。最後，我用了 3 星期把下學期要教的內容都教完。7 月中，同學們就考試了。我們還未來得及派卷，學校又要停課了。但這次，大家都習慣了。

老師們花了很多工夫把試卷盡快改好並掃描到電腦，並透過線上學習平台把試卷分發給學生，然後利用視像會議來和學生對卷和完成試後評估反思。

接著就放暑假了。但我的暑假很短，因為這個學年，我也為在這學校 9 年半的工作生涯畫上一個不太完美的句號。

一星期後，我就已經在新的工作環境中擔當了新的角色。

疫情繼續反覆。2020 年的這個開學月，我們也不能正常回到學校復課。但這次的線上教學，各學校和各位老師都有了更充足的時間去計劃和預備。而大家，也已經擁抱了新的常態。

未來，無論因為任何事情而停課，學校、老師和同學們也可以迅速地適應及轉到線上學習。

而老師們也習慣了到線上參加一些工作坊、進行不同類型的會議。這一年的挑戰與訓練，已為老師裝備好一些額外的技能，讓我們能提升到另一個等級。這個過程未必是舒適的，但都令我們快速成長。

我們在過程中，可能也帶著一些抱怨。但同時，老師們還是積極的面對的。因我們知道，無論是線上或線下，給予每一位學生最有效的教學，令到每一位學生都喜歡上學習，就是我們努力堅持進步、學習的最大推動力。

我的教學設備

手提電腦

大部分時間會用於線上教學、備課或改功課。有時，我會懶得把平板電腦拿出來，直接用電腦作線上教學及課堂內的互動。

平板電腦

有時，如果我不使用鍵盤，我會簡單以兩部平板電腦來作線上教學。一部連接視訊軟件來上課，另一部連接教學工具與學生即時互動。而其他大部分時間，我會以平板電腦製作教學短片。因為我的教學短片都不會顯示頭像，而且，家中的餐枱就是我的工作空間，所以我沒有太大的地方配置「美顏燈」。而且我不會很講究拍攝時的樣貌。對我來說，最重要的是「快靚正」，用最短的時間、最少的器材，製作出教學影片。

無線耳機

最後，我需要的就是無線耳機。主要是希望有其他家人在屋內活動時可以隔除一定的噪音。但我大部分拍攝教學短片的工作都在晚上家人睡覺後才進行。

CHAPTER 3

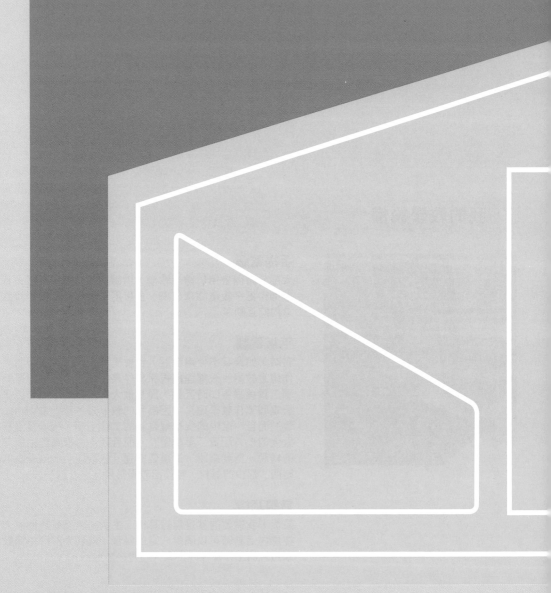

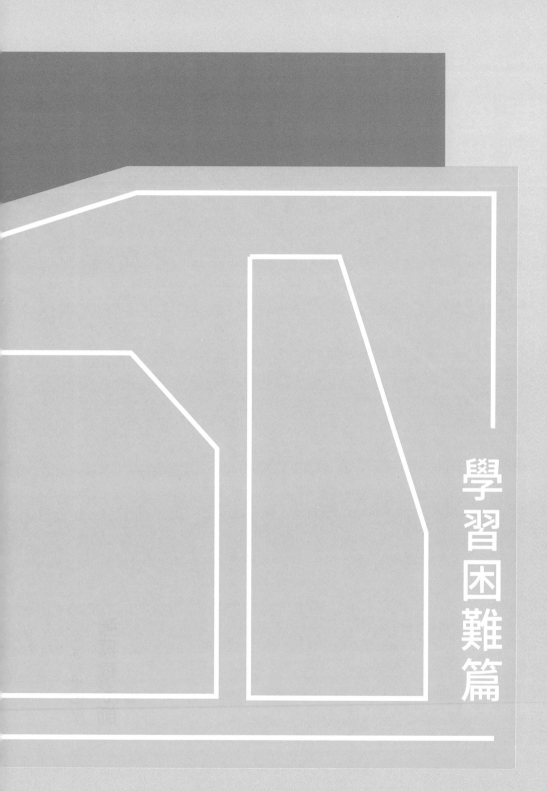

學習困難篇

堅持教學初心，度過教學危機

瑪利諾中學

張展瑋老師

修合無人見，存心有天知

教育，自第一天起，便是講求責任感的事奉，工作性質就是對人的工作。狹小班房內的點滴，日月轉移，經歷會漸漸幻化為永恆記憶中的片段，長留於學生與教師的生命裡。我常認為，優秀的教學並不只是一門技術，而是對自己信念的實踐 —— 真實地投入課堂，真實地與學生相處，把自己所學結合生活實踐，完整地送給我們的學生。當中，做得多與少，如何連結學生的生命，全憑教師對教育的執著與初心。回想起，當初我們帶著甚麼原因修讀教育學系？帶著甚麼信念在畢業後走上講台，日以繼夜埋首於「簿海」裡？許多人笑說：「教師時薪很低，工作不討好」。是的，因為這一份工作很特別，教學不像工廠生產，不會每分每秒都有實際產出，反而許多點滴在無形間凝聚，在學生的功課上，每一個字，都有教師無數個夜晚的心血。

疫情剛開始時，大家都未有任何教學頭緒，也不知道路該如何走。由於我在農曆新年假期前已預計到疫情會迅速而至，也曾與學生試驗過 Skype 的用法，因此，即使發生任何變故，我也暫有方案應對。結果，疫情來得比想像中急，隨著澳門特區政府宣佈停課，香港特區政府也作出同樣的決定。當時，我首先便通過手機把訊息發放予高中同學。我當時最擔心的是兩班中六及一班中四同學。

對於中六同學而言，農曆新年假期後的日子，對於他們考公開考試是至關重要的，因為這段時間有模擬試、分析試題、最後衝刺的操練。在過去幾年，經驗告訴我，學生在這段時間學習會特別起勁，進步也特別明顯。因此，當疫情來臨，便意味著最後備戰有機會要取消，無法實現。當下，我最需要的，是一個能讓他們平穩地完成公開試的方法。

對於中四學生而言，他們在我心中，重要程度並不比中六學生輕，因為這是他們打好根基的時期。少了半年的學習，對他們來說會有深遠影響，我不可輕言放棄。這一屆的中四對我來說有特別的意義，因為他們中一入學時，正遇著初出茅廬的我任其班主任，因著瑪利諾中學，我們的生命也因此彼此相連。對於他們，教學遠不只責任感。因此，我不想他們的學習因為疫情而要暫停，我想繼續保持教學進度，希望能為他們打好根基，同時藉著對不同社會、國家、世界議題的討論，深化他們的視野，並透過知識增益讓他們更明辨是非對錯，做一個對香港、國家、世界負責任的公民。

在這一個背景下，當時學界已開始思考停課期間的教學之路該如何走。恢復教學的首要條件，是大家都要有一套工具。我當時建議使用 Skype，畢竟這是我們熟悉的視訊工具，同時又不受電子設備型號限制。然而，後來我發現，線上教學要持續發展，我們的視野不能只放在視訊工具，背後更需要一套平台，支援著收發功課、發放資訊的功能。因此，有前輩便開始提出用 Zoom，同時配合 Google Classroom 及 Microsoft Teams，或單純地用 Google Classroom 或 Microsoft Teams。對我來說，使用哪一款平台，我沒有特定的堅持，只要有方法維持日常教學進度，便已足夠。

由於我們學校已經付費購買了 Office 365 的系統，因此，應用 Microsoft Teams 作為維持課堂的實時教學工具便理所當然。

強調「停課不停學」

當決定了平台後，我便要通知學生，特別要強調教學並不會因為疫情停課而中斷。可是，難題便出來了。普遍學生在當時都沒有「停課不停學」的概念，我貿然宣佈他們要繼續上課，在他們眼中無疑是「偷取」了他們的「假

期」。雖然大部分中六同學不會抱持這種想法，畢竟要為公開考試、考大學作最後備戰，而這一切，本身就是全天候地進行；但對於中四同學來說，難度可謂大了。他們年紀尚輕，公開考試壓力尚遠，而且我也不是威權教師，他們並不會因為怕我而聽我話，上我的課。因此，我必須要讓他們明白到，上課這一件事對他們來說，是重要的；同時，我也要與他們協商，共同商議一個大家都舒服而且可行的方案。跟學生共同商議教學進度及方法，這更顯示出老師的心意，是與學生同行，在艱難時期營造一個較輕鬆的學習環境，增加上課的動力。為了令整個「停課不停學」更勢在必行，更認真，我發了訊息跟中四同學說，即使只有一個來上課，我也會照教。

結果，第一天，原本 20 人的課堂，來了 6 個。

朋友問我戰果，我如實相告，他們以為我會氣餒，其實我非常開心。因為我知道只要這 6 人在翌日多帶一位朋友上課，人數便會上升至 12 人，已經超過一半。因此，我向每一位缺席的同學都打了電話，關心他們的情況，並鼓勵他們來上課；同時我更致電有出席課堂的同學，希望他們能多帶至少一位朋友來上課。

結果，第二天，來了 11 人。我再次跟全部同學聲明，即使課堂只有一個人來上課，我也會照教。同時，我也跟他們說：「停課期間上課的目的，是希望維持一個正常的學習常規，我明白同學有所犧牲，犧牲了休息的時間，犧牲了跟朋友打線上遊戲的時間，甚至直接的，犧牲了睡覺的時間。因此，我向同學們保證，每天的課堂，準時由早上 10 時開始，10 時 30 分結束，每天所教，不會多於 3 個重點，而功課也不會是要洋洋灑灑寫數千字的論文題目，而會是一些課後小總結的整理。我相信大家會享受課堂，而不會令課堂成為大家的負累。」

在往後的數星期中，同學出席課堂已恆常化，普遍都維持於七成至八成左右的出席率。同時，同學們也開始回饋，覺得每天恆常地「學少少、做少少」其實並不辛苦，而且也享受每天半小時的通識科學習。

還記得，起初，有同事知道我這樣每天維持教學進度，擔心我會給學生造成很大壓力，也怕學生承受不了，但後來他們從學生私下回饋中得知事實並非如此，而學生私下發訊息來表示感激，也為我帶來了很大的鼓勵。

每一件新事情的出現，總會引申出新方法去應對。由於這是「新方法」，所以並沒有太多可參考的前人經驗，因此，在執行時一定會遇到質疑，但只要當中實踐有經過反覆深入思考，相信自己，結果可能會有意想不到的收穫。同時也可以成為最先的啟動者，帶動其他友好一齊改變，最後受益的，是我們所重視的學生。

「以學生為本」是教學最根本的方程式

如果再去反思，是次疫情對於學與教來說，可謂危中有機。一方面，宏觀來說，可以讓整個教學界出現一個新的電子教學轉向；另外一方面，微觀一點看，亦可以讓教師、家長、學生嘗試新的學習模式：包括上課、做功課、批改、自學等等。曾經在不同的分享場合內，遇上不同教師同工都會問：「在這段停課時期如何保持學生的投入度與參與率？」

疫「境」中推動自學，教學任務宜細不宜大

以我的理解，現時不論教師還是家長，普遍都會面對著收功課或逼子女做功課的困難，這不難理解，畢竟學生欠缺了教師親身的監督，是會容易有所躲懶的。因此，要因時制宜，著實地增加他們「配合」教學進度的動機，其中一個關鍵，便是令他們覺得「功課」是容易完成的，減低困難感，增加成功感。試想想，如果學生的功課量、功課模式與平日上課分別不大時，而在平日，他們又已有欠交功課等的各類紀律問題時，這些問題在家中，其實只會進一步惡化。因此，我們在增強課堂的「密度」的同時（正如我只堅持每天半小時的授課，但一星期 5 天都會有課堂），更要減少課堂的「長度」（我實在難以想像學生能專心坐著 3 小時，還認真看著電腦上課）。另外，在課堂以外，便是要把功課「減量」：一份平日的功課，如果能分拆成數份份量較少的作業，這對學生來說，完成的誘因會更大。

教學環境改變，教學心態也要改變

然而，雖有這樣的想法，但背後也曾遇到一些困難，而這些困難主要是來自教師的權威性，我們有時會容易陷入一個誤區：以為遷就學生就是向學生示弱，甚或損害教師專業性，但因這些信念而引申出的一些做法，有機會令教學路在「新常態」下更難走，包括：

- 不可因停課的關係，而在日常訓練要求上有所遷就或妥協；
- 不可因停課的關係，而減少在考試上的操練或訓練；
- 不可因學生在家中學習，而調低自己對學生的期望或要求；
- 不可因電子教學的關係，而改變平日做功課的方式等等。

從以上的擔憂，便會引申出以下的狀況：

- 功課量不變，功課平均需要 1 至 2 小時才能完成，這導致有不少學生欠交；
- 功課形式不變，學生在完成功課後若遇上技術難點，身邊沒有人可以支援，若無法成功在線上繳交給老師，老師在追收功課時亦會產生負面情緒及壓力；

針對以上的困擾，其實我們不妨退後一步仔細想：

「在新的教學環境下，我作為教師，其實最需要的是做甚麼？」「當遙距教學成為主要教學模式時，我如何才能發揮最大功效？」

艱難時期重中之重，提升學生參與度

學生學習動機有差異，這本身在教學現場就是不可避免的。因此，在設計教學任務時，讓他們感覺「容易做」，「能輕鬆完成」，是提升他們參與度的關鍵。舉個例子，在上半年，我為建立學生在家中學習的紀律，及繼續在進度內完成課程，我要求我的中四學生每天準時 10 時正，開著電腦，利用 Microsoft Teams 進行遙距學習。我在推行 2 星期後曾問學生，會否覺得每天上課很辛苦。他們跟我說「感覺輕鬆」，而原因是因為我限制每天的課堂長度並不多於 30 分鐘，長話短說下，他們感覺輕鬆、有用，所以願意主動來上課。

在功課方面，我在每天直播上課完結後，都會派發小功課，並要求學生即日完成。起初，我都會擔心同學有反彈，但後來發現，反應並不差。除了恆

常每星期派發 Microsoft Forms 作預習外，每一次課堂完結，我都會要求他們把課堂內容總結成一篇一百字的發帖，發在 Microsoft Teams 相關的頻道內；或要求他們就著某一個具爭議性的社會問題，例如「香港政府應否合法化器官買賣？」，要求他們應用課堂討論的結果，出一個發帖表達自己的看法。我再於留言中給予回饋。他們也非常願意完成。

擺脫傳統枷鎖，豐富電子教學實踐

有時我們難以在電子教學中取得突破，其中一個原因是因為未能突破傳統教學的枷鎖 —— 我們經常希望以「電子教學」的方式把「傳統教學」「再呈現」出來，因此在本質不變下，電子教學只是換了衣服的傳統教學。最終，在傳統教學下會出現的問題，在電子教學的場景中必然會出現，而且只會進一步惡化。這也是可預見且無可避免的。學生走堂、欠交功課正是當中最明顯的。我們需要明白，電子教學的優勢是「即時」、「便利」、「多元化」、「互動性強」，如果我們繼續以「傳統教學」，「操練為本」的教學模式作電子教學（E-learning and Teaching），我們其實沒有去真正認識電子教學的優勢，也沒有發掘電子教學潛在的可能性。電子教學為學、教、評三者提供了不一樣的可能性，功課不一定要通過紙筆完成、閱讀不一定是紙本書籍，我們為何不可以讓學生拍片解釋數學題目取代傳統列式計數？我們為何不可讓學生錄製小故事，取代文字作文？

相反，如果我們未有拓闊對教學的想像，增加教學可能性，只埋怨電子教學為我「額外增加了工作負擔」，這樣以電子教學為表、傳統教學為實的方式，在新常態教學下，定會處處碰壁。因此，在新的機遇下，讓師生一起探索出路，豐富學習經歷，是推動整個教育界，甚至社會進步的良好契機。

教學前路「再梳理」，課程教法「再規劃」

除了教學模式要改變外，教學法及課程安排，也值得花心思，畢竟對於人文學科，並不是所有課題都能在線上教學期間發揮最大教學效益。當「如何維持應有的教學秩序」得到大家共識後，教學細節便可深入討論，不斷完善教學設計。

「線上教學是否應有教學法？」是大家很關心的問題，因為大家都開始覺得單向地對著鏡頭上課比較沉悶，如果課堂內可以有更多互動，創造更多空間讓學生表達想法，則會令整個課堂更有趣。然而，要能做到互動教學，所需的時間多了，前提一定是教學內容沒有被削減。因此，翻轉教學的實踐便非常重要，翻轉教學強調教師可以在課堂前預先製作「預習教學影片」，而影片會在正式課堂前，為學生提供重要的基礎知識，學生預習後，在實時課堂上便能有更多空間處理較高層階、較艱深的學習任務，例如設計課堂討論，讓學生可以有深入思考的機會。

除了實踐翻轉教學的原則外，線上實時教學也可配合其他學習軟件，例如 Kahoot!、Nearpod、Coggle、Mentimeter、EduVenture VR、Google Earth 等，以強化實時教學環境內的師生互動。教師可以在實時教學的同時，加入競賽遊戲、思維導圖、猜測想像、投票、分組討論等不同活動，以切合不同課題的教學需要。

我明白，說到這裡，對於初起步的老師來說定會有不少困難，特別是在通識科，以往課堂，除了是與學生一起透過討論建構知識外，更重要的是在過程中，教師能一步步地帶領學生思考自己的生活與周邊的社會問題，讓學生明白通識這一科，所學的內容，是與日常生活相緊密結合的。

有時社會問題的討論，除了是硬知識的輸入外，更有不少情感元素在內。例如當我們講起房屋議題時，學生能夠在社區考察時對比私樓與劏房的居住環境，繼而去想像不同社經地位的香港市民在「生活素質」上之差異，再推深至思考「社會資源分配差異」的成因及反思其必然性，最後討論現時社會制度是否足夠健全，讓人有向上流動的機會。這些討論過程的一步步深化，背後除了有知識增益外，更重要的是情感觸動。學生要關心他人、自己的命運，才能有動機思考這些社會議題。

這一步步的深化與牽引，使課堂散發出一種感染力，吸引著學生。可是，在遙距教學上，如果學生或老師關掉了鏡頭，損失了面對面交流的機會，這一種感染力必定會大打折扣。

教育局在 2020 年 3 月發佈了《在停課期間運用電子學習模式支援學生在家學習的參考原則》，當中第三點提到了一些實時教學的原則，包括在實施相關課堂安排時，我們除了要考慮老師的準備程度外，更要同時考慮課題的特性。在通識科，如果教師認為現時在線上實時教學時實在難以處理某些議題，不妨考慮作「課程再規劃」，調整教學單元上的安排。以本校為例，到 4 月初時，中四的課程本應要進入「今日香港」這單元。可是，在開會討論後，科主任及同事們均同意把「能源科技與環境」單元推前，先討論各種能源的特性、優劣、不同能源的使用如何推動當地邁向一個長遠、可持續發展的現代化社會；而「今日香港」則留在較後的時間，能進行面授課堂時才教授，以提升整體教學成效。

許多時候，我們在討論線上實時教學，當經歷過解決技術困難、教學法的鑽研及提升後，如果真的發現有其他問題仍然難以解決，「課程再規劃」可以是另外一個出路。有時，適時、適地、適性的教學，除了在教學法有彈

性外，課程規劃同樣是不可忽視。高中教學是一列高速前行的列車，路不通，繞些路，可能反而是一條更短、更好走的路。

「去過度化」能否作為「教學新常態」的方向？

經歷過課程再規劃後，由於疫情反覆，教育局宣佈復課後的新學年，會以「新常態」的模式進行：把學校搬到線上運行，並要規劃不同的方案，保留彈性應對是否恢復線上課堂的安排。這一個安排，對於經歷大半年洗禮的我們而言，困難度已減少了。我們已經歷過：

- 學習如何線上授課，了解當中的技術操作及應用；
- 釐清評估學生學習成效的方法，學習如何發放線上電子家課；
- 研究如何提升學生的上課率及課堂參與度，這在缺乏親身溝通下尤其困難；
- 研究遙距教學中是否有教學法，可否配合其他工具增加課堂互動氣氛；
- 研究如何支援學生情感需要，在停課期間繼續實踐「正向教育」；
- 支援來自不同社經地位學生的學習需要，盡量提供線上教學的一切所需等。

過去半年，我們在以上方面已經得到了一定成果，教師的資訊科技能力、應用思維已經有了長足進步、學生也加快熟習如何在線上世界與老師保持互動。教學難關算是有了方法應對。然而，經過這段時間，不少針對學童在家

學習的評估及研究相繼出爐。這些報告多從學童健康、成績差異、學習困難等層面反映出現時「停課不停學」的挑戰。在討論過課程規劃、線上教學法後，學童健康應是我們所關心的議題。

遙距教學需要「去過度化」

還記得在停課初期，學界曾經有過關於應否制定線上授課時間表，每節課堂應該定多長時間，初中及高中，初小及高小應否有不同處理方式等的討論。當時大家各施各法，有的課堂長達 2 小時，每天 3 節；有的則是 30 分鐘，但每天 6 節。

可是，一邊廂我們維持著基本教學：但另一邊廂一直都有研究報告指出學童對著熒光幕上課的專注力比一般課堂更低，而長時間使用電子設備對健康所帶來的影響更是不能忽視。我們可以回想，自己日常在手機或平板電腦上看電影時，是否能保持長期專注力？在長時間低著頭看手機時，是否也曾出現手指痛、頸痛、頭暈等健康問題？

其實學生跟我們也一樣。

在一個「線上化」、「熒幕化」、「多元化」的學習環境內，要提升學生的學習效益，教學更應該要「去過度化」。以往我們在面授課堂時會很著重教學鋪排，安排一連串的活動以提升學生的參與度，也會用不同方式層層深入地鞏固他們所學。可是，在「新常態」下，由於線上學習背後有種種限制，我們需要改變既有的觀念及範式，以學生專注力、學習成效、健康為本，減省課堂教學量，增加自主學習活動，把教學精簡，做到「去過度化」。

在「去過度化」的教學場景下，老師不再需要長時間向學生灌輸知識，反而可以把「教學內容」壓縮，做到「簡而精」，學生在短時間內迅速吸收知識，然後把剩餘的教學空間留給他們作課後閱讀、自主搜集資料。同時，老師應設立多元化的評估幫助學生學習，為學生學習創造空間。在這個原則下，可以引申出以下的實踐方式：

● 把教學內容以「影片」製作，簡而精地傳授知識，課堂上則處理學生在學習上的困難，「問症落藥」，這正是類似「翻轉教學」的實踐方式；

● 此外，教師還可以發放閱讀材料，並解說閱讀這些材料的方法、額外留意事項、材料與本身所學的相關性。同時，教師更可以規劃學習任務，例如專題研習，讓學生在課外時間也能進行自主學習。須明白，「學習」並不一定只能出現在「課堂上」。

「去過度化」不可忽視的資訊素養

過往有一段時間，學界非常強調「自主學習」，這概念亦經常出現在學校及科本的關注事項內。然而，當要落實自主學習時，可能最終只會演化成教學筆記內多了幾篇「自習篇章」，或是幾個 QR Code 連結到一些與教學內容相關的網站。本質而言，這並不是自主學習，只是「自主閱讀」。「自主學習」是「一體兩面」，老師和學生同樣要投入，而這種投入牽涉到教學範式的轉變。

「自主學習」的本質，是根本性地把學習的責任，由教師身上轉移至學生身

上。教師傳授不再是學生獲取知識的唯一途徑，反而，學生學習得多與少視乎他的主動性，而老師需要的，是開放空間，例如設計思考問題引導學生尋找答案；或是規劃專題研習，讓學生按照他們的興趣訂立主題，搜尋想學及有用的知識。然而，要達到理想中自主學習，若然缺少了教師的在場，學生有機會只在原地打轉，或是偏離軌道，難以到達目的地。因此，要避免問題出現，當中關鍵便在於老師需要教授一些技巧。

在資訊科技發達的年代，如果能有效應用電子工具、能上網搜尋資料解決疑難，對於自主學習來說，是非常重要的。而這一種技能及知識，學術上稱為「資訊素養」。

是的，我們要提升學生的「資訊素養」。

教育局在 2018 年曾經出版一份名為《香港學生資訊素養》文件，文件清晰地講解出如何通過不同步驟以推動學生成為一名負責任的資訊使用者。文件內容非常豐富，但依我粗淺理解，簡而言之，即是學生要有求真的能力。在自主學習的過程中，少不免會受「假新聞」所影響，我們要培育學生，當遇到有懷疑、不實的資訊時，要懂得求真，分析資訊來源的可靠性，並選取合適的材料以建立自己的論述及見解。這樣，在自主學習時便不怕受「內容農場」誤導，發揮自主學習的最大功效。

簡單地來說，學生在以下三方面是需要「教」的，包括：

- 在學習過程中清楚知道自己需要搜尋甚麼類型的資料，例如在討論香港應否加大太陽能的應用比例時，學生至少需要知道太陽能的好處；

● 由於線上世界百家爭鳴，太多資訊來源，所以學生需要有一些準則去判別資料的可信性，而這些準則是需要教的；

● 最後，學生要知道如何轉移應用這些資料於自己的學習上，他需要知道資料如何有效幫助他建立論述及見解，而不只是「搬字過紙」，資料運用未能扣題。

當我們能夠做到「去過度化」，開放空間讓學生「自主學習」，提升學生的「資訊素養」，再往後，即使疫情如何反覆，由於教學有了深化及轉化，難關也能有了底氣去應對。

線上教學，與學生同行

「去過度化」的教學，本質上是與學生同行，這點我們是很清楚。

有時跟非教育界的朋友接觸，他們可能仍會以為老師們處於「停工」狀態，但實情是我們每天仍要為維持教學進度而努力。在這段「新常態」時期，我們付出的努力、心機與時間，一定比過去的「日常」來得更多。推動我們繼續走下去的，大家都會同意是源自一份對學生的責任感。這份責任感一方面推動我們為學生的成長付出更多：我們會為他們追趕進度，為他們安排更多的線上功課，因為我們不想他們學習的機會受無法預料的疫情所剝削；可是，另一方面，有時我們也會因為學生的反應及學習成效未合預期而感到氣餒，以致我們一再地期望恢復面授課堂那一天的到來。

每位學生，都來自不同的背景，學習能力也有不同，有的會適應網課快一點，因此能學得更快；有的家中硬件設備較好，能夠更快地在實時課堂中完成學習任務；有的學得較慢，家中環境及硬件設備也不太理想，以致進度逐漸地落後。因此，我們要開始想辦法，收窄學習進度的差異。

遙距教學，更重視與學生同行

辦法有許多，只要我們願意嘗試，不難找出學生和老師都認為合適的方法，但首要關鍵，是我們要把自己置於學生的身旁，與學生同行。經年累月的教學工作容易使人迷失。還記得初成為教師的那一年，我非常要求自己減少派發「功課」與「回饋」之間的時間差距，因為學術研究指出，這樣有助學生學得更好。我總希望當天繳交的功課能在當天發還，並能每次抽幾位同學出來，在午飯時間立即找他們，就功課上的常犯錯誤提出指導，並要求在放學時間完成改正。

這樣的堅持，我自覺是「盡責」的表現，也期望學生會明白和欣賞。但後來有一次，班上有同學走到教員室找我，說我這樣的做法為他們添加了不少壓力，他們每天並不只需要應對我的科目，還有其他科目老師的要求、課外活動鍛練、學會行政工作處理等等，有些同學會因為我的「盡責」，而要在其他老師的課堂上完成改正，甚或要放棄一部分時間的課餘時間來應付我的要求。那一次，我明白到自己付出的好意，未必能為學生帶來幸福。有位同事曾勸勉我，到今天我還銘記於心：「有時我們以為別人想要的楂果，但其實可能他想要的是一個橙。」

如果，我們只從自己的角度出發，永遠也難以明白別人的真正需要。人與人之間相處之道，其實有普世性，並不會因為那是師生關係而有所不同。

能易地而處，體諒學生的困境，並給予支援，往往是拉近彼此隔閡的最佳良方。有時，在與同事閒聊間也會一起反思：究竟有多長時間，我們未曾認真站在學生的角度反思我們教學的成效與對錯？

易地而處，把教師從學生的前方拉回到身旁

教學就像是馬拉松，終點既定，任何人也不能改變，只能繼續向前跑。但自己衝，是否等於其他人也能一齊衝呢？蔡子強老師曾經在大學時提過：「一個領袖，最大的悲哀，莫過於自己走得很前，但回頭一望，背後空無一人。」

過了這麼多年，我沒有成為「領袖」，但至少我知道，站在班房的講台上，我需要帶領著學生走這一段學習的道路。如果我只顧自己跑，走得很快，他們不在我身旁一起跑，這又有何益處？年初時，因著 DSE 的臨近，身邊友人與中六學生的補課一來就是 2、3 個小時。他很緊張學生成績，我非常明白。但我也不禁一問，他們望著手機 3 小時，真的會學得好嗎？他當然也明白當中的局限，知道自己所做，只為心中無愧。我打趣地說，但願他們不會因為這麼長時間的補課而出問題，要其他科目一齊受罪。

線上教學要仔細規劃，教學法、課程等要重新規劃與適應，這些論點在過去已有非常詳細的討論。但有一點我們很容易忽略的，就是學生的精神狀態。在年復年，月復月的教學生涯中，同一堆的教學內容，我們已經重複地說過了很多遍，甚至我們一打開課本的某一頁，一堆教學法、課堂製造氣氛的搞笑位及學生在學習過程中可能會出現的不同反應，已立刻呈現在腦海裡。經年累月，教學逐漸變得容易，手到拿來；但另一邊廂，我們彷彿逐漸地忘記我們當初是如何累積知識的，也彷彿忘記了那些坐在圖書館自修室苦

讀的日子。

學習是痛苦的過程，在每道算式的掌握中，在每個英文生詞的死記硬背裡，都有掙扎與忍耐的痕跡。我們的學生，每天都在掙扎中求進。我們豈能忽視他們的辛酸呢？所以學生的健康，應該置於首要位置。這裡指的健康，是包括「身」和「心」的健康。我心裡經常疑惑，如果學生身邊只有一部 5 吋大的電話支援著一整天的學習，我們可以如何期望他們學得好呢？長期對著熒幕的頭暈，眼睛的疲勞與頸部的生硬，這些都隱藏著健康風險。而他們所承受的風險都比我們老師來得要高。因此，縱使我們有一顆責任心希望與學生一起衝，但也要體諒他們在當中的掙扎與休息的需要。教育局在 2020 年 8 月底曾出了一份名為《運用電子學習模式支援學生在家學習推展原則參考》的文件（下稱：《原則》），在附件提到縮短課時部分，提出增加休息時間的學習原則，讓學生能有動力走更長遠的道路。

除了教學時數及休息時間的長短外，學生硬件設備同樣影響著他們的學習成效，這點在過去也曾引起社會廣泛討論，我們要著力協助學生解決硬件阻礙，回歸學習日常。在現行的政策配合下，除了「關愛基金援助項目 —— 資助清貧中小學生購買流動電腦裝置以實踐電子學習」的申請門檻放寬了外，還有不少非政府組織提出各式各樣的硬件支援政策，包括「借機服務」、「送 SIM 卡」等。有時我們老師也許很幸福地有多於一部教學設備，甚至可以在電腦與平板電腦之間互相配合，但學生在硬件上的不足，無疑會損害他們的學習成效。沒有電腦的學生，可能只能用手機完成功課，而有時手機又可能未必有完整的系統功能，甚至連 Word 檔的編輯功能也沒有，這些「不必要」的限制，背後可能給他們造成不少的困擾。這些困擾都需要我們的體諒與補足。

同行而不衝突的協商策略：重視關係與體諒

不少同工也許都會有同樣感受，網課期間，學生學習態度、欠交功課的問題，都比在疫情前有退步跡象：平時願意答問題的同學，在網課期間如同隱形。即使叫到他／她的名字，也要靜待幾秒才聽到簡短的答案，學生欠交功課，多番催促也收不齊。而要追齊欠交的功課，最直接的方法便是引入懲罰機制（注：即使有些是屬於鼓勵性的機制，其實也帶有懲罰性）。我們會用扣平時分、強制開鏡頭、禁止上課期間靜音、陽光電話等方法處理，務求使學生在受壓的情況下重回學習正軌。

然而，我們心底裡也明白，懲罰或許能短暫地改變學生的行為，能帶來行政上的便利，但未必有助於提升學習成效，而當中更有機會損害師生關係，彼此間的距離越拉越遠。在過去的日子裡，我非常深刻地體會到，學生其實是非常可愛的，即使再懶再壞的學生，如果他能感受到老師對他們有一顆關懷與渴望同行的心，他們便會自覺地嘗試去滿足老師的期望。因此，關係是決定教學效能的重要因素。

過去曾經碰過一些釘，在通識科教學裡，不同議題所需要的討論深度也不一樣。如果處理環境方面的議題，例如討論發展核能或是太陽能對香港來說會更適合，這些課題並不需要很「埋身」的討論，教學相對比較容易；但有些課題或許不太適合線上教學，特別是與青少年個人成長有關的課題。

過去，我們教何謂「自尊」時，需要安排一系列的活動，讓學生經歷一次自我的重整。但在線上課堂內，教學成效自然會打上不少折扣，甚至能否觸動學生心靈深處，從而讓他們有情感及行為上的改變，我們也難以抱有高的期望。

學生是用家，對於哪些課題，應該如何教，其實也會有自己一套的看法與意見。教育局在《原則》（頁 5）內也強調檢視課程、重新規劃及調配的重要性，務求在「新常態」教學下找出「新常態」可行方案。

而最根本的，由於教學是「學」與「教」的一體兩面，在經過專業規劃後，還是留一點空間，與學生彼此協商，訂出一套屬於師生之間，能彼此同行的最佳科本教學策略吧。

結語

疫情反覆，在天氣寒冷的流感高峰期，會否繼續要留在家中上課？這些問題我們難以預料，但我們可以知道，經過這大半年的歷練後，課堂已不再限於班房內的教學，而是線上學習平台結合實體面授課堂，而這面授課堂也可隨時轉換成線上實時課堂。

只要我們抱持這樣的觀念，便能在教學中保留最大彈性。我們不再受疫情窒礙，反而當我們適應了線上、線下結合的學習環境後，教學便真正地做到無邊界，不受外間因素所影響。

以往，我們曾經把線上的世界與線下的世界分割得很清楚。在學校內，我們會打開課本，學習課程以內的知識；離開學校，打開手機，開啟 YouTube 後，學習便與課程無關，或者即使上網課，拜哈佛教授米高 · 桑德爾（Michael J. Sandel）為師，也是「與課程無關的」。資訊世界的發達，讓我們突破了空間，學習遠在地球另一端的知識。

可是今天經歷過一波又一波疫情，我們甚至已有能力在線上的世界建立一個虛擬教室，任何資訊發放、繳交功課、課堂互動皆能夠在線上的世界完成。雖然你會說，線上教學怎樣也比傳統的面授課堂效能較低，但我想表達的是，經歷過長時間的試驗後，今天我們已經可以在線上課堂與學生做分組討論、學生之間能共同協作完成課堂作業，甚至可以互相回饋。教師又可以根據他們的學習成果，點評點撥，提升學習成效。現時平板電腦完善，數碼家課亦可逐漸代取紙本家課。

線上的世界已經很完備，線下的世界，又是怎樣？

如果線下的世界與線上世界一樣，學生將會經歷相似的學習歷程，對於提升他們的成績，並不能發揮很大的作用。

因此，我們需要分工，盡可能發揮面授課堂的優勢，例如師生互動得更直接，老師可以更快更即時的方式介入學生的學習。因此，將翻轉教學的理論，套用於線上及線下課堂的分工中便最為理想。

翻轉教學提倡容易、簡單、直接的知識可以在課堂前以影片等方式作教學，然後課堂上，則在課前預習的基礎上作進一步的知識深化及教授，更可以進行不同的高階活動，只要老師能在課堂上建立學生學習的鷹架（Scaffolding），便能讓能力高的學生掌握更高層階的知識；同時學習步伐稍慢的學生能得到更多老師的介入，追回學習進度。

因此，當翻轉教學能應用於線上與線下結合的「混合式教學」時，未來，我們便要多規劃不同的課堂高階活動，進一步照顧學生的不同需要。由於資訊科技發達的關係，未來將會是一個「個人化自主學習」普及的世界，學生只

要手持電子設備，連著網絡，學習便可隨時隨地發生。

而接著的，亦如我上文提及，我們要提升學生的資訊素養，讓學生懂得求真。我相信，只要培育學生的資訊素養，同時結合線上及線下的優勢，學習便能變得隨時、隨地、有效；我們不再需要擔心疫情對教學的影響，因為我們已用盡各樣方式，把一切的影響減到最輕，並以學生的利益為最大依歸。

我的教學設備

MacBook
主要用於上網課、處理課前預習，及資源發放等行政事宜，因為電腦網頁版可以用到的功能有時較 Apps 版本的更多。

iPad
用於輔助網課教學，除了開啟 PowerPoint 或 PDF，以便書寫講解；更重要的是，如果要進行互動課堂，iPad 可以開啟教學軟件，而電腦則開啟著網課軟件，兩者互相配合。

AirPods
用於講課，可以隨時轉換於 MacBook 與 iPad 之間，彈性較大。

Microsoft Surface Go
補足 Microsoft Teams 在 iOS 上缺失的功能。

如何在線上課堂照顧不同學生的需求

香港紅卍字會大埔卍慈中學

黃文禮老師

教學新常態：「疫情迷霧中起起伏伏的教育過山車」

肺炎疫情多波來襲，不論是老師還是學生突然都要面對近百年最大規模的傳染病。各教育同工 WhatsApp 群組自一月下旬起響個不停，往往都是傳來「肺炎疫情持續……教育局未能確定復課日期……」般的消息，不論學生還是老師，大家都在議論未來的狀況。

回憶起 17 年前，當年只是中一學生的我，親身經歷過「沙士」疫情，還記得當時香港市民面對疾病的恐慌，和面對醫護人員受感染後殉職的悲痛，我也經歷了 50 多天停課帶來的困擾。然而，人類似乎難以擺脫不幸，我們香港的年輕一代，在短短 17 年後，又再次面對一個起伏不定的全球疫症。

疫症為香港教育界帶來的甚麼樣的「新常態」，在這大半年我作為一個中學通識教育科老師又會如何理解和應對？最後，我亦希望與大家分享心中美好教育的圖像是怎樣的。

2020 年新冠肺炎疫情反覆，本書截稿前，香港前前後後經歷了三波疫情，疫情一時嚴重，一時稍緩，前後停課總時長已經達到 5 個月，但疫苗仍未完成研發，全港師生都無法預測未來會否再出現疫情高峰。大家都在「疫情迷霧」中害怕著，感到憂心忡忡。心情如在黑暗中乘坐過山車，不知哪一秒過山車會向下衝。

變化多端的疫情為老師和學生都帶來一片慌亂和壓力。大家都不知道何時會復課，何時會再停課，這些不確定性為課程設計、「學生公開試作戰」和師生相處帶來很大的變數和困難。

作為老師，我們是課程發展、教學設計及教學實施的決定者，我們普遍都希望學生可以在疫情停課期間好好學習，以達到「停課不停學」。在停課初期，同工們先是在家中自學影片製作，為學生準備大量影片和學習材料，上傳到學校採用的學習管理系統（Learning Management System）推行網上自主學習，其後則是利用網上會議程式和互動程式，在網上實時進行教學，希望學生們都可以做到遙距學習，達致「停課不停學」。疫情稍緩時，學生親身回校上課半天，老師又會準備下午線上課堂與自學材料，希望做到混合式學習（Blended Learning），可以說是忙個不停，「工作壓力山大」！

觸不到的學生：從師生疏離到連結學生

香港各中小學自 2020 年 2 月開始停課，不少學校被逼取消在農曆年假期間的中六應試補習班，留在家中工作的老師們都努力處理學生無法上課的情況，分階段為學生籌組自學資源庫和教授線上課堂，希望可以追趕課程，幫助升中六學生應對公開試，以便在 6、7 月復課後可以進行考試。

在這段忙亂的時間，我深信每一位香港教育同工都十分關懷學生和重視學生的學習，甚至把教育工作看得比生活和家庭更為重要。在過去半年，相信不少老師，甚至包括我本人，都有在 Google Classroom「吶喊」和發問為何學生不瀏覽老師費盡苦功準備的學習材料，又或在 WhatsApp 等即時通訊平台催收學生的功課，在 Zoom 中問學生為何不參與課堂。但，事實上，停課物理地把師生的交往拉開，令師生之間本應春風化雨，變成師生分離，學生變成觸不到的學生，師生間的連結被中斷，師生的感情亦難免變得疏離。這「新常態」也許令老師更難了解學生，但我們又會否已被忙碌的工作困擾，

有否想過原來可以主動了解學生的需求和困難？我們有否嘗試多點與學生連結？

本人任教的學校並不是「貴族學校」，學生大多出身基層，也有一部分是有特殊學習需要（Special Educational Needs）的學生。學校的理念是「照顧每一位學生的個別差異，發展學生潛能」，而這也提醒了我：在新常態疫情教學下，我應主動了解這些社會上的弱勢學生，了解每個學生的個別差異？了解各個個體面對困境時的不同？我是否明白學生「選擇」不積極參與線上學習背後的原因？

因而，我在網課初期，通過班本線上問卷調查，與學生電話或視像聊天，並結合社會上的調查，希望連結學生，得知學生的需求。以下分兩點所得，謹與大家分享：

硬件與經濟上的困難

全球各地推行電子學習多年，相信有經驗的教育工作者均認同充足的資源十分重要。雖說早在疫情之前，已有關愛基金負責資助有經濟困難的學生購買流動電腦裝置，但需要學校已推行「自攜裝置」（Bring Your Own Device）教學政策才可以獲資助。但在疫情前，全港只有約三成的學校有推行「自攜裝置」教學政策，能為基層學生購買平板電腦等設備。

而在疫情期間，連公務員都在家工作，欠缺器材的學生難以依靠政府關愛基金的協助，只能靠不同社會組織的協助。對於基層學生而言，特別在疫情初期（2至3月），在家網課非易事，數碼鴻溝亦確實存在。他們家居環境可能缺乏空間和寧靜環境，而器材可能不足以支援線上學習的軟件，又或居住

村屋、唐樓，無法有穩定的網絡連接。

困難並不只如此，以香港的人口密度而言，縱使是小康家庭的家居也不會很大，一家四口居住面積不到 400 平方呎的比比皆是。試問在這樣的情況下，又如何能同時放下兩台電腦？而且，憑我這幾個月的了解，因著流動設備的流行，很多班級有四分一的學生，會使用智能電話以視像會議的方式上網課，他們每天都以那 5 吋小屏幕進行 6 至 7 個小時的線上學習，這似乎也令我們更明白他們選擇不上課的原因。

情感和認知上的需求

上述有關硬件的困難，經過一個多月全港學校和社福機構的協助，大多解決得七七八八。但學生在情感和認知上的需求則是一個更大的挑戰。

香港自 2020 年 2 月開始停課，教育局前前後後多次更改復課日期，曾指「最早於 3 月 2 日復課」。及後，再把復課日期兩次延後，先是公佈會於「4 月 20 日復課」。最終，則於 5 月下旬起分階段復課，高中學生先復課半天，其後，高小和初中學生於 6 月上旬復課。

除了復課日期，香港中學文憑試（普遍被社會理解為「大學入學試」）亦多次延期。當中考試和計分方式亦是史上第一次大幅度修改，如：中英文取消口試、體育科的田徑和球類實踐試也大幅刪減。

作為老師，也許能簡單地將上述文字理解為教育政策的修改，也可能想著自己能多上一天的課，學生當然也可以專心多一天。相反，對不少學生而言，人生經歷只有短短的十多年。他們第一次面對如此嚴重的疫情，第一次

面對每天 7、8 個小時的網課，他們所產生的情緒絕對不容忽視。

我們可以看一看，以下於網課初期，學生發給我的感言說了甚麼？

> 有些老師可能因為器材問題，無法和學生互動，只好照讀 PowerPoint，真的太浪費時間了！既然如此，我為甚麼不能自己看 PowerPoint？ Zoom 教學沒有真實課堂有趣，對著屏幕上課難免感到沉悶。這令我們失去了一些深入討論的機會。更不要說「疊聲」和網絡卡頓問題。

> 對著手機和電腦，視力還可能下降，看到眼睛都痛。（黃 Sir 應該更累，辛苦了！）

學生於 2、3 月時，網課上了數個星期，網上正流傳一段潮文，指疫情期上網課真好，可以「惜時、勤勉，上好網課，日日精進，停課不停學，學業不掉線⋯⋯可以靜下心來提升自己，感悟人生，認真體驗網路教學模式」。不少學生看到上述的潮文後，毫無共鳴，啞然失笑。

他們在面對重複又重複的網課時，不知道何時可以外出時，總感覺網課效果不好，當中的壓力亦沒有辦法和朋友、老師傾訴。疫情令同學間難以有相聚的機會，球場封了，餐廳限制堂食人數，讓他們感受到的，更多是被困在家中多個月的沉悶和壓迫。

應屆中六文憑試考生更是十分難受，每每以為是最後衝刺，但最終考試日期又再延期，產生出一種「一鼓作氣，再而衰，三而竭」的氣餒和所有計劃都被打亂的困擾，學生對我說：

停課不久後，學校便有線上教學的安排，以 Google Classroom 及 Zoom 教學。身為中六同學要重溫各科目 Syllabus 中所有的 Topic，電腦中的溫習材料及功課雜亂無章，本打算在 Study Leave 和老師一起溫習和整理。但現時，忽然停課，我沒來得及整理好，感到無比混亂，在備戰途中令我 Workload 大增，真是為我「雪上加霜」。

更不幸的是，香港中小學復課後 4、5 個星期，在 7 月中，香港又爆發另一波疫情，學生被迫提早放暑假，而中六應屆文憑試考生，更大多要在「網上放榜」，無法全級團聚在校內，一起領取公開試成績單，無法一起笑一起哭，更不能與老師討論人生下一階段的去向和實踐夢想的計劃。學生說：

> 放榜後同學們開始互相發訊息問候大家的成績和感受，老師也發訊息或打電話詢問我的情況。但這一切都不是我想像中的放榜，原以為能面對面地分享喜悅或互相安慰，但一切卻隔著屏幕或電話，很不真實，但卻也無能為力，默默接受。

更令人唏噓的是，有學生和我說：

> 今年的中六學生從 1 月停課到 8 月，新的學期開始了，同學們到不同地方升學，各散東西。舊同學靠社交軟件聯繫，新同學隔著屏幕見面，這一年最強烈的感受就是「孤單」。

上述所寫並不是想指出疫情期間，香港老師有甚麼做得不好。相反的是，想指出在「教學新常態」之初，我也是被困其中的一員，稱不上是一位完美老師。而更多的是，假若疫情再臨，希望我和老師們都能「連結」學生。

七年之「養」：希望成為從學生需求出發的老師

在大學本科讀教育學士時，我參與了一個追蹤性研究，定期會與研究員敍說自己的教育理念。在當中，我越來越了解自己，也發現自己有一個很重要的觀念，那就是「學生的感受和學習上反應是我最重視的教學反饋」。通過自我敍述，也發現自己經常會思考「現時的學校有沒有可能做得更好」，我總是希望在各種限制中也把教育專業盡量發揮。

懷著這些的想法，我成為了中學老師。心中仍堅持著教育總有方法做得更好的想法。因此，於在 2015 年，我報讀了教育碩士，也開展了一次翻轉教室的教育行動研究。前前後後，時至今年，畢業 7 年，跟前輩們學習了很多，閱讀了不同老師的文章，也有幸認識香港翻轉教學協會的夥伴，思考不同的教育課題。

經過 7 年的滋養，即使是在這一次的疫情中，心中的信念亦未有動搖。我在網課初期察覺到上述提到的學生需求。我就此思考很多，也嘗試了不少，「解鎖」了不少知識。現在選擇了一些重點，將所思所想與大家分享。

遙距給予愛與關懷

有朋友說過師生關係「像極了愛情」，我更想補充一句的是：「網課時的師生關係像極了遠距離戀愛，而學生們都像極了矜持的女生。」學生大多都會為人著想，也會為老師著想，但或許是受中國傳統文化影響，在表達自我的情感上都較為內斂。學生都有老師的聯絡方法，但大多在上課感到沉悶時，又或因停課而感到氣餒與孤單時，都不會直接與老師溝通，「矜持」得很。

論及「遠距離戀愛」，我想起網絡上曾有文章歸納出「遠距離戀愛」的兩大要訣，分別是「寄出越洋包裹」和「分享日常小事與信任對方」。似乎這些技巧對遙距關愛學生也很有效。以下是我的一些小心得：

寄出「越洋包裹」

正向心理學強調教育不只是「獎勵」（Reinforcement）與「懲罰」（Punishment），更多的是與學生分享正向情緒與喜悅，給予學生內在的力量。在疫情期間的復活節，郵局服務也不穩定，但我仍決定給每位同學速遞一本書，讓他們在假期當中也有書本可以閱讀，同時表達我對學生們努力學習的

圖 1 與學生的通訊

 送復活節讀物(書已經經速遞寄出)

張貼日期：4月7日 (上次編輯時間：下午10:54)

過去6個星期，香港受肺炎疫情影響，同學被逼要停課，無法上課學習。
老師為了令同學不要損失學習的時間，老師準備了zoom 實時課堂和google classroom 的課業。同學們都盡力地閱讀資料、認真上課、思考老師的問題和完成功課。黃文禮老師實在十分賞認認真努力的同學。復活節快到，黃老師希望送給同學一些課外讀物(大部分是黃老師的藏書，也有新圖書)，擴闊眼界和增加知識=]

禮物書單： (不能盡錄，自行觀看圖片)
小說：
第一個人咖啡、那些年，我們一起追的女孩、生命中的美好缺憾、時光守護者、第七天、活著

與心理和社會相關書籍：
通識愛情心理學、男女大不同、窮富翁大作戰：騷前騷後、錢買不到的東西－金錢與正義的攻防、一場思辯之旅：正義 (全新書籍)

 復活節讀物
https://forms.gle/y5jwNbT6ix...

我在疫情期間的復活節寄給學生們復活節禮物。

欣賞，慶祝大家在艱難的情況下，也能專注學習和上網課。中六同學面對的是不停延期的公開試，還有當中的壓力和孤獨。我亦希望寄一些有特殊意義的物品給他們，寫一些短文以群組信息的方式發給學生，希望可以為他們帶支持的力量。

分享日常小事 與信任對方

除了寄送包裹，其實日常網課前後，又或是下課後的師生溝通都十分重要，是師生關係中的重要一環。我閒時也會在 WhatsApp 輕鬆與學生聊天。有一次，網上非常流行一段女老師催交 Google Classroom 功課的錄音，我

圖 2　送給同學們的圖書

利用了那段錄音,自己扮演那位老師講了一兩句,問學生如果我這樣「追功課」的效果會如何。其實某程度這是一種生活趣事的分享,也是以輕鬆方法提醒學生要努力學習,按時完成功課,讓老師批改。

除此之外,我確信師生之間要開放和信任。在網課期間,我會不定期或 2 至 3 個星期的網課完結後,邀請學生留下,評論自己過去兩個星期的網課是否有趣,邀請學生在聊天室給予分數,並詢問學生「黃 Sir 如何會教得更好和更有趣」。師生的交流不止於教學,很多時候老師只是從課程進度抽離一會,多思考,轉換角度,就可以有不少小點子可以讓學生更加積極正向學習,令師生關係更好,感情交流更豐富。

圖 3　我送給中六畢業生的彩石

我給中六畢業生的話

2020 年 中六畢業生：

謝謝您們見證我在教育路上的 4 年，謝謝大家在這 4 年間的學習與成長，
或苦或甘。4 年的同行，不知道大家最終記得甚麼，也不知留下了甚麼給您
們，願大家會記著以下的這個小段落：

每年，在中六的最後一節課（今年停課，只好寄給大家），我總會送給大家
一顆細小的彩石。

細小的彩石，酷似水晶，七彩繽紛，握在手上閃閃生輝。我總會希望和同
學說：「快要考文憑試了。畢業後，人生的挑戰很多，當你灰心和失意時，
我希望你打開手掌，看一看彩石，希望可以讓你意識到自己和細小的彩石一
樣，是滿有光彩，希望它可以激勵你重拾生命的價值。」「每一顆石都是與別
不同，大小或許大同小異，但因著大自然的打磨，可能令石頭的角彎了，可
能令石頭產生各種色斑，以致每顆石折射的光線不盡相同。但這正正如同生
命一樣，大家本來並不相同，大家都是獨一無二，不同經歷也會令你的人生
閃閃發亮。」

願您們往後珍惜年青的時間，勇敢嘗試，努力學習，堅毅力行，修己善
群，發揮每位的潛能與素養。

您的老師 黃文禮

2020 年 春

「情境興趣」提升參與度與專注力

網上觀看教學影片，甚至老師在線上教授課堂的最大困難，被公認為是讓學生保持專注力和積極參與。根據 *Online Journal of Applied Knowledge Management* 2017 年所刊登的一篇研究所述，研究者利用網絡大數據分析所得，於線上學習的成年人大多專注時長只能維持在 6 分鐘左右；如在線上影片中增加互動，則可以提升專注時長近三成，達致專注參與觀看 8 至 9 分鐘。由此可見，在線上教學中保持專注是一個大挑戰，就連成年人平均也只能維持專注力不到 10 分鐘。

面對這些問題，老師有時候可能會認為難以輕易提升學生在學習時的內在滿足感，但同時也發現有趣的課堂能夠讓學生專注。這也反映有時學生積極參與課堂，不一定是因學到知識而得到內在滿足感，也不一定認為學習活動有價值和自主感，很多時候，只是可能覺得這網課相當有趣。

這正正是我希望引入的概念 ——「情境興趣」。「情境興趣」關注學生對學習任務的短暫情感部分，例如學生對該學習任務是不是感到有趣、好玩，會不會引起新奇、驚訝的短期感覺。

過往，在傳統教師訓練和教學研究較少提及的短期情感，亦是我認為在網課時，或傳統教學的外在獎懲失效時，老師可以鑽研的地方，以促進學生課堂參與度。

早於 1992 年，愛德華・L・德西（Edward L.Deci）於 *The Relation of Interest to the Motivation of Behavior* 一文歸納了可提升課堂情境興趣的 7 個元素，以改善提升學生專注力不足的狀況。以下則舉出兩個網課例子，以說明應用「新奇性」

（Novelty）、「鼓勵探索」（Exploration Intention）和「挑戰性」（Challenge）來提升有趣度，達至更長時間的「高質量專注時間」（Quality Attention Time）

新奇與吸引探索的虛擬考察

因為疫情關係，學生被困家中多月，原定的一些戶外考察也被取消。我校中四級老師為了讓課堂更有趣和新奇，便應用「新奇」和「鼓勵探索」原則，使用 Google 街景服務（Google Street View），利用步移方式，進行虛擬考察，並在途中鼓勵學生發問，和「走入不同分支路」探索社區環境，學習市

圖 4　灣仔社區探索重點

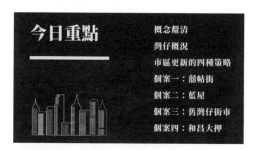

疫情期間以應用「新奇」和「鼓勵探索」原則進行虛擬考察。

圖 5　Google 街景

疫情期間使用 Google 街景服務，進行虛擬考察。

區更新這個通識課題。學生對這種全新的網課體驗大多十分興奮,而老師在一些重要景點,結合教學重點,一邊導賞,一邊分享師兄師姐們在實地考察時的趣事,有助提升學習的情境興趣,讓學生更能專注一整個課節。

新奇與具挑戰性的學習任務

除了虛擬考察和常規式的網課互動外,我也嘗試把一些較著重事實資訊和概念的課題,以新奇和有挑戰性的半遊戲方式重新包裝,提升學習任務的情境興趣,吸引學生參與。

我曾以「任教老師的一生患病歷史」包裝和組織教學活動,教授學生公共衛生學中的「傳染病」、「非傳染病」和「傳染病三角」的相關知識,讓學生在 5 分鐘內,在 Padlet 中鬥快鬥多列舉不同疾病,並把疾病分類。

以好奇心為本的課堂設計:頻密的「認知衝突」式提問

瑞士心理學家皮亞傑(Jean Piaget)在認知發展論中,提出兒童對環境大多

圖 6　黃 Sir 患上的疾病種類

傳染病	非傳染病	
· 腦膜炎 · 愛滋病 · 新冠肺炎 · 伊波拉病毒病	· 地中海貧血 · 唐氏綜合症 · 先天畸形 · 亞氏保加症 · 柏金遜症 · 阿茲海默症 · 白血病 · 糖尿病	· 肥胖 · 中風 · 冠心病 · 癌症 · 白內障 · 創傷後壓力症 · 焦慮症

都很好奇，他們會持續且有動機地學習不同的新知識和了解新事物。他在解釋這個現象時提及了「認知衝突」（Cognitive Conflict）這個重要概念。他指出兒童之所以會嘗試了解、發問和學習他所知道和所看見的東西，是因為對兒童而言，其接觸的事物大多都是「異常」的，是在其過去經驗中接觸不到的。因此，當小朋友接觸到與過去所知不相符的「新概念」和「新資訊」時，便會產生認知衝突，腦部會有一股很大的好奇心和內在動力，使新舊概念統整和調適（Accommodation）。

「認知衝突」的概念也經常應用於科學原理的課堂教學中，大多能激發學生的內在學習動力，強化學習效果。以下會以一個「物質三態」的例子簡單解釋。學生在學習物質密度時，不少老師會先教授「熱脹冷縮」定理，再會加上各種例子教導學生，物質加熱的時候會變大，變成氣態時體積也會增加；物質降溫時，體積會減少，由液態凍結為固態，體積會減少。最後，老師再進一步提出一個異例「水凍結成冰」是「冷縮」還是「冷脹」，並向學生發問「為何水凍結成冰，反而是密度降低，是膨脹了」。

隨著學生在學校學習和成長，不論是文科，還是理科，不少家長和老師都觀

圖 7　物質三態變化

冰　　　　　　　水　　　　　水蒸氣

察到學生的「內在動機」，和被好奇心推動的學習行為大幅減少。學生似乎越來越少在學習的過程中得知與舊知識相矛盾的新資訊，學生的好奇心也隨著歲月的流逝而減低。這也許與高年級的學習很多以技能為本相關，很多時學生只是被課程所限制，一定要掌握一些技能和知識，未有與舊有知識相矛盾，更遑論產生「認知衝突」。

因著疫情引起停課，學生只能上網課學習，而一些學生似乎對網課的學習動機較弱，因此，我亦應用了「認知衝突」的概念，以帶動網課內在學習動機，以下是一些曾經在網課實踐的例子。

圖 8　「認知衝突」實踐例子

步驟	課題	
	傳染病	公共醫療資源分配
前置學習	認識病毒、細菌、真菌和寄生蟲 4 種常見病原體；認識人類在數十年發明百多款的抗生素。	認識香港公立醫療系統；認識個別有代表性的政府資助藥物。
前置學習重提「已有觀念」，勾起短期記憶	過去數十年，人類發明 24 大類，超過 100 款抗生素。能夠殺死大多細菌。	公營醫療系統是香港人健康防線，應該是幫助病人脫離病痛。
「認知衝突」式提問，勾起好奇心	為何還有全球疫症大流行？因為人類太落後，對付不了細菌？	但在助人戒煙方面政府的資助藥物名冊只資助戒煙香口膠。到底考慮了甚麼，會做出這個決定？

在未有疫情前，我已有用類似的教學設計，當時可能會以一個核心問題，引起「認知衝突」，並希望在 2 至 3 個課節中圍繞同一焦點進行合作學習，讓學生消化不同資料，也讓學生與其他人有互動的機會，就不同的論點進行邏輯推理，為知識進行統整和調適。

然而，在疫情期間的網課，為了應對學生的認知需求，為了處理學生專注力下降和學生設備殘舊不足以支持線上分組討論的狀況，我決定大幅增加「認知衝突」式提問的頻率，由每 2 至 3 堂 1 次，增加至每堂（30 分鐘課時）1 至 2 次，並著學生在 Padlet 留言討論，又或輪流在聊天室表達立場，又或著學生開著咪高峰發表意見。依我的觀察，這樣以好奇心為本的課堂設計，效果相當理想。不少專注力欠佳和學習動機不理想的同學，也能延長其專注時間和有內在動力去進一步學習。

下一個新常態：重構教學與教育制度

有人以「每年 9 月，一批新生跨入校門；每年 7 月，一群畢業生離開校園。鐵打牆的校園，流水的學生」來形容學校，來形容老師的工作是「書本翻來覆去，學生人來人往」，每年都是那大家熟悉得不能再熟悉的學校與教學內容。原以為多年不變的事物，會永恆不變，萬萬沒想到這次新冠疫情令到全港停課將近半年，並以網課代替。停課事發突然，各種安排必然慌亂，老師、學生及家長，在感覺「不方便」之餘，也發現了不少電子學習、遙距學習和混合式學習（Blended Learning）的好處。而我相信同工們停課期間的「今天的努力」會讓香港學校的教學方式與教育制度，在未來 20 年內有所不一樣。以下帶領大家看一看我理想中的「教育夢」。

重構課程與教學：「混合式學習」與「翻轉教室」為未來的出路

始於疫情的長時期網課，為我們香港，乃至全球的師生帶來一個難忘而無法磨滅的記憶。學生的上課習慣，老師鑽研了大半年的網上學習，相信在全面復課後，都無法「回頭」。老師知道如何給予有不同需要的學生更多支援，學生也知道如何可以讓自己學得更好。

未來 20 年，我相信香港必會有一批老師被遙距學習的強處所吸引，會仔細分析課堂教學和遙距學習的好處，嘗試把網課和線上自學的「彈性」、「個人化」、「自主性」和「有利知識管理」等優點好好利用，並與常規教室教學結合，系統化重構課程。

相信在未來的課程規劃中，知識內容會以分層概念劃分，分為核心與延展兩個部分，核心基礎部分將在家遙距完成，而延展進階部分則會在教室內，利用同儕互動，和老師即時回饋強化學生學習，並為其解惑，達成大規模的「翻轉教室」。在未來教學法與評估方面，隨著科技急速發展，人工智能、機械學習等科技不停發展，人類的勞力，甚至分析能力，也慢慢被機器取代。因此，配合上段所述大規模的「翻轉教室」和新一代混合式學習課程，新一代的教學法和評估，必然是需要以創意為本，以社交合作為本，以討論探索為本，其本質需要是多元化、持續性、電子與實體並存。

這是我想像的未來教學，希望這大半年的網課經驗，會促使「混合式學習」與「翻轉教室」的推行，為人類發展盡一分力，讓學生在成長期間已學懂面對科技帶來的轉變和挑戰。

重構學校與教育制度：教室生態重構與考評演變

也許有一些教育同工並不同意，認為這一個「教育夢」太過瘋癲，不可能實現，因為學校和制度上實在有太多掣肘。我在此亦十分同意這說法，要全面推展上段所述「混合式教學」和「翻轉教室」並不容易。這需要學校乃至教育制度的一個大革新，而我相信香港和全球教育部門亦能觀察到「疫情網課」帶來的教育改革良機。為了發展新一代的教學，我預言需要兩個轉變：教室生態重構與考評演變。

從香港的教室環境而言，現時的約 30 人一班和傳統教室（前方有講台和黑板）一樣，是工業時代追求效率的教育衍生品。教室的課桌椅還是一排排的面向黑板，暗示教室中的師生關係，學生以聽講為主，不利討論和互動；而 30 人一班亦不利於頻密的師生和生生互動，老師難以做到讓所有學生都完整地表達，也難以迅速給予所有學生即時回饋。

上文提及未來的教育應以創意、合作、討論探索為本，當中涉及大量難以量化的軟實力學習經歷。假若以此為目標，我們重視的應是學生所經歷的教育過程，讓學生有更多互動和思考的機會，而非盲目追求學習後所得到的成績、果效。因此，教室中必須有圓桌，以方便討論和互動，甚至可以仿效美國的學校，直接在地上鋪一塊地毯，讓教室去中心化，增強教室內的互動。同時，每班學生的人數也應減少，可減少至與歐美國家相近的 20 人一班，以從結構上改變課堂教學形態，促使更多互動和「翻轉教學」的進行，也更容易達到個人化教學。

最後，縱使課程、教學和教室生態等等都改變，但都不一定可以讓「教育夢」實現。因為在香港，廣為人知的是香港人都極重視公開考試，這可能是

香港人心中教育的最重要一環。父母都希望子女可以躋身公開試成績最為理想的首 15%，以「鯉躍龍門」，成為大學生。

然而，現時考評制度缺少對電子學習和混合式學習的支援，試卷的作答模式大多都只限紙筆，學科考核普遍集中在記憶、分析等認知層面，未有觸及創意、合作探索等各種軟能力和素養。假若考評當局未來能注重發展持續評估的模式，包括如何利用電子評估推動自主學習、提升學習興趣等，並結合更多新一代教學元素，相信這便離實現「教育夢」不遠爾。

結語

是次的新冠疫情給老師、學生、家長、學校和社會帶來了很大的挑戰和危機，但往往機會亦伴隨其中。我們經歷了大半年的網課，必然已經學到了不少電子教學的技巧和能力，我在文章的上半部與大家分享了一些和學生相處的心得，而網課導致的師生疏離亦啟發了我們反思真正的師生關係應是如何，應用甚麼心態會更容易連接學生。我們到底怎麼做才會對學生最好？

上述種種的思考和分享都帶出了一種新的教學法和教育理念，也就是我所寫的「教育夢」，也許大家會思考是否可行？我們今天相信的教育理想會否實現？「翻轉教室」和「混合式學習課程」能否成真？教育與考評制度會否演變和重構？這些答案我都不知道。作為一個前線小老師，我沒有權力，亦沒有財力去推動這些變改，但永恆不變的是我的信念。

我所期許更多的，是自己工作再辛苦也好，有時會感到失望也罷，希望自己

仍能在心靈的幽微處尋找到教學的初心，看得見自己，也在學生眼中看到自己，感受到自己真正的教育靈魂，繼續為教育努力。

我的教學設備

平板電腦

這是強大的電子手寫工具，配合手寫筆，可取代課室的黑板，再加上線上平台，可以收發及批改學生課業。如果有多兩部平板電腦，更可以用作第二屏幕，更清楚地看到學生上課時的表情。

耳機咪高峰

如果家中吵雜或有其他家庭成員，有線耳機咪高峰可以聽得更清楚，也可收取更好的教學語音，是一個在「蝸居教書」的理想選擇。

按摩用具

連續多個小時的網課，不論座椅多合乎人體工學，也會頸緊膊痛。在課堂間的小空隙，用按摩用具為自己「鬆一鬆」也十分重要。

大片純色牆壁

家中不便張開綠幕，也要找一片純色牆壁，教學時可以打開虛擬背景，令網課時老師形象更突出。

新常態下以學生為本的思考

學生為本的思考

賽馬會萬鈞毅智書院

張琳老師

迎接新常態，改變從自己開始

是枝欲和在《海街日記》中曾經說過「生活本就是一餐一飯，一生專心做好一件事」。以前年輕氣盛，理解不到這句話的含義，遇到甚麼都躍躍欲試，感覺自己無所不能。年紀大了，才發現專心做好一件事的樂趣，鍾情教育，潤物無聲。十年青春，尋覓自我價值；教育情懷，勾勒精彩人生。

助人先助己

如果說疫情前的教育體制改革是不願接受的時代變革，那疫情後的教學方式轉變則是不得不接受的必然趨勢。所有的教與學，互動與評估都搬到線上，從停課到網課，從雜亂無章到自成體系。每一步的改變，雖不情願，但又行得自然。

2019 年是我教書的第十年。古人云：「十年磨一劍」，十年是人生的一個節點。夫妻間如果有七年之癢，事業發展則可能有十年之坎。作為資深老師，我安於經驗帶來的穩定，亦憂於穩定帶來的惰性。別人眼中，老師起薪點高，出糧準時，假期多，是「筍工」的標準，走進教育這個行業，才發現有苦只能自己往肚子裡吞。現代社會要求老師十八般武藝樣樣精通，傳道、授業、解惑、輔導、聯絡、調解，24 小時 On call，如同時刻準備救火，相比起來，老師的角色也絕不比金牌月嫂容易。教育新常態是機遇，更是考驗老師的挑戰。如何在創新與保守，趣味與操練中取得平衡，是同工們一直在思考和探索的問題。

有幸，2018 年我參加了第二屆賽馬會教師創新力量計劃，跟一班志同道合又充滿熱血的老師們學習、探訪、改革、探索。培訓的日子忙碌而充實，每

天都像打了雞血一樣,有種重生的感覺。10 周的培訓轉瞬即逝,但其實回到學校後,真正創新實踐的挑戰才剛開始,如何讓心中的教育創新之火生生不息呢?迷茫中,我遇到了香港翻轉教學協會(翻協),這裡有一班充滿無限熱情、擁有無限動力和創新點子的老師,無論在工作上遇到甚麼問題,翻協的夥伴們都會積極伸出援手,出謀劃策。這裡群星匯集,每個人都身懷絕技,讓我不自覺地有種不進則退的壓力。記得翻協副主席鄭老師在《有誰共鳴》的節目裡說過,「不要等到『好勁』先開始,因為開始了你就會變得『好勁』」。在翻轉教學的路上我是位初學者,雖然我起點低,但可以進步快;雖然我能力弱,但可以虛心學。我希望用學習的心態來分享我的經歷,也希望將翻轉教學的精神和熱情傳遞給其他像我一樣渴望學習的老師。

立志要行動

曹操說:「夫英雄者,胸懷大志,腹有良謀,有包藏宇宙之機,吞吐天地之志也。」立志學習,就要有所行動。趁著疫情的空檔,我積極參加各式線上教育工作坊,閱讀翻轉教學的書籍,觀看各種教學軟件的影片。我相信現在的努力是成就將來的基礎,老師要投資自己,面向未來。在不斷探索中,我總結了以下幾個心得。

不忘初心,助學生追夢

不知大家有沒有看過電影《淪落人》,裡面有幾句話讓我印象特別深刻,「做人很難做到自己想做的事」,「生計不能等,但夢想可以等」。似乎人生的夢想,總是和現實有所差距。工作中,我們常常因為教育體制、考試模式等限制而畏首畏尾,埋怨學生學習動力低的同時,卻在考試操練的路上堅持到底。有些孩子熱愛文學,卻被數理難題打擊得體無完膚;有的孩子是數學天

才，卻因英文差而被拒大學校門外。看著自己的愛徒經歷失敗的痛苦，我們同情卻很無奈。作為學生的榜樣，老師絕不能怨天尤人，我們要在適應社會齒輪的同時，「轉」出適合學生成長的節奏。

不知大家是否還記得，前段時間在網上流傳著非洲小男孩馬杜（Anthony Mmesoma Madu）在學校後院跳芭蕾舞的片段。畫面裡，不遠處的婦人正在洗衣服，四周是殘破的圍牆和坑坑窪窪的泥地。天灰濛濛的下著雨，男孩赤著腳，目光如炬，舞步輕盈而動人，他似乎樂在其中，認真的完成了每個動作，上演了一齣絕美的雨中芭蕾。他的認真和堅持不僅感動了全球近2000 萬觀看影片的人，更讓他獲得全額獎學金，將赴美國紐約，到美國芭

圖 1　Leap of Dance Academy Facebook 截圖

阿賈拉引用了著名黑人舞蹈家查曼 亨特的一段話來勉勵自己和孩子們。

蕾舞劇院（American Ballet Theatre School）學習。在英國廣播公司（British Broadcasting Corporation，BBC）的採訪中，男孩娓娓道來，除了他的一腔熱血支持著他朝著夢想前行外，背後還有一直默默栽培他的恩師阿賈拉（Daniel Ajala）。日復一日，年復一年，阿賈拉都不厭其煩地在艱苦的環境中教孩子們舞蹈動作，深夜再將孩子們的練習影片發到網上。他希望能讓更多人看到孩子們的美麗舞姿。阿賈拉和他的孩子們堅信心中有舞，處處都是舞台。

得到了更多人的認可和支持，阿賈拉引用了著名黑人舞蹈家查曼・亨特（Charmaine Hunter）的一段話來勉勵自己和孩子們。「你是一盞燈，永遠不要讓任何人或力量，減弱你的光芒。放開仇恨的需要，隱匿分裂及復仇的誘惑，釋放痛苦，心懷愛與平和，這樣在正義之戰中，就會取得勝利。」阿賈拉的行為正正詮釋了教育的本質，用一盞明燈點亮另一盞燈，將追求夢想的勇氣和毅力傳遞給他的學生們。不忘初心，方得始終。希望我們每一位教育工作者都以人為本，幫助學生追求夢想。

專業提升，時刻準備改變

孟子曰：「故天將降大任於斯人也，必先苦其心志，勞其筋骨，餓其體膚，空乏其身，行拂亂其所為，所以動心忍性，曾益其所不能。」疫情突如其來，正是上天對我們的考驗。美國哈佛大學校長勞倫斯・巴科（Lawrence Bacow）和太太確診新冠肺炎後，發表了一段語重心長的講話。他說：「沒有人能知曉我們在未來幾周會面臨甚麼，但每個人都非常清楚，新冠病毒將測試我們的善良和慷慨的程度、超越自我和摒棄個人利益的程度。在這個非我們所願、前所未有的、複雜迷惘的世界裡，我們的任務就是把人格魅力和個人技能最好地呈現出來。願智慧和優雅陪伴我們前行！」

裝備自己，提升專業，是時代交給我們的任務，也是同工們要時刻提醒自己的座右銘。我們經常說要活到老學到老。學習是循序漸進的過程，得進一寸進一寸，得進一尺進一尺，日積月累，飛躍必來，突破隨之。俗話說，心態決定境界。工作中時刻以成長心態（Growth Mindset）提醒自己，要正視自己的弱點，接受挑戰，提升面對不同工作的適應能力。

有位教育心理學家曾經說過，老師教學質素的差異在於他是否「準備去改變」（Ready to Change）。實體課時老師是否負責任，對學生的影響不是特別明顯，因為其他同事及社工會幫忙發現並解決學生問題。但是線上課堂不同，學生是否願意吐露心聲，取決於師生關係，取決於班主任是否願意花時間了解或陪伴學生面對困境。老師們不斷嘗試，逐漸摸索出更適合學生的教學方法，而學生也通過不斷回饋，讓老師知道教學的成效，教學模式就在這來來回回的交流中，無時無刻發生著變化。老師的專業技能，絕不僅僅是取決於上了幾節課，更要看願意用心在學生身上花多少時間。通過建立互相信任的師生關係，在彼此的相處中，發現關係中更多的層次和連結。

團隊的藝術

做「小薯仔」的日子最安逸，不用思前想後，只需獨善其身；只要埋頭苦幹，就能功德圓滿。然而作為中層管理者，面對新常態，我們更需要思考如何帶領整個團隊共同前進。老師面對轉變時也需要支援，作為中層管理者，要讓老師有安全感，適應不同平台，消除網課帶來的恐懼和不便，我們還要照顧老師之間的差異，允許老師跟著自己的節奏學習，也可以積極分享成功和失敗的經驗，同時，團隊的方向性也很重要。我覺得，中層管理者需具備以下信念：

● 做值得信任的夥伴

信任是團隊合作的基礎,是共同奮鬥的動力。只要獲得他人百分百的信任,就能獲得更多人力物力資源。想做值得被人信任的人,要做到凡事有交代,事事有著落,有回應。同時,要有同理心,多從他人的視角思考問題。在關鍵時刻,又能擔起重任,有決策力、毅力,是團隊的定心丸。

● 做理性溝通的橋樑

溝通是讓自己去了解別人,也讓別人來了解自己。處於學校管理層中間,上面有資深行政領導,下面有各位老師給予厚望。在考慮整體的同時,也要權衡各方面的利益和訴求。現在的我更喜歡細心觀察,忠於聆聽,換位思考,洞察人情。既要尋找及整合資源,亦要將各方利益最大化。讚美是合作的工具,讚美別人,也是讓自己開心的一種方式。誇讚別人,一分錢都不用花,零成本就可以讓自己感到心情愉悅。帶領團隊時,我常用這句話來勉勵自己,「If you want to go fast, go alone; if you want to go far, go together」。

學生一個都不能少

老師想真正幫助學生,應該讓學生自由表達自己的感受和想法,而不是強迫他們對所有課程內容都感興趣。只有這樣,學生才能培養自學習慣,反思喜好,做出判斷。他們會不斷嘗試權衡「學的時候吃力無趣」和「學會後很有成就感」之間的矛盾,最終形成自己的學習理念。學生還要學會為自己的選擇負責任,這種成長可能比學會某些知識和技能更重要。

接受個性化差異

懶是人的天性，但是懶是由很多原因所造成的。為甚麼有些人可以激勵自己克服懶惰？有些人懶得學習卻成為風雨無阻的外賣速遞員？再以課堂活動為例，大多數老師認為 Kahoot! 既滿足題目的趣味性，又能為課堂增加比賽的刺激感。但我的中二班就有位同學明確的跟我說：「老師，我不喜歡玩 Kahoot！」為甚麼？是題目設計有問題？還是獎品不夠吸引？

其實，是因為他從小跟哥哥比賽，但幾乎每次都輸，因此對比賽產生陰影。特別是 Kahoot！這種快節奏，即時看排名的比賽項目，讓他壓力指數上升。而且，越有壓力越容易出錯。自第一次 Kahoot！比賽倒數第二名後，他一直都很抗拒玩 Kahoot！了解原因後，我對這位學生深表同情，並允許他以紙本的方式來代替 Kahoot！的評核。另外，Kahoot！有個叫 Challenge 的功能，可以將 Kahoot！任務變成功課，讓學生們自行完成，既沒有同儕的壓力，又達到評估的效果。這一小小的改變就已能幫助學生找到適合自己的學習方式。

再說個功課的例子。很多老師和我一樣都有個迷思，認為我們已盡一切努力安排形式多樣有趣的功課，不交功課責任在學生，是懶的體現。但是最近的一份功課讓我開始反思，老師認為的「有趣」與學生的「有趣」相同嗎？

這份功課要求同學們推薦一位他們最喜歡的 YouTuber，並列明推薦原因。有幾位同學都不約而同地推薦了我從沒聽說過的搞笑 YouTuber，他們搞笑影片的內容包括吃飯、玩遊戲或看著倉鼠睡覺等。看完後，我簡直哭笑不得。難怪我在班主任課上播黃子華的脫口秀，部分同學會捉摸不到笑點。估計再過幾年，孩子們都不知道周星馳或黃子華是誰了吧。我想這就是所謂的

代溝或認知差異。

其實，每個孩子的內心都有一個廣闊的宇宙，但是大人卻因為各種原因，往往不能或不願意理解孩子的世界。對孩子的行為漠不關心，或強加干預，結果因為誤解孩子，或者強行將大人的想法灌輸給孩子，給他們帶來了巨大的傷害或遺憾。如果我們不能尊重孩子，始終用成年人視角去教育孩子。那麼孩子們的天性和靈魂就會被無情地扼殺。

我們要接受個性化差異，把每個學生看成獨立的個體。成長中的大多數問題要靠成長本身的力量去解決。學生的學習成效還要看學生自己是否有內在動力刺激。線上課程是觸不到的「互動」，學生接觸到的從現場互動變成了冷冰冰的圖像和文字資訊，這無疑是巨大的挑戰。

學生有差異，老師也有差異。每個人接受資訊的能力及適應網課的程度都不同。課程內容可以因應重要程度進行適當的調整。例如我校從幾年前開始推行校本材料（Task Based Learning），並推行情景學習（Experiential Learning），將原本的單元內容減半，同時增設具趣味性的專題研究及閱讀寫作技巧訓練。

我們相信「Less is More」。學習要學懂、學深、學透，而不是只是記得多。教育的目的是學，而不是教。中國有句古話「師傅領進門，修行在個人」。在這個資訊爆炸的年代，保持好奇心，培養自學能力，比課堂教了多少內容更重要。

創新「辛」路歷程

分享經歷前，我想先分享個故事。

一位從沒打過籃球的資訊科技專家，決定要成為女兒學校的籃球教練，他從沒打過籃球，因此可想像他帶領的籃球隊的實力有多差。的確，這些隊員都是 12 歲左右的女生，而父母都是資訊科技工程師。她們從來沒想過成為運動員，因為身高有限，實力一般，所以理論上不會贏。但最終這支球隊奪得了全美青少年聯賽冠軍。

教練的確沒打過籃球，他在 17 歲的時候從印度來到美國看籃球比賽，看的時候感到很迷惑。籃球比賽中一個典型的攻守回合，就是甲隊得分後迅速跑到自己的半場，乙隊會發球，然後運球到甲隊的半場，甲隊就會防守。教練感到奇怪，這樣的打法，弱的隊伍會很容易輸，為何一定要這樣打呢？弱的隊伍為何不能一開始就防守？其實不是沒有這種情況，不過在籃球比賽中這叫作全場緊逼（Full-court Press），防守球員會全場防守，這種情況通常在最後幾分鐘才用，但教練卻把這個技術套用在全場比賽中。籃球比賽通常要求進攻一方在 5 秒內發球，8 秒內要將球傳出自己的半場外，但在全場緊逼的防守下，會令進攻方容易出錯，導致球很容易被搶走。就是靠著這種打法，隊員們身高不夠、不擅長打籃球的缺點全部被隱藏起來，而這些球員只需要不斷奔跑，全場緊逼使對方出錯，然後搶球快攻得分。

故事講到這裡，其實各位也看得出，這位教練不按照傳統比賽的節奏和規則比賽，而是用發揮隊員優勢，避開缺點的方法排兵佈陣，最終取得勝利。教育更需如此。在這個以人為本的行業，墨守常規的方法未必奏效，我們可以不走尋常路，發揮優勢，創造不一樣的價值。

我很喜歡翻轉學習（Flipped Learning）的一個定義。「翻轉教學是一種可以令所有教育工作者，幫助到每個學生的模式。翻轉的模式顛覆了傳統課室教學的方法，在課前引入概念，讓老師在課堂時間利用互動、實用和創新的方法引導學生更深入理解課程內容。」這跟我們學校的辦學理念「人人可教」很相似，我們要教會每位學生，相信他們會有各自的特色。下面我將以課前預習和課堂互動兩個階段來分享經歷。

課前預習：製作簡明影片

無可否認，要翻轉，需要做很多課前準備，拍片、設計活動，這可能會是以

圖 2　翻轉學習的定義

Flipped learning

"Flipped learning is a framework that enables educators to reach every student. The flipped approach inverts the traditional classroom model by introducing course concepts before class, allowing educators to use class time to guide each student through active, practical, innovative applications of the course principles.

Academy of Active Learning Arts and Science (n.d.). "Updated Definition of Flipped Learning". Retrieved on Aug 16, 2020, from https://aalasinternational.org/updated-definition-of-flipped-learning/

前工作量的 2 至 3 倍。有志者事竟成，成功前必然要付出努力。其實最難的
是如何裝備自己，除了錄製課前影片，還要設計課堂活動，每個教學程式的
摸索都需要時間和精力。不過，學生的正面反饋是我持續學習的獎賞，我要
做永不言敗的老師，做學生的榜樣。

說實話，在電腦技術方面，我幾乎一竅不通，也沒有天賦。唯一方法就是不
斷嘗試，從錯誤中學習。最開始我會用 iPad 的熒幕錄影功能，也會用手機
錄影，雖然質素不太好，但我堅持影片不用專業，因為不是電影，最重要
是表達得清晰。慢慢學多了，發現好多工具都是相通的。隨著科技日新月
異，熒幕錄影的工具如雨後春筍般出現，並可免費使用。我比較常用的電腦
熒幕錄影工具有 Screencast-O-Matic、Screencastify、Nimbus Screenshot、
另外 PowerPoint、Keynote、Explain Everything 等都有錄音功能，錄錯了還可
以無限次重錄。通常免費版的工具錄影時長只有 15 分鐘。這個時間限制可
以提醒我要講重點，一次只講一兩個知識點，最重要是框架要清晰。慢慢
的，我也會使用 VivaVideo 和 Corel Videostudio 來簡單剪輯影片，加入字幕和
特效，圈住重點，使重要內容更加清晰。

萬事俱備，只欠東風。如何讓學生順利觀看教學影片，是翻轉的第二步。
我會在 YouTube 開一個稱作 IT support（students）的列表，把不同應用程式
的操作拍成短片，從如何登入，看影片，到交功課，參與課堂互動，全部
用手機版、iPad 版、電腦版示範一次，然後上課時再和學生操作一次，確
保每個學生都不會因為技術問題而落後。如果只上載影片，很難判斷學生
是否已經觀看，或者看完後是否明白。我會用影片上載平台如 Edpuzzle 來
檢視學生觀看的進度，並通過 Edpuzzle Questions、Google Forms Quiz 或要
求學生記筆記等方法，例如康奈爾筆記法（Cornell Method）或腦圖（Mind
Mapping），來了解學生掌握知識點的程度。

課堂互動：善用故事和測驗

吸引學生課前預習，更要保證學生課上互動。有段關於線上互動教學（Interactive Elearning Activities）的解釋令我印象深刻：「基本上每個人都可以按照中等水準的食譜煮食，但只有少數可以煮得很美味。線上學習也是一樣的。就好像一個好的食譜，一堂令學生投入的網課，需要有正確的食材（課堂活動）及正確的份量。有些人可能天生自帶魔法，但大多數偉大的廚師是透過經驗獲得技巧的，教育創新者也不例外。」萬事沒有捷徑，只有千錘百煉，才有機會熟能生巧。

圖 3　線上互動教學的解釋

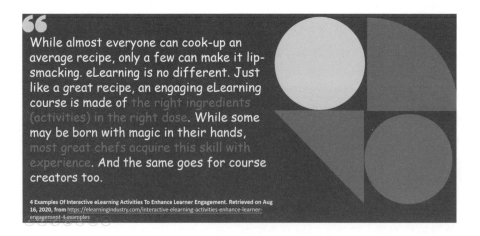

While almost everyone can cook-up an average recipe, only a few can make it lip-smacking. eLearning is no different. Just like a great recipe, an engaging eLearning course is made of the right ingredients (activities) in the right dose. While some may be born with magic in their hands, most great chefs acquire this skill with experience. And the same goes for course creators too.

4 Examples Of Interactive eLearning Activities To Enhance Learner Engagement. Retrieved on Aug 16, 2020, from https://elearningindustry.com/interactive-elearning-activities-enhance-learner-engagement-4-examples

課堂互動的方式很多元化，可以設定合適的場景和目標，也可以運用線上影片、教育互動平台，甚至可以玩遊戲，或即堂做測驗或功課。有時也可以讓學生自行設計活動，利用 Breakout Rooms 進行討論和合作。至於課程成果的展示，學生可以用自己喜歡或熟悉的方式來匯報成果，如利用 Canva、Keynote、PowerPoint 或 LoiLoNote School。更多課堂互動的小點子大家可以參考翻協的另一本書《翻轉 Teach & Learn: 8 位老師帶你走進不一樣的教室》。

我再分享兩個課堂上可以使用的工具：故事和測驗。故事的影響力遠遠強過我們不斷重複一些生硬的學術概念。除了自己講故事，YouTube 和 Ted 上都有很多生動的新聞、故事和分享。例如中五有篇講全球暖化對動物的影響的

圖 4　課堂互動的不同工具

文章，文章很長，亦有許多生僻的專有名詞需要理解。為了引入主題，我在 YouTube 上找到了國家地理頻道拍攝的有字幕的相關短片。短短 3 分鐘的影片，解決了大半堂要解釋的工夫。

另外，課堂結束前的小測也是有效重溫的方法。為甚麼測驗如此有魔力？在《如何學習》（How We Learn）這本書中，作者凱里指出，其實測驗的本質就是強迫大腦迅速從記憶中提取學過的知識和技能，這要比直接閱讀要付出更多的努力。更令人驚嘆的是，記憶被提取時還會有神奇的附加作用。被提取的資訊會自動被複製一份再儲存起來，也會在神經網路中增加新的資訊連結點。這些連結點反過來又加強了資訊被儲存和提取的能力。所以有些心理學家把測驗比作「記憶鞏固練習」，讓我們的所學所想更加清晰。

孩子們不能說的秘密

紀錄片《他鄉的童年》讓我感覺到，家長和孩子最好的關係，其實不是教育和被教育，而是協同進化。與其他社會關係不同，家長和孩子的相處，很多時候是在接納一個完全沒有機會選擇的人。而在這個過程中，不僅僅是家長會有意識地教育孩子，孩子也在很多方面，教育了家長。

陪伴，尊重，成長

鈴鈴鈴，校務處傳來信息，有家長來電，2 號線。
剛剛拿起手袋準備下班的我，走到電話前，拿起話筒。
「是 4X 班主任嗎？我是小明的家長。您有空嗎？可以跟您說幾句話嗎？」

這個時間打來學校，一定是有甚麼重要事情吧，我心想。

「Miss，你要好好幫幫小明，他是我唯一的希望……」（此處省略 30 分鐘不幸婚姻的哭訴經過）

最後，家長神秘的說「Miss，我和你說個秘密，小明有讀寫障礙的。小學時已知道，不過那時我怕被他爸知道後跟我鬧離婚，就一直不敢說，不知道讀寫障礙會否影響學生上網課？」

「小明媽媽，多謝您的分享。平時上網課見小明沒有異樣，交功課因多為打字及線上遞交，反而緩解了孩子們書寫的壓力。暫時來看，小明表現還算理想。」

「謝謝老師。麻煩您啦！」

放下電話，我沉思許久。這班孩子及他們的家庭有多少不能說的秘密埋在心中？線上教學的新常態對於這批有特殊需要的學生是喜是憂？作為老師、班主任、朋友，我可以為孩子們做些甚麼？第二天班主任課，我和全班分享了下面這個故事：

有個學生叫 Gary，他有讀寫障礙，大家知道他的讀書速度比其他人慢，記字的方法也差些。有時候他在學校會搞怪、扮小丑，因為他覺得小丑地位比一般人高。Gary 母親最大的願望便是 Gary 可以中學畢業，但 Gary 有自己的目標 —— 成為股票交易師。但 Gary 不知道如何達成這個夢想。有一次，Gary 遇到一個穿西裝、拖行李箱的人從紐約世貿大廈走出來，準備去機場，Gary 即刻走過去問可否跟他一起去機場，那個人答應了。就這樣，Gary 有了一小時跟那個人傾談的機會。幸運地，這個人是金融公司的高層，下星期正好會招募些人做股票交易。Gary 問自己可否有面試的機會，那個人就問他懂不懂股票交易，Gary 其實不認識股票，但他有一個優勢，就是懂得假裝，於是他用了以前扮小丑的經驗，希望讓那個人覺得他認識股票。最後，Gary 成功被錄取了。

大家可能會想：股票交易員怎麼可能不與文字打交道？Gary 是如何做到的呢？其實，有個關於認知反映的心理實驗，參加者要小心專注作答才會正確。如果將測試的試卷字體換成生僻字體或變得很小，這時候參加者反而會花更多時間思考，成績更好。其實，閱讀障礙也類似，讀得慢反而讓人深入思考。Gary 從小就嘗試以最小的閱讀量學懂一件東西，抓住重點講給別人聽。

而 Gary 當天從機場回來後，便馬上買了一本有關股票交易的書，他讀得很慢，用了接近一星期時間才讀完了這本書，但足以令他通過面試。也正是因為讀得慢，使他明白裡面所有的內容，他上班的第一天就已懂得如何買賣股票。很多時候，我們眼中的優勢和劣勢其實是可以互相轉化的，好像 Gary 一樣，將讀寫障礙變成仔細閱讀、深思熟慮的優點。這是個真實故事，Gary 就是高盛集團前營運總監 Gary Cohn。

運用人工智能原理，將知識細分

面對有特殊需要的學生，我們需要耐心聆聽，真誠陪伴，從教學細節入手，幫助學生適應網課。人工智能將是未來幾年全球教育界最重要的發展趨勢。那人工智能的秘訣在哪裡呢？就是更小的知識點，研發者會把教學內容拆分成細小的知識點，可以比教材拆分出的知識點多 4 至 5 倍。同時，會為每個知識點配上獨立的影片，講解、筆記、例子和習題。另外知識點之間會有縝密的連接，匯成「知識腦圖」，最後因應學生對於不同點的理解進行測試，精準地診斷出學生具體有哪些內容沒能理解，有針對性地進行學習。學生可以進行自我調整學習（Adaptive Learning），更清楚地了解自己知道甚麼，不知道甚麼。

運用人工智能原理，我們也可以將原有的知識細分，通過每節課的小測，了

解學生掌握情況，從而調節課前預習的內容。此外常用的顏色、字體、字形輔助，及多媒體功課，也可以幫助讀寫障礙的孩子們。另一激發學生的學習趣味性的方法，就是讓他們掌握知識在生活中的實際價值和作用。如果學生學習只是為了應付考試，那就是沒有太多意義的學習，就好比「垃圾是放錯地方的資源」，因此，「學甚麼」只是揚帆遠航的第一步，正確的學習方式才能真正讓我們在改變的路程上前行萬里。

家長煩惱知多少

香港社區組織協會在 2020 年母親節來臨之際，公佈了一份《新肺炎疫症對基層 SEN 家庭的影響》的調查報告。其中兩段資訊讓我震驚。

在 SEN（有特殊教育需要）子女停課期間，讓照顧者最困擾的 SEN 子女問題為功課問題（87.7%）、情緒（80.2%）、線上功課（74.9%）、子女行為（68.3%）、與子女的相處矛盾（65.2%）、子女社交問題（51.1%）和子女的覆診（41.4%）。雖然疫情期間通過停課，避免市民外出感染病毒的政策無可厚非，但卻亦在 SEN 子女學業、情緒和行為，與父母關係等方面造成負面影響。

「是次調查中有 22.9% 的受訪者需要服用精神科藥物（如安眠藥），更有超過八成（83.3%）的照顧者表示最近兩個月有自殺念頭，可見照顧者的精神已處於崩潰邊緣，極需支援。停課，抑或針對 SEN 兒童的訓練和學習服務停頓，令 SEN 兒童的規律生活被打斷，學習能力倒退，負面情緒和行為問題加劇。」

家教合作是孩子健康成長的重要因素。家長也是教育的一環，緩解家長的

「教育焦慮」刻不容緩。家長要給孩子的成長設定合理的預期，學會和現階段的問題和平相處。在處理問題時，別期待一步到位，而是要為孩子搭建一個能一步步往上攀的「雲梯」。孩子也未必時刻聽家長的指揮，家長應該把對孩子的掌控慾，轉化為對自我的審視。緩解焦慮的其中一個有效方法，是從固定性思維轉化到成長性思維。有成長性思維的人，遇到問題的時候會覺得這只是一個暫時的難關，未來總有解決方案。最後，任何好的改變都不會一蹴而就，需要大家循序漸進，腳踏實地進行，千里之行始於足下。面對疫情、學校和家庭都需要適應，但任何改變也是個機會，希望各位能借助今次機會為教育去發光發熱。

結語

未來教育常態的一個核心元素是自由。自由制定學習目標，自由決定想學甚麼知識，自由安排計劃和調整學習節奏；同學也可以自由選擇在哪裡學，怎麼學，跟誰學。自由並非「無王管，無條理」，而是放手讓學生按照自己的興趣和需求來合理安排學習內容，像高級定製一樣，為每位學生量身定做華麗的學習方案。自由的選擇是我們一直追求的個性化教育模式，是自我發展的核心需求。自由強化了學生自我審視、自我剖析的過程，亦增加選擇的能力和責任，讓學生明白學習的價值和意義，更好規劃自己的人生。

《翻轉式學習》一書中曾經說：「教育是一個一生的事業，是個在一種環境裡得以提升的過程，這種過程在盡可能大的限度上支持 —— 更確切地說，是『滋養』—— 所有人在一生中為『發現自己』所做的努力。」書裡介紹了一間翻轉的學校 —— 瑟谷。那裡沒有學科之分，沒有課程之別，更沒有甚

麼是一定要學或要考的內容。學生們可以自由嘗試尖端科技，擴展對世界的探索，增強自我管理能力。每個學生都是獨立的個體，又組成互相合作的團體，沒有年齡的區分，沒有班級的界限，每位學生都樂在其中。教育的目的是學，而不是教。在自由、愛和尊重的環境裡，學生會培養真正的內在學習動機。其實無論老師多出色，學習機會多難得，內在學習動機才是學有所成的關鍵。有學習動機的學生，可以無師自通，即時沒有路，他們也會開創出一條路。其實知識本身就沒有界限，就好像我們學物理知識不是為了考試，而是為了可以把合成電路運用到智慧家居；我們學英文不是為了考雅思，而是為了暢通無阻地旅行交流。知識的實用價值遠遠大過書本的意義。近些年一直推行的設計思維（Design Thinking）模式，正是將思考的工具與現實問題結合，學以致用，造福人類。為未來而學，向未知邁進。

我的教學設備

旗艦級路由器

在家網課，最怕網絡有問題。旗艦級路由器並非一般的 WiFi 路由器，而是一個完整的無線網絡系統，有效解決牆壁的阻礙。網絡不斷線，網課超體驗。

手機及手機支架

既可以用學生賬號登入網課，輕鬆查看學生們看到的畫面；又可以隨時關注 WhatsApp 信息，幫學生解決網課問題。一機兩用，增強互動。

Apple Pencil

iPad 的最強搭檔。網課時既可以在電子書及圖片上標示重點內容，亦可以配合不同的 Apps 如電子白板、Explain Everything、 LoiLoNote Card 等講解或做筆記。網課基本標配，寫字劃線必備。

計時器

網課時間短，內容豐富，更需要合理規劃。Timer 在手，計時不愁。

CHAPTER 4

學習評估篇

從評估線上
學習到教學同行

蕭煒炘老師

德蘭中學

一切由想陪伴開始：客廳化作線上教室

不一樣的開學日

2020 年 1 月 31 日 星期日下午

原本再過一天就是開學的日子，教育局卻在今天宣佈因疫情關係全港中小學停課。

雖然是在我們估計之內，但面對現實的一刻，心中都有一份莫名的空虛與焦慮。

身處香港的我們都過了一個不一樣的新年 —— 沒有行花市、沒有外出團年飯、沒有與親戚團拜聚會，我在家中做得最多的就是與好友及翻協夥伴 Zoom 上見，線上談。

這一個下午，面對停課的新聞，我心中記掛最多的就是中四那一班修讀化學的「寶寶」。也許是為了學習進度，又也許因她們是我從中一起陪伴成長的一班，我就在沒想太多的情況下，透過 WhatsApp 群組，跟她們商討停課期間化學科「停課不停學」的學習計劃。起初我擔心她們會因為懶惰，而不會回應我，怎料她們的回應極快，竟是所有同學都贊成為期兩星期，每天 60 分鐘的化學學習活動。其實，當時我仍未想到以甚麼形式進行，有想過就依舊以平日翻轉影片的方式設計，但在之前的假期已一直以相似方式進行補課，心裡知道如果只透過從前的不同步方式去引導學習，其實很難完善教學循環。另外，從個人心態上，我了解到很多人只在家中，足不出戶，未能與親戚好友同事互動而感到苦悶。

在與翻協夥伴互動討論中，我發現老師們都覺得可嘗試跳出只是翻轉影片的形式，直接試行網課的可行性。我們這班幹事，再一次結伴同行，成為了試行實時網課的先行者。

我抱著既緊張，又期待的心情開始計劃我的第一堂網課。

我是老師也是設計師：場地設計與教學工具準備

雖然在過去的幾個月已有無數次用 Zoom 作視像交流的經驗，但是如果是將這種視像交流方式轉移作為教學用途，就會發現不是想像中簡單。

如想在家中進行網課，便需要多於一項的科技產品。同時，也要有一張較大的書枱擺放不同的工具，最好配上一個簡約的背景。為了準備我的第一次網課，我佔用了家中的客廳，以土炮方法利用衣架及瑜伽墊砌成了我的屏風，沒有想過，家中的飯廳就這樣化作我的線上直播教室。

工欲善其事，必先利其器，當我準備好場地，我就再逐一測試相關的硬件及軟件，包括電腦、iPad、WiFi 穩定度及速度等。突然間，我們翻協的老師交流群組一整天就是交流各自為線上學習做的不同土炮設計，原來線上教學的設計，也可成為一次的教育界的設計展覽。

回想起傳統教學，一個好老師，只需要把課備好，把教學內容及教材活動等設計好。上課前，我們就能安心地帶著我們的書本及教材，走入教室，然後理所當然地見到我們的學生，基本上大部分情況下都能完成那已準備充足的課堂。可是，老師要進行實時線上教學，比起實行線下翻轉教學要準備得更多。

翻轉影片的製作，還算是在老師可預知及控制的環境下進行。但想要進行線上實時上課，比想像中更複雜。因為，我要準備的不只是課堂內容，還有科技上的各項工具與運用，也要準備好一些突發情況的後備教學方案等等。

史無前例──第一次線上化學課

2020 年 2 月 5 日上午

那天早上未到 7 點，我就醒了過來，在客廳準備好一切後，發現距離我們上課的時間尚有一個多小時。我的心情既興奮又緊張，興奮是因為我可嘗試打

圖 1　傳統教學對比線上教學

破空間的限制，在線上與她們進行教學，緊張是我又開始擔心是否所有學生都會準時出席我們的「線上約會」哩。

10 時正，我在 WhatsApp 群組先跟她們說早晨及跟她們交代上堂前要準備的課本及用具。因為是我們的第一次網課，我還要確定是否每個學生都在電子器材上安裝好了 Zoom 的教學軟件。看到她們逐一回覆，我心裡多了一份安心，也很期待課堂。

史無前例的第一課，從「同學，早晨。」、「妳們聽得清楚嗎？」、「妳們看得清楚嗎？」開始，一小時的「線上約會」很順利地完成。雖然，我與她們隔著熒幕，也沒看見她們的面容，但她們的每一句「Miss Siu，早晨」以及試用白板及聊天室中的回應，令我真實的感受到我與她們在線上的連繫。在疫情肆虐的時期，能在線上這樣虛擬卻又真實的相遇，在教學的同時，知道她們都安好，能夠準時與我「線上約會」，心裡有一份莫名其妙的感動。

就是這樣，我每天早上 10 點半跟她們「線上約會」了約兩個星期。其實，表面上是教學，實際上是為了想陪伴她們過渡這個前所未有的學習階段。我心底希望她們在家仍能保持學習規律與動力。我們開始建立了一些默契，每天早上「約會」前的半小時我會跟她們說早晨，再預告當天的課堂內容，讓她們在見面前作好準備。我也會定時以問卷形式，了解她們在「線上約會」所遇到的問題，她們對學與教的意見，及有關她們的個人學習反思。

那兩星期密集式停課不停學的實時網課，從第一、二堂的以教為主，慢慢透過課堂設計把師生互動及學生互動的比例提升，把學習的任務交還給學生。其實，不是每一次網課都是那般順利。我，與她們一樣，在教與學的新嘗試中，學習如何教得更好，所以我很重視她們的回饋及學習情況，因為那

些回饋都成為了我往後在計劃線上教學上的重要參考。

經歷過兩星期密集式實時學習後，我們都開始適應「停課不停學」的步伐，我開始由全實時上課，與她們踏入混合模式（Blended Learning）的階段。至於初中的科學課就以翻轉教學的形式進行，再配以定時的導修及互動實時課節。

停課不停教？還是真的不停學？

對我來說，提升學生對學習科學的興趣，永遠都是最重要的一環。在停課期間，如何讓學生對科學探究繼續保持學習興趣，是我最在意的事。到底線上

圖 2　停課不停學期間的老師日常

教學的重點是甚麼？如果只是重視內容知識的傳授，網上已有海量的參考資料，老師的角色在這個時刻又應該是甚麼？外界經常提到「停課不停學」，但實際上是否老師們「不停教」就相等於學生能「不停學」？

我帶著這種思維與科組同事一起認真回顧了各級的教學內容，感恩我與同事都是相信以學生學習為本的互動時間才是最有意義的。我們認為在這不一樣的學習模式下，要以不一樣的心態作相關課程內容的調適。在設計相關教學影片時，我們選取了每個課題最精簡的部分，只將最重要的科學原理及內容放入影片，同時為幫助學生理解，我們亦親自拍攝相關的實驗影片，加入互動式的遊戲作評估。

要真正的實踐停課不停學，我們必須要透過課堂的設計與在線工具的運用，才能確保我們「在線上」有實時的交流與互動，「教」與「學」才會真實的呈現。

同學的回應永遠都是最直接的回饋。那段期間，最高「收視」的教學短片原來就是我在家中以有限資源拍攝有關分析清潔劑特性的教學。我深信學生待在家中太久，心中對學科知識的追求可能會被消磨，我希望嚴守翻轉影片的製作特色，控制每條影片的長度，同時提醒她們不能以「收看」的心態去看我的影片，要以學習的心態去思考教學的內容。我們都希望學生能成為自主學習者，我更希望她們能成為同儕中的自主學習推動者。

作為老師，也許我們慣性地以我們從前的經驗去理解身邊的每件事，在這個經歷新常態的時代中，老師更要勇於跳出這固定的思維，因為學與教從此變得不再一樣。當我們有意識地以學生的角度去思考及經歷線上學習這回事，也許更能明白新世代學生的學習需要，老師是學生學習的同行者，所謂

同行，是能了解她們所面對的困難與挑戰，並且以溫柔且堅定的態度陪伴同行，透過設計思維重新想像學與教，引導學生成為真正的自主學習者。

引導學生成為自主學習者：線上評估和個人化創意表達

評估學生線上學習表現

評估與教學是永遠分不開的，也是課程設計不可或缺的一部分。一般學校的評估政策都會包含進展性評估（Formative Assessment）及總結性評估（Summative Assessment），即以平時分及測考作為評估學校學與教效能的方式。近年，我們亦經常聽到不同的學習評估理念，如作為學習的評估（Assessment as Learning）、促進學習的評估（Assessment for Learning）及對學習的評估（Assessment of Learning）等原則及理念。畢竟作為前線老師，了解以上評估學習的原則與理念非常重要，但當我們站在教育的最前線，面對突如其來的全面遙距式的教學生態，我們可以如何評估學生的線上學習表現？

一直以來，評估與教學的關係十分密切。雖說在 2 月疫情開始時，我已開始嘗試線上教學模式，但有關線上教學的設計和流程都不斷在轉變。一方面，我經歷著線上學與教新模式，另一方面，我在回想自己在面授的過程中，是如何看待收集學生學習表現以作評估這件事。我們到底是為了甚麼，要在這「兵荒馬亂」的線上教學時期仍堅持「評估學生學習表現」？

教學本身是個磨合的過程，我在平日的教學中，也會經常了解學生到底明不

明白，更何況在線上學習模式。我相信評估不只是為了責任，而是從心底關心學生的學習情況。對老師而言，評估學生學習表現的最重要原因，是為了了解現行的線上教學方式是否有效，為這場教學實驗進行測試，了解自己的教學方式是否能與學生磨合。我亦關注不同學生在這模式下學習是否跟得上，亦希望了解學生對知識點的掌握及理解，當然最希望的是透過評估的設計，以照顧學生的學習多樣性，啟動學生在家學習的動機之餘，把學習成果都交還給學生自己管理，以成為真正的自主學習者。

學界有很多有關評估和學習的研究指出，最好的評估方式是在日常課堂內進行，這樣可提高學習表現。而現時的線上教學，老師可透過緊扣學科內容的評估項目，選擇合適的線上評估工具，在課題中引入多元化的評估模式，以達到評估學生學習表現的目的。

評估流程與策略：以科學科為例子

我在校任教初中科學科、高中化學科，除了希望可以傳授 ASK，也就是態度（Attitude）、技能（Skill）和知識（Knowledge），還希望培養學生的理性思維，而我校以英語授課，所以教學過程中還要顧及學生的語文能力。因此，教學評估很難以單一方式進行，以學生為中心的教學，需要多元化和進展性的評估設計，這並不是靠一次小測或課堂測驗就能明白的，尤其是線上教學，就更加不容易。

就科學科的教學而言，我一直以視覺化引導的學習流程去設計翻轉課堂，老師透過視覺化的學與教，引導學生了解學科中的抽象概念和實驗原理。教學過程中，我會以不同的方式吸引學生投入學習，利用一些設計活動誘發學生思考，訓練她們能夠在日常及測考中應用相關的理科知識。

根據以上的教學框，我會在課堂中的即時參與及互動思考環節，及最後的應用測試部分去評估學生的學習表現。至於在網課期間，我們同樣要測試學生是否理解教學內容，並提升其學習動機，令老師可掌握學生的學習表現，回顧我實踐經驗，線上評估工具的選擇及應用是很重要的。

量性評估和質性評估

老師要做到多元化評估的設計，首先要了解線上評估的工具，故在正式談線上教學的流程之前，我想先介紹線上評估的工具。這些工具大致可分為兩大類：量性評估學習表現工具、質性評估學習表現工具。

圖3 視覺化教學流程

圖 4 都是我曾經用過的一些評估工具：

量性評估學習表現工具

數理科的教學評估中，一般都有標準答案，老師如在教學互動上能善用以上量性評估工具，做到自動批改，以達到同步互動及數據收集的效果，則有助減輕老師課後批改的時間，也避免了以往要下課後才能更有效地掌握學生對知識點的理解的情況，縮短給予合適回饋的時間，協助學生了解自己的學習進度。另外，根據線上工具實時的記錄，我們可以收集學生在教學過程中的參與程度，例如從學生的得分，我們可了解學生對課題的了解程度。

圖 4 量性及質性學習表現評估

	量性學習表現評估	質性學習表現評估
評估形式	選擇題/填圖/是非題	開放式問題/任務/視覺筆記/創意回饋
目標	評估同學基礎課本知識	評估學生對內容的理解，鼓勵創意回饋
功能/特色	自動批改、簡單即時的數據收集、即時與學生同步	提供空間讓學生展示所學、老師可較詳細地批改/回饋、提升學生之間的學習交流
線上評估工具例子	Kahoot! Nearpod Google Forms/Microsoft Forms Quizizz Mentimeter Socrative	LoiLoNote School Popplet Padlet iMovie Clips Seesaw

另外，我們透過收集到的學生回應時間／次數，也可了解學生是否認真參與等，從這些工具的實時紀錄，我們可更了解學生上課的積極性。無論線上或線下課堂同樣合用。

質性評估學習表現工具

而在傳統數理科中，學界較少運用質性評估的方式去了解學生的學習表現。但其實，在教學設計中加入質性評估，是提升學生學習動機的其中一項有效的方法。

談到質性評估，老師一般會藉評分量表（Rubrics）評量個別學生的學習表現。如果想在網課中加入質性評估，就需要選擇合適的工具或平台，以鼓勵創意回饋，工具選擇的重點是提供空間讓學生展示作品或成果，而老師及同學都可以作交流及回饋。我在初中科學堂選用 Seesaw，這是個好工具，在本地和外國都有很多學生使用。在該平台上，同學可互相交流，也可以對同學的作品讚好、留言，這對學生的學習其實很重要，因為透過同儕互評，學生有機會去觀摩和評價同學的功課，在過程中能參考別人的意見並有所反思，對學習內容有更清晰的了解，下次可嘗試做得更好。另外，我還用 LoiLoNote School、Popplet 、Padlet 等工具，了解在不同的課題下，個別學生對內容的掌握程度，同時亦可鼓勵她們發揮創意。

線上教學基本流程：量性及質性評估安排設計

基本教學重點　實時互動　視覺學習筆記　傳統操練（功課）　創意功課/回饋　線上傳統測試

以上是我平日線上翻轉教學的基本流程，相信很多學科都是由基本教學重點引入，再以課堂實時互動的學習活動去鞏固所學。從我們的學習經驗所得，一般我們教完了基本教學重點後，就會直接進入操練階段，接著就會進行總結性評估測試。

以理科為列，從個人教學經驗及觀察所得，無論以甚麼方式進行基本教學重點的教學，很多學生都未必能直接把所學知識應用到試題上，我相信以視覺學習筆記的方式可以填補這個學習鷹架中的缺口。

一般而言，學生聽老師講課時，都覺得自己已經理解了內容，但在做題目時就會發現其實自己仍未能完全掌握。當然，老師可透過學生的課業了解學生的學習情況，但以選擇題為例，學生可能只是恰好選中正確答案，對於學生是否真的理解某些原理，老師需要再以更多的題目去作進一步評估。

但如果在過程中加入自學筆記，要求學生用圖畫和文字表達所學以作評估的話，老師就能對學生的理解程度一目了然，而該過程亦可幫助學生整理所學及加強記憶，更可鼓勵學生發揮創意，是 21 世紀學生自主學習的必備技能之一。而為了增加學習動力，加強學生對科學的興趣，我亦會在適當的課題後加入創意評估。

以下我會以科學課題作線上評估學習表現的設計實例作分享：

基本教學重點 → 實時互動 → 視覺學習筆記 → 傳統操練（功課） → 創意功課/回饋 → 線上傳統測試

基本教學重點與實時互動：可透過利用 Google Forms 或 Microsoft Forms 加入教學影片內容，讓學生在上網課前先觀看影片，然後用量性評估方式評估學生對教學影片內容的理解，讓老師對學生的理解程度有個初步認知。在實時網課時，可再配合其他不同工具，比如 Kahoot !、Quizizz 等等，讓我可掌握學生對於基本內容的理解。

| 基本教學重點 | 實時互動 | 視覺學習筆記 | 傳統操練（功課） | 創意功課/回饋 | 線上傳統測試 |

視覺學習筆記：當學生初步了解科學原理，我會要求她們反思課題的學習重點，以多元化的方式呈現所學的內容，如教授水循環一課時，我會請學生在筆記中以圖像表達及文字解釋，展示她們對水循環中 4 個主要過程的理解，而她們視覺學習筆記正是質性評估的項目之一。

透過利用 Seesaw、Padlet 及 LoiLoNote School 等工具，學生可上傳她們的作品，以作互相交流點評。

透過這些方法，學生會對課題有更好的理解，老師也更容易掌握學生的理解程度及教學效能。除了筆記，還可以在操練之前，要求學生以此方式作課堂反思。

| 基本教學重點 | 實時互動 | 視覺學習筆記 | 傳統操練（功課） | 創意功課/回饋 | 線上傳統測試 |

傳統操練（功課）：線上教學不等於要摒棄傳統操練，始終學生要面對的是以紙筆進行考試，要在線上進行傳統操練功課，有很多不同的方法，包括拍照提交工作紙，並經 LoiLoNote School 、Seesaw 等遞交。LoiLoNote School 是我常用的教學平台，學生拍照遞交紙本功課，我可直接在平台上進行批改及發還。有時我也會整理學生常犯的錯誤，並拍攝講解短片上載至 YouTube 等平台，以加深學生對課題的理解。其實，即使是在線上，只要選了對的工具，傳統操練也可以簡易地如常進行。

| 基本教學重點 | 實時互動 | 視覺學習筆記 | 傳統操練（功課） | 創意功課/回饋 | 線上傳統測試 |

圖 5　水循環視覺學習筆記

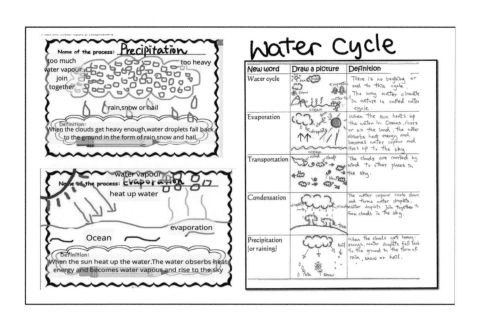

創意功課 / 回饋：可提升學生對學科的興趣，以及啟動學生的學習動機，並激發學生的創意思維及為在家學習帶來一些趣味挑戰。

在課題的總結部分，我有時會請學生畫出自己最深刻的內容。基本上，我沒有設下任何框架，我希望學生可就課題中的自選題材以錄音、畫畫、列點式等任何形式表達所想。

當老師給予空間，讓學生有選擇的機會，經過她們用心思考的創意回饋就會出現。

例如曾有中一同學以四格漫畫形式畫出精子遇上卵子的情境，也有同學以 Stop Motion 製作了一個動畫，呈現水循環及生物繁殖的過程等。

> 「當老師讓我以 Stop Motion 製作學習反思的影片，我覺得比平時的紙筆功課更加有趣，製作完後也很有成就感。而且又要錄音又要畫圖，也令我對科學課學過的內容印象深刻。」
>
> 學生蘇玉珊

另外，在原本的課堂內，有 STEM 科學創意製作，但因疫情影響，未能在學校進行已計劃的研習。因此，我便在創意研習中安排學生動手做創意玩具，以呈現所學的能量轉換原理。而在以往的翻轉課設計中，也有這項活動。出乎意料地，我發現本年度因在家學習，學生做研習的時間比平日多，她們的作品及簡介短片的平均質素比以往更佳。

還有，我發現有些在傳統測考學習表現稍遜色的同學，在這類的創意功課及

研習中，非常認真及用心地探討問題及完成研習。從這個角度來看，她們在科學科的學習有很大的進步，加上當作品放在平台後，她們會收到其他同學的讚好、意見，對同學也起了鼓舞作用。多元創意功課，目的就是希望可以讓每個學生都有機會以個人方式展現對學習的反思及理解，從而應用在創作上，以達到較高層次的學習經驗。

基本教學重點 ▸ 實時互動 ▸ 視覺學習筆記 ▸ 傳統操練（功課） ▸ 創意功課/回饋 ▸ 線上傳統測試

圖6　蘇玉珊同學製作的創意短片

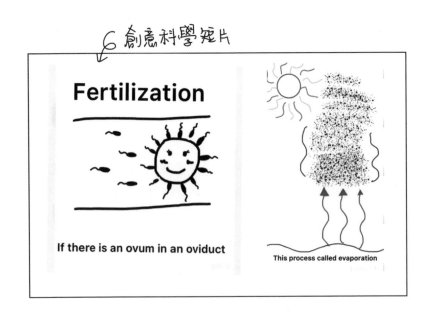

線上 / 傳統測試：在線上，我們可利用 Google Forms、Kahoot！、Quizizz 等方法做一些傳統的選擇題評估。另外，我也會用其他平台，如 LoiLoNote School、Microsoft Teams、Schoology 等，協助我發放程度比較高的題目，進行紙筆測驗。同學可在平台上收到我傳送的試題，要求她們列印出來，完成後，再拍照上傳，我就可在平台上批改回饋。

至於測考，也許我們都會考慮到計分方式，及如何做到絕對公平的問題。對此，我會在設計評估內容及程度上作調適。我會在所有線上總結性測考中，提供開卷測驗（Open Book Quiz）的選擇。

開始前，我會邀請學生自己選擇，如選擇開卷就可先讓我知道。當然，在計算分數及批改時，亦會因應她們的選擇而給予合適的回饋。至於分數，老師是否計入平時分或功課分，不同學校情況不一樣。

如果評估學生的表現，是為了幫助老師了解學生掌握課題的情況的話，老師則可用不同類型的題目，配以不同的線上工具及計時的方式安排評估，我們可選擇用量性評估工具。如果以學生學習為最優先的考慮，評估最終的目的都是希望學生能從中鞏固或深化已有知識，我們就可以設計更具創意的課業配以質性評估的工具。

在工具的選擇方面，每個老師也有不同，在同類型的評估工具中，每項工具都會有其長短，老師必須作出選擇及設計相關用處。作為老師，我會考慮工具能否讓我易於評估學生線上不同的學習表現，從而選擇合用的評估工具，不但能夠減輕教學工作，更可讓我們在評估學生的學習表現上得以更有效實行，從而促進學與教。

沒有最好的工具，只有更好的設計

線上評估學習表現，如平日教學一樣，沒有絕對的方式，可包含不同的形式、深度或廣度，以反映不同的學習面。

作為老師，我們可在電子工具選擇及教學評估的設計上花點心思，因為優質的教學設計是取決於老師能否善用電子評估工具，適時及準確地了解學生的學習表現，以掌握學生的學習進度，並提供適切的回饋，調整教學策略，以提升教學互動，引發自主學習。

未來的教育，無論線上或線下教學，若老師在評估項目的設計上串連及緊扣科本的學習目標，採用多元化的評估模式，去豐富學與教的互動，便能提升學生的學習動機，深化學習。

作為 21 世紀的老師，我們再不能打著為了應付公開考試的旗號，而繼續堅持以紙筆考核作為唯一的評估方式。我們需要的是跳出科本學習內容的框架，鼓勵多元及個人化創意表達，讓學生的不同潛能可以透過不一樣的評估得以發展，從而激發創意，以此推動學生能更有效地實踐自主學習。

下一個常態：師生共製美味餡餅

2020 年 2 月起，我們的教與學，從此不再一樣。教在家中，學在家中。我們都在家學習，在家工作。從明天「學校見」到「線上見」，標誌著新時代的來臨。

當全球疫情仍然反覆，當學界還在爭論推行電子教學是否能提升學與教的效能時，轉眼已變成非「e」不行的時刻。整個教育界都在快速轉型，對於未來的教育，是混合式教育，還是個人化的線上教室？ 也許，我們仍未知道。但作為前線老師的我們，如何才能擁抱這「教學的新常態」？

與學生共同製作的更美味餡餅 （P-I-E）

從前，老師好像總是「學於從前，教於現在」。生於這年代的我們，也許要以「扎根從前，學於現在，放眼未來」的方式去實踐我們在新常態中的教學工作，不只要學習更多電子教學工具，認識翻轉課堂；還要嘗試創新教學法，對學與教要有更廣闊開放的思維，去為未來而教。

老師的專業，依舊不變。我們仍然是要「以生命影響生命」，透過教學設計，陪伴學生成長。

經歷這場教育的大實驗後，相信我們個人對教學的本質及理解，會有更加深切的體會。面對屏幕前「觸不到」的學生，每天都在「虛擬」又「實時」的線上課室遊走，對於未來教學想像應該有更廣及深的體會。對學生及老師來說，教育應該從此不再一樣，我們更要正面看待，在體驗式教學下經歷如何設計更適合學生需要的課程及評估，希望有一天，真正地把學習的舞台還給我們的學生。

教育新常態，是提升學與教的契機，讓整個世界對於學習的想像都變得不再一樣。學與教，最重要的都是師生的關係與互動。我們是老師，也是設計師，在一般在教學自評的循環中，老師大多只參考學生的學習表現，以作教學調適，其實，未來的教學，應該以設計思維作藍圖，從用家角度出發，把

課程、課堂設計變得更立體,更互動。

在這個史無前例的教學改變浪潮中,老師是時候要跳出從前自身學習經驗的框架,透過新思維去作教學與評估設計。每個老師及學生都是獨特的,在老師進行「策劃—推行—評估」(Planning、Implementation、Evaluation,P-I-E)的計劃時,若能從評估學生學習表現開始,了解他們對學習的體會,加上自己的專業,再嘗試邀請學生以不同方式同步參與我們的教學評估,從而讓自己更了解教學的方向或方式,以愛與關懷和學生同行成長,這定能與學生共同製作出更美味的「餡餅」(P-I-E),亦使自己在這新常態中,成為真正能促進學生學習的引導者。

圖 7 策劃—推行—評估

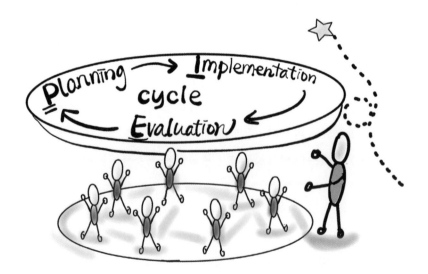

結語

有學生這樣評價線上化學學習體驗：

「我覺得以網課及圖像教學的確令我理解到更多，因此有些比較難理解的概念都可以用圖像理解清楚。關於線上平台，利用 LoiLoNote School 在線上交功課非常方便，Schoology 裡亦有大量資料，而且分類分明，讓我們在尋找資料方面十分實用。整體來說，網課中不論是教學模式，還是作業小測安排都十分好。」

學生李靖怡

「由於疫情關係，由 2 月開始上網課，Miss Siu 是最早開始授網課的老師（2 月 5 日的 10 時半）。每次上堂前 30 分鐘她都會細心地提醒我們收拾心情。對我而言，Miss Siu 是我可依循的榜樣，可以追逐的影子。Miss Siu 的線上化學課十分新奇，運用了很多不同的工具，例如 Edpuzzle、LoiLoNote School 等，令我可以投入課堂中，更快適應線上課，這些無疑為我的學習提供了極大便利。除此之外，化學群組也十分豐富，充滿感情和 Emoji。Miss Siu 也會經常在群組發佈一些化學的影片，更會不停在群組勉勵我們，提醒我們學習目標，為我們帶來了很多的動力。

其實我本來對化學並沒有太大的信心，甚至一直很擔心，更加不會主動問問題，但是 Miss Siu 對化學的教學熱誠足以感染到我，Miss Siu 在停課期間說得最多的話是：『停課不停學，

要養成自律學習啊！！！！』。每一日準時進行課程、重複拍片，擔心我們不明白、關心每一個同學的進度……即使面對因疫情關係而空無一人的班課，仍然歇斯底里地在網絡上教授我們，這一份用心都令人動容，使我開始珍惜這段時間，操化學卷、預習過去的內容，提升自己的化學學習能力，重新跟上進度，我不敢肯定我有沒有進步，但我卻能感受到在 Miss Siu 的幫助下，自己在化學的軌道上緩緩前行。如果，化學是一場跑步競賽，開始時已經有人遠遠落後，但奮力直追，專注於每一個明天，不把太多的開始留待明天，逐步抬頭望遠，我相信汗水揮發過後，將會是一條康莊大道。

圖 8　老師同行跨越舒適區

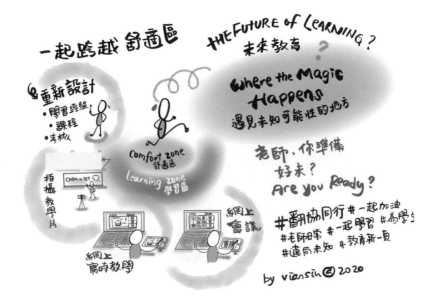

這是我在過去幾個月由化學堂上和 Miss Siu 身上得到的最大領悟吧。」

學生楊愷琪

教學，貴乎師生之關係。學生的支持，為我帶來更多教學創新的原動力。對我來說，學生的回饋，是「餡餅」(P-I-E) 中最好的材料。在這個不一樣的教學新常態中，我和教育界同工一起經歷，互相幫助，期望我們的同行，讓大家都可懷著信心與希望，以勇於創新的思維在各自的崗位上製作出更美味餡餅。

我的教學設備

輔助電腦熒幕
協助觀看學生實時作答情況及串流情況。

電腦
進行實時課堂配以 iPad 及 Apple Pencil 作教學講解，旁邊有計算機方便教學。

iPad
主力觀察學生學習過程，開鏡頭學習可以讓老師更容易了解個別學生的學習進展，師生可以眼神及簡單動作更多更快互動（如以點頭示意或手動回覆老師問題）。

手機
開 ClassDojo 作即時加分之用。

新常態下的評估新思維

香港中文大學校友會聯會張煊昌中學

梁國豪校長

從 Instagram 直播開始

（以下對話及故事內容純屬虛構，如有雷同，實屬巧合。）

2020 年 1 月 31 日，教育局宣佈，因為疫情關係全港停課。

當時的我剛好與舊同學飯聚中，某中學的老師黃 Sir：「不是吧？停課？我剛好完成了中六的課程，尚未跟學生溫習呀！」

從事會計界的肥陳：「你可以休息啦，又不是你想的。現在可以偷懶啦。」接著是震耳欲聾的笑聲。

從事資訊科技業的強仔：「噢，黃 Sir，你不用上班，又有薪金！這餐飯就由你付錢，我們沒有人會跟你搶著付款的！」

同樣是中學老師的我：「大件事了！我校的模擬考試尚未開始，怎麼辦？」

黃 Sir：「我還要照顧其他班的學生呀！」

強仔：「你的學校不是大力提倡自主學習已有一段時間了嗎？就讓學生自主學習啦，不用愁！」

我：「現在不是只有我們兩個自己停課呀！是全校一齊停課呀！不是人人都有做自主學習呀！」

肥陳：「不用怕，老師學就可以了，怕甚麼？請我們吃這餐飯，讓強仔幫你想方法吧。不用愁。吃晚飯先吧！」

接著就是黃 Sir 與我在擔憂，而其他同學則在七嘴八舌地做時事評論員、棟篤笑、「抽水王」等角色。黃 Sir 與我在擔憂甚麼？

沒有了課室，我可以怎樣教書？

完成了課程，但未能及時溫書，怎麼辦？

其他級的教學進度如何？

功課怎樣處理？

中六模擬試呢？

其他級的評估如何做？

其他老師又可以怎樣做？

學生呢？如何學習？如何追他們功課？

如何⋯⋯？

習慣了傳統 Chalk and Talk（編按：指以黑板教學、老師講課為主的傳統教學方式）及紙本功課與評估，以上問題真的困擾了當時的我們！或許也困擾著正在閱讀這本書的你們（當然我是指 1 月的你們啦）。

正因為沒有了面授的機會，但中六同學仍需要老師協助溫習預備應付公開試。在心急如焚之際，想起了 Facebook Live、InstagramLive（Instagram 簡稱 IG）等線上工具，也許可以讓學生有一個較具互動性的平台上課。但考慮到私隱問題，我就在 IG 上開了一個新的帳戶，讓學生加我的 IG，就這樣展開了我停課初期的即時線上教學。正所謂「學無前後，達者為師」，我起初對於 IG 的運作毫無概念，於是便向一位學生請教如何用 IG 開直播網課。唯一的缺陷就是學生未能透過 IG 回應我的提問。如是者，過了兩星期的 IG 網課。

其後，Zoom、Microsoft Teams、Hangouts 等平台如雨後春筍般冒出頭來，好像在爭奪線上教學平台這塊肥豬肉般出盡法寶宣傳自己。從教學平台引申至線上保安，再引發出政治議題。當其時教育界除了要應付教學法和老師教學習慣的轉變、老師對電子教學的陌生感與恐懼感，還要處理各平台擁護者提出的問題。那段日子，我相信有很多老師都忙得心力交瘁。老師要走出

安舒區，踏入網絡教學甚至晉身「KOL」行列，實在是一大挑戰。我也從 IG Live 走進了 Zoom，從單向的授課轉為有互動的線上教學。我又在學校辦了 3 場 Zoom 的實體工作坊，讓老師按需要自由參與。結果有多於一半老師出席工作坊，我便知道這類工作坊才能切身解決老師的憂慮。其實這類教學影片在 YouTube 上也不難找到，但我在想「如何才能更貼身地幫助老師？」這就是我辦實體工作坊的動力。

一天，黃 Sir 致電給我：「你的學校有沒有跨境學童？」

我：「有呀！」

黃 Sir：「那你們如何照顧這批跨境學童？」

我：「⋯⋯」

網課又多了一個難題。「辦法總比困難多」，集思廣益。於是我便立即致電 IT 強仔。

我：「強仔，我有一個問題想請教呀！我現在要舉辦網課，我可以如何照顧到跨境學童？」

強仔：「你很驚嗎？」接著是「哈哈哈」的笑聲。

我：「傻的嗎？我知道你是 IT 高手，我從沒驚慌啊！」

強仔：「不用這麼快便給高帽我戴呀！其實國內在現階段是封鎖了 Google，但還有 Zoom 及 Teams！如果要工作坊，你告訴我，我幫你籌辦！」

我：「我就是等你最後的一句嘛。先謝謝你。幸好，我學校暫時都是用 Zoom 做網上教學平台。謝謝你。」

關於網課的點滴及血淚，我不在這裡詳述了。

如何進行線上評估

到了 3 月，教育局宣佈繼續停課，大力提倡「停課不停學」。學習要有回饋，我所指的是「促進學習的評估」，而「總結性評估」則沒空間談論了。如何繳交功課？如何進行評估？忙了一輪，第二輪的難題又再出現。「如何做評估？」甚或是「如何公平地做評估？」

就讓我們先探討如何做評估。提及評估，作為老師，有幾個問題我們必定是十分關注的。

- 如何發放題目？
- 如何簡單快捷地批改？
- 如何追改正？
- 如何保證評估的公平性？

平時我們也會用的 Kahoot！、Nearpod、Edpuzzle 等工具，也可以用於做評估工作的。當然各具特色、各有長處，但如用作為線上評估工具，或許老師會期望有更大的便利，例如自動批改、計算分數及分析學生表現等功能。所以我在授課中也使用了不同的線上評估工具，以優化現有的工具及引入較新的線上教學及評估平台，以促進教學效能。

首選當然是 Google Forms。現在 Google Forms 已有延伸功能 EquatIO 專門處理數學公式，但這個功能當然有它的弱點，就是首先要知道如何用 LaTex 編寫數學公式；當然也可以先取得內置的數學公式再自行修改，否則老師便要知道如何使用 LaTex。因為我偏向捨難取易，所以我會選用前者的方法處理數學公式。我相信大部分老師都是 Google Forms 的專家，我在此也不班

門弄斧了。

還有 Edpuzzle 這款軟件。我會把它定性為讓學生預習的軟件。因為我可以簡單地在 YouTube 上找一段合適（當然各位老師也許會選擇自己拍攝教學影片放上 YouTube）的影片加進 Edpuzzle，並在影片中加入合適的題目及設定讓學生按影片的內容作答。而題目的類型不一，有多項選擇題或填充題等。

以 LoiLoNote School 實時檢視學習情況

3 月中的時候，黃 Sir 又再致電給我。

我：「Hello，黃 Sir，有甚麼事？想約我食飯嗎？不了。現在疫情也算嚴重，食飯的話就免了。」

黃 Sir：「你不要傻，我真的很忙呀！你不要說笑了，我連吃飯也沒有時間。我找你是想問一問你有沒有曾經使用過 Zoom 內的 Share Screen 功能？」

我：「有呀！很好用啊。不過最近好像是有點問題，我用 WiFi 做 Share Screen，想分享我的 iPad 畫面，因為我用 Explain Everything 做電子白板寫字，發現經常斷線。」

黃 Sir：「就是了！我就是想問你這個問題。你如何處理？你剛才講的 Explain Everything 又是甚麼東西？」

我：「Explain Everything 可以看成是一塊電子白板，我在上面寫字，學生便可以抄筆記。我甚至會同時錄影課堂，放上 YouTube 讓學生重溫。這樣做就

只會錄到我白板上的畫面，不會錄到學生在 Zoom 上的樣子，所以就不會有涉嫌侵犯學生私隱的問題。」

我：「但在處理 Share Screen 的斷線問題上 …… 我的處理方法就是不用這個功能。哈哈哈哈。轉用另一線上教學平台 LoiLoNote School。即是我透過 Zoom 講課，在 LoiLoNote School 做文字工作。學生需要登入平台上堂。」

黃 Sir：「即是甚麼東西？」

我：「即是學生要先登入 Zoom 讓我點名、看見樣子（因為我要知道學生是否坐在鏡頭前上堂）及做為聲音的傳送媒介。接著就在 LoiLoNote School 上課，包括看我的例子、交堂課及家課。這樣我便可以檢視學生的學習進度。LoiLoNote School 就代替我先前用的 Explain Everything。黃 Sir，讓我重申一次，各個平台都有它自己的優劣之處，沒有一個平台是完美的！」

在疫情下，電子學習平台變得十分之重要，能否照顧跨境生也是一大考慮的因素。就正如剛才所述，LoiLoNote School 其中一個強項就是能實時檢視全班學生的學習情況。所以，這個也可以成為其中一個評估工具。

舉一個例，老師可以在這平台派發測驗題目，並要求學生在指定時間內完成，並在平台提交。老師批改時也不需要列印功課，直接在這平台上批改就可以。

4 月初，會計師肥陳致電給我。

肥陳：「你近來怎樣？兩個幾月沒見啦，你的網課進行得如何呀？我有一個

問題想問一問你，你學校怎樣做評估？你們又如何做到公平的評估呢？我的兒子昨晚告訴我，他有些功課是參考同學的功課，做完才交的。」

我：「這問題真的好深奧呢。不如我先說評估吧……（下刪 3,000 字）」

照片轉 PDF，方便批改功課

我現在回憶 1 月底的時候，我是如何協助中六學生做評估的呢？還記得我當時是用 IG Live 跟中六學生補課嗎？功課及評估怎麼辦呢？我就用最原始的方法，就是透過與學生的 WhatsApp 或 WeChat Group 發放功課及評估，在限定時間之內要求學生完成課業，並拍照經即時通訊軟件傳送私訊給我。而我則把該功課列印出來，批改後再影相傳回給學生。但這方法實在太麻煩了，我相信讀者也明白這方法的麻煩吧！

於是，我致電給 IT 強仔：「強仔，求救！有沒有方法可以把我現在收發及批改功課的過程簡化？我現在印一份功課出來，所花的工序十分多，要逐份調光暗才能列印出來。」

IT 強仔：「不用慌不用愁，有我 IT 專才，你不會做不來的。你可以吩咐學生用 Apps（例如：Photos to PDF 之類）把相片轉為 PDF 檔案，再傳給你。接著你可以用 Explain Everything 或者 PDF Element 等 Apps 開啟這個 PDF 檔案批改。完成後直接發還給學生。不過，補充一句，如果學生的照片漆黑一片，轉成 PDF 檔案也沒有用。」

我：「咦，又好像很方便啊。但你剛才提及的 Photos to PDF、Explain Everything 及 PDF Element 這些 Apps 是否免費？」

IT 強仔：「Photos to PDF 在現階段是免費的。而另外兩款 Apps 就是收費的。不過，你也可以用其他 Apps 協助，你自己找一找就可以了，但收發及批改功課的流程大致相同啊。」

我：「明白了，謝謝你，你的大恩大德，我沒齒難忘。待疫情消退後，必定要請你吃飯。」

IT 強仔：「你不要只說不做啊！」

我：「必定會的，你放心。」

我便開始把功課及評估的批改全面電子化。甚至是要求學生在我批改後的功課上做改正，這種情況就再一步近似學生在停課前的學習模式。如果學生是「一部手機走天涯」，在 PDF 檔上做改正的確是有點麻煩的，但我認為在這非常時期，在迫不得已的情況下使用，也沒辦法的。但老師如用平板電腦或電腦配備筆在電腦上書寫，這樣會更方便呢！

但到停課後期，我轉用 LoiLoNote School，並在該平台上派功課，學生完成後亦在平台上交功課，我批改及收發功課、評估及收改正批改就會更方便呢！

考核方式的新變化

其實如要談及「公平的評估」，在沒有監察的情況下，便沒有絕對的公平

吧，不是嗎？用 Google Forms 擬定多項選擇題的測驗，並設定多款答案次序、題目次序，但這樣只是增加了學生間討論題目並交換答案的難度，並不能杜絕作弊的情況出現。我也曾經試過要求學生在做評估時開鏡頭，但只拍攝著手部，讓我可以看見學生在書寫，但難保沒有另一個人在鏡頭後把答案交給學生，讓學生照抄。正所謂百密也會有一疏，既然不能杜絕，何不從另一角度出發，讓學生用另一種方式思考題目呢？

因為我是一位數學老師，請讓我用數學題作解釋。先以一道小學數學的加減題作為例子。

例 1：

$$\begin{array}{r} 18 \\ + 7 \\ \hline \end{array}$$

這一道題目會相對較易，可讓學生作為一題熱身題。但如果把題目轉為

例 2：

$$\begin{array}{r} 1X \\ + 7 \\ \hline 22 \end{array}$$

那麼，X 的值是多少？

再以一道可以用於小學或中學的數學題作為例子。

例 3：某一農場有雞及牛若干隻。如果雞及牛共有 18 個頭及 60 隻腳。求牛

的數目。

這一道題目在中學階段，可以很簡單地用聯立方程或代數解決。如果在小學階段，則可以用表列法處理。但如果把這題目的解題方法，限制至不能用代數方法及表列法處理，那還有甚麼方法呢？（題解在這章節的最後）

改變題目設計方法，引發學生思考

從設題上的改變，引發學生多作思考，這或許能增加學生作弊的難度。如果自己花了很長時間才能找到的答案，我猜他們也不會輕易地告訴別人吧。當然，如果請更高學歷的長輩協助，那就沒有辦法了。

在公開試這框架之內，評核模式並沒有太大的改變空間。但人的思考並沒有界限，20 年前的人做夢也不會想到未來會出現沒有按鍵的手提電話吧！如何開啟創意這一扇門？這真的只能靠個人的修為了。做老師或許可以讓學生天馬行空地思考，但要做資料搜集，就好像「專題研習」形式，配上合適的評估準則。思考的主題可以很廣泛，例如：「沒有實體電話但能通話是否可行？」，亦可以簡單如「試述一次由數學或科學引發出的危機」。按學生的能力或興趣給予題目，甚至是讓學生自訂題目。從搜集材料至提交報告，都是由學生自己做主導。這類形式的評估，更可以成為跨科的課題。

在評分方式方面，可在安排題目前一併交代評分準則，這樣學生便可以按著這準則做研習。除了硬指標之外，老師亦可以加入學生匯報及回答口頭質詢等元素。這樣便可以檢視學生是否只是搬字過紙，抑或是經了解後才寫報告。

以上的提議，就是希望老師設計出讓學生多些思考才能解決的問題。在這裡

我只是拋磚引玉，各位高手絕對可以利用這些概念把題目稍作變動，刺激學生高層次的思維。

結語

後疫情時代來臨，引發出「教育新常態」的出現。然而何謂「新常態」？我喜歡朱子穎校長的定義：「新常態」就是經過一段不正常狀態後重新恢復正常狀態，但又回復不了之前的「正常狀態」。

因應疫情關係，評估模式從師生都已習慣了的紙本評估，在短短 4 個月內急速發展至線上評估。從線上評估再開始追求公平的線上評估，老師「被迫」發展成為不同電子平台的專家。正如前文所說，不同平台各有利弊，只要用得其所，對於自己來說就是好的平台。但這些電子平台在教育界所帶來翻天覆地的改變，在疫情過後還可以回到過去嗎？

或許線上評估在現階段仍未能做到百分百公平，亦不能杜絕作弊的情況。但我們又可否把這個線上評估的方向稍作微調，把它看成是學生的「平時分」。把線上評估看成為「促進學習的評估」，配合上翻轉教學，用作為檢視學生的學習難點，從而提升課堂的「有效學習時間」。

另外，就像前財政司司長曾俊華所言：「混合式學習」，透過結合線上線下的教學給予學生更自主學習的空間，發揮老師引導、啟發的主導作用，同時，又可鼓勵學生自行歸納出他們專屬的知識，充分訓練其主動、積極與創造力。

試想想，從布魯姆的學習層次（Bloom's Taxonomy）來看，老師可讓學生在家中線上自學，先達到「認知」及「理解」，並透過線上評估了解學生的學習情況。回到課堂後，老師便可以根據線上評估結果，幫學生做總結，再把課堂時間集中在討論「應用」與「分析」上，這些才是學生需要老師幫忙的地方。因為從「應用」層次開始，才是思維上的訓練，這包括訓練學生綜合地運用知識。在這個層次中，有些難點是需要老師幫忙提點的。

舉一個數學題例子，已知某 3 點是在同一個二維平面上，試證明這 3 點是共線（即在同一直線上），或許這也可以定義為一道「核心問題」。如果學生在家中已預習了計算 2 點斜率、距離的方法及平行線的性質，老師在課堂上便能確認學生的基礎認知，那麼，上述的題目就去到「應用」的層次了，學生可思考如何運用手上的工具解決問題（根據以上的 3 個前設知識，起碼有兩種不同的方法證明 3 點共線）；再推高一層，如讓高中學生處理這道問題，還有多種方法處理呢！這就是知識的綜合理解與運用。難道這不是訓練學生思維的最佳方法嗎？

關於前文所提及例 3 的題解如下，老師們又能想到嗎？

方法 1
農夫要求每隻雞及牛各縮起 2 隻腳，即是地上頓時少了 36 隻腳（18 × 2）。那麼在地上的腳必定是屬於牛的。牛的數目就是（60 – 36）÷ 2 = 12。

方法 2
假設雞與牛也有 4 隻腳，即是地上應有 72 隻腳（18 × 4）。但實際上地上只有 60 隻腳，即多出了 12 隻腳。這 12 隻腳必定是屬於雞的。因為雞只有 2 隻腳。所以雞的數目就是 12 ÷ 2 = 6。那麼，牛的數目就是 18 – 6 = 12。

回不了過去，並非一件壞事。但在公開試評估方法不變的前提下，老師如何從「新常態」的方向提升教學效能、學生的學習效能、學習動機及成績？從 Chalk and Talk 過渡至電子教學，老師的角色從知識傳授者過渡至學生的學習設計師，這一切都是近年的熱門話題。學生要學習，老師更要學習！

關於教育的「新常態」，可能還有很多問題值得大家關注，正所謂「高手在民間」，我相信集思廣益，多分享多交流，建立專業學習社群，大家共同成長才能把香港的教育提升至另一層次！共勉之！

我的教學設備

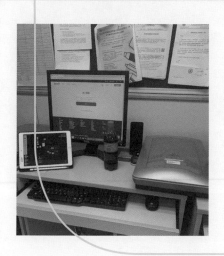

iPad + Apple Pencil
取代黑板或白板，在平板電腦上書寫，畫面直接傳送到學生的手機或電腦上，一同參與課堂。

桌面電腦或手提電腦
登入網課系統，負責點名並與學生見面互動。同時亦登入 Web-based 的即時訊息系統，方便提醒學生出席課堂。

飲品
上堂不忘給自己幾秒的時間喝點東西，讓自己定一定神。

正向教育篇

CHAPTER 5

線上教學時代的正向班級經營

正向教育研究員

許家齡博士

全面觀課 360

自從投入師資培訓及教學研究工作後,很榮幸常有機會走訪各不同類型的學校,甚至走進教室觀察課堂,與老師一起談教學。雖然如此,學院分配工作仍以我個人專業項目劃分,局限我未能全面觀察各科的真實教學情況。直到疫情爆發,為我帶來了教育研究工作者夢寐以求的機遇 —— 當兒子的「書僮」,同時進行大量的課堂觀察。

作為教育研究工作者,這個實在是百年一遇、千載難逢的好機會!粗略估計,從 2020 年 2 月到 5 月期間,我共觀察了超過 360 節課堂!數量之多,應是我在學院當視學導師 10 年的總和吧!總結這幾個月來的觀察,縱使不同類型老師有著不同程度的嘗試及轉變,然而我發現一個很核心的困難源自於:線上教學的班級經營。

本以為很熟悉的教學場景,驟然變得如此陌生;原本手到拿來的教學方式,突然變得毫無用武之地。因此,我看見不少老師在實時教學課堂上花時間來「整理秩序」,例如點名、著學生以指定的姓名登入課堂、處理開鏡頭、使用不恰當的虛擬背景問題,還要處理學生在線上白板塗鴉、掛機、聊天室隨意發言等等。這些工夫可能花掉大部分的教學時間,然而卻沒有獲得很好的成效。

下文嘗試運用馬丁‧沙利文(Martin Seligman)提出的「PERMA」框架理論探討正向教育應用於班級經營上的可能,以回應老師如何為學生準備未來的挑戰。近年來香港以至全球都掀起了正向教育的熱潮,來回應我們的學生不快樂的現實。在瞬息萬變的世界,相信課本的知識將成為歷史。反而,如果我們能為學生置入一個「正向思維系統」,讓他們未來面對挑戰或難題

時，也能依靠這個系統去迎接挑戰，這會是我們給學生受用終生的禮物。「PERMA」框架理論已成為實施正向教育的指標，這些指標包括正向情緒（Positive Emotion）、正向投入（Engagment）、正向關係（Relationship）、正向意義（Meaning）及正向成就感（Accomplishment），以下分別說明。

正向情緒

每年 8 月底，香港學校的老師們都會回校，舉行開學準備會議。今年的情況非常特別，值得載入香港教育史：2020 年 9 月 1 日的開課日在線上開始。假如你是班主任，面對你不認識的學生，應該如何規劃第一節課呢？嘗試感受以下 3 個不同的課堂，你認為學生會較喜歡哪一堂課？

蘇老師的課堂：蘇老師在指定的時間開放線上教室讓學生進入課堂。由於今年情況特殊，老師作簡單的自我介紹後，便開始提醒學生各項需要注意的事項。

黃老師的課堂：黃老師逐一檢查學生線上暑期作業的遞交程度，記錄尚未呈交的學生，並在網課上詢問學生欠交功課的原因。

張老師的課堂：張老師在開課前 5 分鐘讓學生進入線上教室，並播放著一首她喜歡的音樂，在熒幕中展示了 3 條問題，包括：1）以一種顏色形容現在的心情；2）請準備一個動作來介紹自己的名字；3）請介紹一個暑假時做過的運動。熒幕也展示了當天課堂的流程，包括自我介紹、查收線上功課、需要注意的事項等。當課堂開始時，她便指示學生使用其他平台軟件回應她的問題，然後邀請數位同學分享。她在查收功課的同時，播放自我介紹影片，

及需要注意的事項。當有同學尚未呈交功課，她便以私聊方式向學生查詢。

作為學生，你最喜歡以上哪一個課堂？你認為哪一位老師較為關心學生？你願意在未來一年跟哪位老師建立關係？

相信大家都較喜歡成為張老師的學生吧！第一位的蘇老師，是一位「事務型」的老師，關注各需要注意的事項。第二位黃老師，我們感覺到他是一位「權威型」的老師，他會公開處理學生的問題。第三位張老師，是一位「關懷型」的老師，她願意跟學生分享自己的喜好，並以情緒作為與學生溝通的入口。她會規劃好每一堂課的流程及內容，以靈活的軟件及平台處理各項事務。假如你是張老師的學生，大概會感受到線上教室是安全的，師生彼此是互相尊重、平等而開放的。張老師先分享自己喜歡的音樂，讓全班同學都認識她。然後，她以提問及小活動的方式引導學生互相認識。對於需要處理的工作，她善用資訊科技，並規劃好各項工作。對於呈交功課的問題，她選擇以理解及以同理心對待學生，以個別查詢的方式處理，避免在公開的情況下處理個別學生的問題。

關注學生情緒，建立良好關係

在這一年，我們與學生身處於同樣的空間，大家都面對著相似的社會情況，迎接相同的挑戰及承受社會急速轉變而帶來的身心壓力。當老師與學生彼此互不認識的時候，關注學生的情緒狀況，是建立良好關係的方法之一。在美國推行的情緒社交運動，也提倡老師關注學生的日常情緒，建議老師每天早上及下課前，著學生做一次情緒檢測，例如在告示板以圖案表達自己當時的心情。這樣能有助學生發展情緒智力（Emotional Intelligence）。丹尼爾・高曼（Daniel Goleman）提出的情緒智力理論指出，發展情緒智力第

一步便是認識自己的情緒，提升對自我情緒的察覺，並能有效管理情緒，以及有更佳的社會溝通技能及人際關係。

每種情緒均有意義

對於情緒問題，我們過去的社會及文化都有所忌諱，避而不談。記得入行初期，有位非常資深的前輩老師告訴我們，做老師要「喜怒不形於色」，否則學生不會尊敬你。由於腦神經科學的進步，現在我們對於情緒與大腦關係的認識更多。無視情緒的存在並沒有幫助我們管理好情緒，反而錯過訓練大腦、認識自己的機會，讓負面的情緒「騎劫」了我們的腦袋。情緒可分為正向情緒及負向情緒。例如喜悅、快樂、滿足就是正向情緒；而哀傷、憤怒就是負向情緒。然而，情緒有正向或負向之分，卻沒有好壞之分。情緒就像一封自我探索的訊息，我們的行為、思緒及感受都是彼此連結的。探索情緒訊息能了解我們的行為。因此，每個情緒皆有其意義，負向情緒也有其正面意義。

老師也是一個平常人，有自己的情緒。抑壓情緒並不是解決問題的方法，反而應學習如何接納情緒，並且以恰當的方式展示給學生。這絕對不代表身為老師的我們可以放縱地表達自己的情緒而不加管理，反而應該對自己的情緒更敏銳，對自己的情緒亦應有高的察覺能力，因為老師的情緒會直接影響學生。而學生是非常敏感的，他們能感應成年人的情緒，並在不知不覺中接受了你的情緒，因此他們也會承受著相同的情緒。這就是以情緒為本的班級經營，老師與學生的情感有著緊密且溫暖的情感連結。這樣班級氣氛下的學生，每天上課都是快樂的，老師與學生之間的關係融洽，學習的氣氛也會提高。

然而，老師是否準備好開放自己，是否願意跟學生一起分享情緒呢？我們不需要偽裝不真實的情感與想法（偽正向），因為學生正正是通過老師去學習

如何接納及察覺自己的情緒，而不是抑壓、無視、偽裝自己的情緒。例如老師可跟學生分享自己的生活，寄自己喜歡的書籍給學生，讓一個真實的老師展示在學生的面前，提升學生的情緒能力，讓他們能駕馭恐懼、憂慮、憤怒。此外，老師可以舉行「感恩挑戰」計劃，例如學生需要以馬拉松形式匯報一件感恩的事。研究指出，這樣的感恩行動能有效提升人的正面情緒。以這樣的方式營造出關懷、接納的班級氣氛，與學生的生命接觸與連結。

正向投入

自從開展正向教育工作後，最常被問及的問題就是「如何提升學生的學習動機？」每次聽到這個問題，都會想到一個網絡流傳，但來源不明的故事。從前有一位老人家，他家旁邊有一塊空地，不時有青少年來到空地打棒球，直至深夜。老人家有早睡的習慣，經常被打球的聲音吵得不能入睡。當然，每個人都有這塊空地的使用權，要勸退年輕人並不容易，但老人家決定在第二天到空地跟年輕人談話。

老人家跟他們說：「你們一定很喜歡打棒球吧！好！我支持你們！每次你們來打球，我都會給你們每人 10 元！」從此，年輕人們每天都準時來打球，老人家每天也準時來派錢。直到一段日子後，老人家跟打球的青少年們說：「我已把錢派光了！以後不能再支持你們了！」奇妙的事發生了！自此之後，每晚來空地打球的人數開始減少，不到一個月，已經有好幾晚沒有年輕人來，偶然有一兩個人來，也只會打一小時左右便離去。再過一段時間，此塊空地已回復平靜，老人家也能每晚睡得香甜。

心流是甚麼？

起初，年輕人聚集在空地打球的動機，完全是來自他們對打棒球的熱愛，我們相信他們已進入「心流」（Flow）狀態。心理學家米哈里・契克森米哈伊（Mihaly Csikszentmihalyi）提出的心流理論指，當一個人全然投入於某項他所喜愛的事上，便會進入忘我、自我陶醉的狀態。正如故事中的年輕人，在這種獲得內在快樂及滿足感的境界裡，便會忘卻時間的存在，導致他們經常打球至夜深。人處於這種狀態，不是為了滿足物質條件的需求，例如獲得名利、獎項等，而是從心而發的熱愛，就如內心湧出源源不絕的流水，所以稱為「心流」。可惜當老人家派錢的行為介入後，年輕人對打球的態度有所變化。有人認為，當外在動機取替內在動機，而外在的獎賞消失後，青少年便不會再像以前那麼熱愛打棒球了。他們對棒球的熱愛，就這樣被摧毀了嗎？雖然只是網絡故事一則，我們無法推測造成年輕人轉變的原因。然而，回到提升學生學習動機的問題上，故事為我帶來了一點反思。

從事幼兒及小學教學的老師，應該不會否認兒童是充滿好奇心的，他們對萬事萬物都有源源不絕的學習動機。可惜現實情況是，隨著學生年紀越長，在學校的學習經驗越豐富，學習動機便逐年下降。作為家長或老師，或多或少也當了故事裡的老人家：獎賞了不必獎賞的行為。久而久之，學生忘記了在學習過程所獲得的滿足感及快樂，反而越來越重視獲得外在獎勵或回饋，例如因成績好而獲得的優越感。無可否認，學習心理學的動機理論確認，階段性的回饋和獎勵能有效提升學習動機，但老師要懂得這個「獎勵的藝術」。

心往哪裡流？

心流理論有一個爭議點就是「學生的心往哪裡流？」，即是若學生熱愛的事

圖 1　5 個到達心流狀態的條件

	量性學習表現評估	質性學習表現評估
明晰 (Clarity)	學生明白老師的期望，彼此溝通交換想法是非常重要的。老師需要對學生的表現提供清楚明確的意見、回饋。	老師在設計課堂、課業規劃時宜精且簡，仔細列出每項教學重點。 時常檢視學生情況、學習進度：例如提問，問學生有沒有甚麼需要幫助？有沒有困難？
關注 (Centering)	學生需要感受到老師是真誠地關心自己，包括關注他的行為、感受及經驗。 老師尊重學生是一個主體，並且希望深入認識他，因此不論語言及非語言的溝通也需要注意。	了解學生在疫情期間的課外活動，如：運動、遊戲、煮食等等。
選擇 (Choice)	學生具備選擇的權利及自由。老師可以在許可的情況下，為學生提供選擇，並協助他們訂定目標。 當學生對自己的學習有所選擇時，他們內在的操控感會增加，同時也是學習選擇及做決定的機會，為人生日後的抉擇作好準備。	功課宜多元化：學生可以選擇想回答的題目，以及呈交功課的方式。
責任 (Commitment)	在清晰明確的目標下，老師提供機會讓學生學習承擔責任，不論過程或結果如何，讓他們經歷自己的選擇及結果。 老師信任學生能完成目標，不少學生對此都有正面的反應，因此會承諾盡力及投入地完成任務。	組織學習社群，指導他們分組學習，或提供不同的任務讓同學負責處理。
挑戰 (Challenge)	學生的能力與挑戰是影響學生能否達到心流狀態的關鍵。學生需完成的任務，不但需要運用已有技巧，還需具備一定的難度及挑戰，讓學生發揮潛能。	通過人物故事分享和班主任分享，引導學生了解到，即使是平凡不過的事，在付出投入和認真後，都能進步。 提醒學生獲得成功和快樂，需要投入和鑽研，成長心態很重要。 當然也要提醒學生學習也是要投入和鑽研，要留意學業時間分配。

非老師或家長所期望的，應如何處理？Rathunde 有關心流的研究歸納出了 5 個可達到心流狀態的條件（5C），包括明晰（Clarity）、關注（Centering）、選擇（Choice）、責任（Commitment）、挑戰（Challenge）。

正向關係

由於工作關係，常走訪學校並進行一系列的訪談工作，以了解香港教育的現況，時常聽到教育界同工談及當下學校教育面對的問題及挑戰，但這些問題幾乎都連結到一些學生行為問題。

記得有一次，兒子的班主任正在提醒一些重要事項，她從熒幕中看到其中一位同學正笑得合不攏嘴，應該沒有留意自己的話。於是，她讓該位同學解釋為何不停地笑。相信大家都能預計到結果：那位同學根本沒有聆聽老師的話，他依舊專注地看著別的影片。儘管班主任不斷向他大喊、叫他的名字，他也無動於衷，全情投入在他的世界裡。我看著這個尷尬的畫面：一班無奈的同學看著情緒越來越激動的老師，以及那位沉醉在自己世界的同學。

過去，我們常運用權威方式管控學生，所以行內所言「先管後教」，然而在疫情下的網絡教學，這些方法還有效嗎？我也不得不承認，教學真的轉變了。或許老師與學生的連結，不能再依靠昔日傳統的威權關係，是時候回歸最純粹的人際關係，也即是我們所說的「班級經營」：師生的關係、溝通與互動。

老師與學生都是主體

當老師脫去權威的帽子後，學生仍然願意來跟你學習嗎？網絡上的教室，就像一所自由的學校。沒有既定的課本，也沒有既定的規則，學生的學習完全自主。老師能邀請學生進入網課，然而學生未必一定接受這個學習的邀請。究竟是甚麼讓學生前來學習？外在動機以外，或許是因為學生對學習知識的熱愛，更可能是讓人感到溫暖的師生關係與互動，因為大家都喜愛在溫暖的氣氛下學習。你想在一個疏離、嚴厲的教室內上課學習嗎？有次到某所小學觀課，當走進入教室時已感受到師生間的溫度。在溫暖的教室裡學習的學生，自然會散發出一股不一樣的氣質：學生懂得專注聆聽、善於表達自

圖 2 網課正向班級經營小貼士

建立班規	·師生雙方共同參與制定班規，例如開鏡頭、發問原則等等。
學習習慣	·制定時間表、如何準備上課環境、遇到問題怎樣做。
歸屬感	·建立班級氣氛、設立虛擬課室，及設計壁報板、口號、班衫、特別的班級動作。
班級遊戲	·破冰及腦力遊戲（Brain Break）
正向溝通	·鼓勵學生定期溝通，互相欣賞。 ·學生扮演神秘天使，每星期以 WhatsApp 向同學分享欣賞對方的地方，老師可提醒學生欣賞同學的努力，而非能力。 ·也可以提醒學生非言語訊息和講我訊息（編按：指避免以「你」開頭，而是以「我」開頭來表達自己的意見和感受）的重要。
師生關係	·師生彼此分享生活經驗。

己、也會關心別人，樂意跟人互動連結，即使是來訪者如我。在傳統的教學中，老師是教學的主體；在正向的班級經營中，老師與學生都是主體。在於我而言，正向的班級經營並不是一套管束學生的理論或策略，而是如何與學生建立正向關係。

正向意義

疫情的陰霾下，全球已有逾百萬人被奪去珍貴的生命，大家都上了一堂慘痛卻珍貴的課：究竟生命的意義是甚麼？現在的我們學會了珍惜當下。記得 2003 年沙士疫情爆發，我的大學導師因此離世，而我需要進行兩星期的自我隔離。那時我才剛開始當老師，每天困在家裡，不斷量體溫，擔心自己也被感染。那 14 天的隔離日子，成為了我人生的轉捩點。那段時期，我每天反覆思考人生意義、生命價值等問題。不時也把自己未完成的計劃寫在日記上，然後為這些事項的排優次順序。幸運的我平安地度過了隔離期，而這些反思亦發展成為我的研究興趣。在人生不同階段，感到困惑或迷茫的時候，懂得運用策略重新檢視我所珍視的事物。往後每當遇上挑戰及困難時，由於我能清楚分辨各事項對我的意義及價值，所以能明白這是我所追求的人生方向。這與正向心理學的研究結果相同，當人尋找到自己的人生方向及意義後，更能全情投入在生活及工作上，而且更能面對壓力及挫敗，生活滿意度及幸福指數都會較其他人高。我的個人歷程就正是正向人生意義的證明。

教育目的：幫助學生成為自己

除了部分擁有宗教背景的學校，會在課程內跟學生一同探討尋找人生意義的

課題外，其他類型的學校是較少提及此類似的課題的。不少老師都說：「人生課題好沉重」，然而對我來說，教育的意義就是幫助學生「成為他自己」：讓學生尋找屬於他的人生意義，成就他成為一個他所期待的自己。

學生是一個成長中的獨立個體，他必須為自己未來的生命負責，因此教育的目的就是讓學生找到他的生命意義及價值，成就他未來的人生，這個信念不是正向教育所倡議的，卻是我個人對教育的理解。因此，就如張輝誠老師、李崇建老師在《教室裡的對話練習：當學思達遇見薩提爾》中提及，不少孩子沉迷網絡遊戲，甚至不上學。這些孩子現在的狀況，就是他自己所期待的嗎？即使孩子口裡說著是，但有經驗的老師都會知道，他們心底裡理想的自己跟當下的自己是有很大距離的，甚至他們會否定自己的價值及意義。

啟發、引導學生探究強項

我們作為老師，如何協助學生「成為他自己」？李崇建老師運用薩提爾理論發展出了一套跟學生對話的方式，這與正向導向（Positive Coaching）有很多類似的地方。導向取向（Coaching）是以積極聆聽及提問方式，幫助接受啟發、引導的人探究自己的強項，並嘗試分辨影響個人的負向思緒及行為，提供反思的機會及獲得支持，或協助受啟導者設立及執行目標。在香港有學校運用強項為本的導向方式，協助學生進行生涯規劃，並取得不錯的成果。按香港學制來說，學生需要在中三或中四開始思考職業導向的問題。另有學校在課堂中融入生涯規劃的課程，讓學生了解生命在不同階段會有不同的角色。同時引導學生思考理想生活的物質水平，探討物質生活的意義，例如「想要」及「需要」的討論等。對於小學生，雖然他們的心智發展未必能達到探討人生意義的階段，但以日記或周記的方式，亦可培養他們對自己經驗的反思習慣；也可以為他們提供多元化的生活體驗，例如服務弱勢社

群、參與不同的工作體驗等,以豐富他們的生活經驗,這些的活動都有助學生認識自己,以及思考自己對不同工作的意義及價值。假如班主任能成為學生的正向生命導師,在日常的師生相處及對話裡,啟導學生尋找他們內在的價值及強項,我覺得有這樣的班主任陪伴每位學生,共同經歷一年的學習,將是學生人生中一場美麗而精彩的生命教育。

正向成就感

每個人對於成功的界定並不相同,然而如何達致成功,在正向心理學中對成就感的研究卻有一點的啟示。成就感是每個人因努力而達成的成果。每年的開學周,不少的老師都鼓勵學生訂下年度目標,有的學校甚至在聯絡簿內設有「今年目標」一欄,希望學生能朝著自己定下的目標前進。其實我們也是如此,常在年初為自己訂立很多大計,但到年終的時候再檢視一下目標,發現大部分都沒有達成,有不少都是半途而廢。究竟我們有沒有達到理想的成果?心理學學者施耐德(Charles R. Snyder)提出希望理論(Hope Theory)的三大部分,分別是「目標」、「方法」及「動力」。根據研究指出,在學業、工作及運動等方面有較出色成就的人擁有較高的希望感,他們成功達到目標的機會也較其他人高。高希望感的人容易感到快樂及滿足,因此身體也更健康,人際關係及情緒控制也較佳,面對挑戰或困難時的抗逆力更好⋯⋯我們如何讓自己及學生成為高希望感的人?事實上,即使是成年人也不容易完成自己定下的目標。我嘗試以 4 個問題,運用個人減重的經驗作為例子說明。

你的目標是甚麼？

由於健康及體形因素，我決定減重，因此在尋找及決定以此為目標的過程比較直接。假若我們協助學生尋找他們的目標，便需要下點工夫。目標的設立可以是根據學生的個人意願，也可以是老師與學生經過協商與溝通而共同訂立。在設立這個目標之前，我們已需要具備一定的前置訊息，例如學生的興趣、性格、強項、技巧與能力，以至過去的經驗到當前面對的困難等。簡單而言，你需要全面地認識這位學生。對於善於與學生溝通、關懷學生的老師而言，獲取這些真實的個人資訊並不困難。假若你缺乏對該學生的認識，尚未建立良好正面關係的話，事前溝通工作不可缺少。這樣的前置訊

圖3　訂立目標的三大守則

守則	我的例子
具體明確	「我能穿回結婚時的禮服」便會比「我要減肥」具體。
可量度性	對於要回復當年的身形，我仔細思考這項目標後，變成「我要腰圍及腿圍各減去2厘米，身體質量指數（BMI）回復正常水平」。
定下達到目標的期限	根據個人及參考別人的經驗，我設定達到這個減重目標的期限是3個月。

息有助我們更準確地協助學生尋找一個屬於他們的目標。訂立這個目標必須要注意三大守則：具體明確、可量度性、訂下達到目標的期限。

你如何達成這個目標？

當我們設定好目標後，便可以擬寫行動計劃。在現實的情況中，一個目標通常包括不同的子目標。以我減重的目標為例，「我能穿回結婚時的禮服」這項目標包括減去身體各部位的脂肪，減腰圍、腿圍、手臂已經各是一項子目標，還有身體的重量及脂肪比例等都可以成為子目標。假如我們跟學生訂立目標時發現，目標之下包含過多的子目標，表示此目標的複雜性較高，需要分階段進行計劃。擬寫完成目標及子目標後，我們便需要構思可行的方法。以我的例子為例，我決定以閱讀減重書籍並自行制定減重餐單，及參加健身班兩個可行的方法去嘗試，同時也預留一至兩個後備方案，例如諮詢營養師。

有可預見的障礙嗎？

作為一個有經驗的減重人士，我預計最大的障礙就是缺乏毅力及自我規範。這項可預見的障礙是來自我過去的經驗，以及我個人對自己的認識所得。為克服此問題，我邀請朋友一起進行計劃，在團體的氣氛下會改善我的毅力及自我規範的表現。對於學生而言，他們未必對自己有充分的認識，時有錯誤估計自己的能力及面對問題、挫折的能力。作為他們的師長，這是我們可預見的困難！因此，師長在引導學生時，成長型思維（Growth Mindset）便不可缺。我時常都會檢視減肥方案不成功的原因，同時也告訴自己：每一次失敗的經驗都是訓練大腦的機會，讓我有機會檢視自己的計劃，距離達到成功目標又踏進了一步。

選擇最可行的方案

當以上的步驟都完成好，我便選定「自行制定減重餐單」的方案開始計劃。這個方案在兩星期後便宣告失敗，因為外賣讓我的計劃都「破功」，「減肥仙女餐」的份量也讓我時常感到飢腸轆轆。當我察覺這個方案不可行後，便進行第二個方案，而我選擇諮詢營養師。學生在選定方案後，往往會憧憬成功在望。事實上，這個旅程只是剛開始，在達到成功前的過程必然會經歷失敗、結果不似預期、挫折，甚至發現對目標失去熱情。這些情況特別需要師長的支持及鼓勵。師長與學生共同訂定目標後，不時都要跟他溝通聯絡，檢視他的執行情況之餘，亦藉關心與陪伴為學生提供一份溫暖的支持。記住，每一次的經驗，不論是成功還是失敗，都是訓練大腦的機會，為未來的成功作預備。

經過以上的說明，希望大家明白寫在聯絡簿上的年度目標並沒有神奇的魔法，學生不會在年初訂下目標，年終的時候便會順利達成目標。這個「訂下目標、執行計劃、檢視及修正再出發」的循環是整年的恆常工作。

從教育的角度去思考，與學生訂立目標的目的，並不是要求他們達到目標，而是讓學生經歷從訂立目標到執行的歷程，才是最有教育價值的地方。雖然如此，如果班主任能協助學生共同訂立一個年度目標，並帶領學生一起奮鬥，不時檢視計劃的進程及成效，作出討論及修正，不論最後的結果如何，都是一次美好的集體經歷。

結語

在疫情下的教學，老師的心靈好像特別敏感及脆弱。同是老師，我明白同工的心情。由於對軟件及平台不熟悉，教材及課業的準備時間往往較以往增加一倍。不少老師連夜為教學作準備，努力把過去上課時的紙筆練習題轉為線上題目。為提供多元化的學習材料，老師搖身一變成為多媒體製作人員，錄製及剪接影片、現場直播及拍攝、錄音，甚至繪製動畫，不斷挑戰自己的能力及極限。不少老師在挑燈趕製教材後，第二天早上又要進行實時線上教學，以及一個緊接一個的教學籌備會議。

當老師在這樣疲倦、緊張、擔憂的精神狀態下授課，學生卻在線上聊天室閒談、關閉鏡頭、掛機……有老師形容線上的教學，好像瘋子對著空氣講話，自言自語。即使是身經百戰的資深老師，好像在這年頭也變得特別容易敏感、容易受傷，也會感到氣餒、失落、迷茫、挫折，我們也會懷疑這些工作的意義、教學的價值。

作為老師，願意推倒昨日的我，重新學習成為新的我，這都是因著對教學專業的認真、熱愛學生、關懷學生、熱愛自己的教學生命事業而來。這是對「老師」這份職業的精益求精，老師的專業就是在困難時期表現出來的。

老師的教學不能單純靠技巧。優秀老師的魅力不在於教學的方法或高超創意的技巧，而是來自老師對自己教學的認同。在上課時，真切地與學生交流，能為了讓學生學習得更好，放下過去教學的習慣，開放自己接受及學習新事物。這種的「開放」及「接受」就是對教學的尊重、對自己作為老師身分的肯定，也就是專業老師的表現。這類的老師讓學生體會到，即使與老師相隔遙遠，但仍然能感受到老師對教學的熱情，對學生愛與關懷的溫度。

最可惜的是，有部分老師與學生並沒有良好的溝通。你有你的教學，我有我的忙碌，學生與老師之間的線路，根本未曾接通。學生最能感受到老師對教學的熱誠，他不在乎你是甚麼學歷、擔當哪個職位。他們就是能真實感應到你課堂上傳遞的溫度。每天的課堂都是「世界上最遠的距離」，即使沒有疫情發生，除去熒幕的阻隔，若教室是冰冷的，師生永遠不會連線。

學生透過老師去學習、認識世界。老師、學生與課本互相連結，成為一個追求真理、知識，充滿溫暖的群體及空間。老師是重要及寶貴的資源，也是學生的學習媒介。每一次的教學不單止是知識的傳授，而是老師生命與學生生命的一場相遇。

引用已故的美國兒童電視節目主持弗雷德・羅傑斯（Fred Rogers）一句名言：「Anyone who does anything to help a child in his life is a hero to me.」（任何在小孩的生命中曾經幫助過他們的人，都是我的英雄。）

因此，請大家愛惜老師，也請老師愛惜自己，因為你是我們孩子的英雄。

疫情下如何進行「晨光聚會」?

浸信會沙田圍呂明才小學

張雪芬署理副校長

由陽光電話到「線上班主任課」

回想起 2020 年 1 月 23 日，新聞報導武漢宣佈「封城」，同日及翌日，學校接獲教育局及衛生防護中心最新有關資訊，及預防新冠肺炎措施。當時，幾乎全港市民都意識到疫情似乎越來越嚴重，作為學校，我們密切留意疫情的發展，並與家長保持緊密的溝通。

其後，教育局多次宣佈延遲復課，當時我們關心的是學生在停課期間的狀況，因此班主任開始撥打「陽光電話」，聯絡家長和學生，了解學生這段時間的需要。

停課一再延長，學校因應環境需要，靈活改變教學策略，老師不斷優化線上學習的安排，隨即於獲悉安排當日組織核心小組，了解及摸索 Zoom 視像會議平台，探討線上教學的可行性，並於 2 月 17 日進行「Zoom 線上學習試行計劃」，小四至小六各有一班試行 Zoom 實時線上教學，當時超過 40 位同工觀課。由於 Zoom 網課的順利試行，我們開始規劃如何在學校確實執行線上課堂，並籌備配合線上教學的教師專業發展培訓，讓老師在「疫」境中與時並進，不斷學習。

然而，除了學習，我們又如何關顧學生的心靈需要呢？雖然學校已經安排班主任及社工在停課期間致電給家長，了解學生在停課期間的學習進度及情緒，但只單靠「陽光電話」就足夠嗎？

原本老師在 2 月初便能跟學生見面，突如其來的新冠肺炎在世界各地蔓延，人人為之擔心和害怕。全港學校停課，復課一再延期，雖然教育局曾宣佈不早於 3 月 16 日復課，但仍然有很多因素導致學生未能在當日回校。我們從

家長口中不時聽到學生說：「想回學校」、「掛念老師的聲音」，相信學生一定十分期待回校上課，跟同學見面相處，一同在課堂學習，在小息談天說地，課後參加不同的興趣班和課外活動。

線上班主任課的設計及目的

核心小組正在構思要不要開展線上班主任課之際，本校老師便已躍躍欲試，他們受到早前 Zoom 線上課堂的啟發，自發性試行 Zoom 實時教學，其中一次就是高小的線上班主任課。就在 2 月 19 日教師專業發展日當天，我們邀請了兩位老師分別分享 Zoom 實時課堂和線上班主任課的運作和情況。

「在疫情下師生雖不能見面，卻能在熒幕上傳遞師生的關愛之情，進行實時互動，十分奇妙。老師透過對話可以了解他們狀況，維繫師生關係。話題不是追問功課進度而是閑聊傾談，他們的笑聲和笑臉都觸動著我們。」

「線上教學，雖然未必是最有成效的課堂，雖然仍有不少進步空間，但看見學生對學習的殷切態度及全情投入的表現，實在希望能實踐 Zoom 實時教學，其實，善用 Zoom 平台的不同功能，是提升課堂趣味和成效的其中一個關鍵。」

一再停課，老師對學習安排有不同想法，但本校老師願意一同「尋求突破，跳出框框！」要跟學生聯繫，除了「陽光電話」，Zoom 線上班主任課就是良策。接著，在 2 月 24 日開始，小四至小六進行中文、英文和數學課線上學習和線上班主任課。

2 月 25 日，教育局再次宣佈延遲復課。停課日子漫長，學生有校歸不得，為關顧學生心靈，真正和他們溝通，學校決定全面推行線上班主任課，讓師生於每周一節 30 分鐘的會面時段中互動、聊天，表達關愛與祝福。

線上班主任課推行目的：

- 師生在網絡中相會、溝通，共同建立一個互相尊重、互相信任的學習環境，一同分享生活點滴。
- 透過聊天共聚，互相問候，在疫情下不忘溝通和關懷。
- 培養學生的同理心，讓他們有機會了解其他同學的需要，學習如何關心或關顧同學。
- 學生探索及練習與人相處的社交技巧，並結合社交、情緒及學科的學習。
- 創造一個正向的學習社群，培養學生正向態度，一同以正向思維積極面對「疫」境，藉此為學生打氣。

如何善用及規劃線上班主任課

疫情肆虐，學生在下學期有大部分時間都因抗疫而留家學習，無論家長還是學生，都確實面對著不同程度的考驗和挑戰。每節的班主任課都很珍貴，老師期望做好每節的班主任課，收集了不少同工意見後，決定用 Morning Meeting（晨光聚會）的形式進行。

在疫情期間，我們不時收到關於疫情的負面訊息，我們可以趁「疫」境時互

相關懷和問候。很多一年級的學生，可能在初期對於疫情不太了解，只知道自己沒法回校上課，需要留在家裡，不能跟同學或老師見面，透過線上班主任課可以讓他們知道，原來老師也可以在 Zoom 為自己打氣，讓學生感受到在疫境中仍然有師長、同學和朋友關心自己。此外，有不少家長也會陪伴子女齊齊 Zoom，我們都期望能透過 Morning Meeting 加強家長和學生的防疫意識，推動同心抗疫的精神！

甚麼是 Morning Meeting？

2018 年，來自美國的 Responsive Classroom 團隊教導了本校老師 Responsive

圖 1 Morning Meeting 四大元素

四大元素	簡介	Responsive Classroom網頁內容 資料來源：https://www.responsiveclassroom.org/what-is-morning-meeting/
問好 (Greeting)	學生和老師互相問候，且一定要講出對方的名字。	Students and teachers greet one other by name.
分享 (Sharing)	學生互相分享生活上重要的事情，同學聆聽後可給予回饋。	Students share information about important events in their lives. Listeners often offer empathetic comments or ask clarifying questions.
活動 (Activity)	進行與學習、生活有關的小組活動，例如：念詩、唱歌、遊戲、跳舞等。	Everyone participates in a brief, lively activity that fosters group cohesion and helps students practice social and academic skills (for example, reciting a poem, dancing, singing, or playing a game).
訊息 (Message)	老師會寫下重要訊息，訊息包括老師給學生的提醒或期望。	Students read and interact with a short message written by their teacher. The message is crafted to help students focus on the work they'll do in school that day.

Classroom 的技巧。Morning Meeting 便是源於這個機構,Morning Meeting 包括四大元素(圖 1)。

以往,學校訂下每周一或長假期後回校的第一個早上,老師和學生在課室進行 Morning Meeting,全班同學和老師會圍圈進行涵蓋四大元素的活動,經過這一節 Morning Meeting 後,同學就準備就緒,開始一周的學習。

在疫情之下,Morning Meeting 仍然維持在每周一次,雖然形式由課室改到線上,但做法沒有改變,我們仍然會按 Morning Meeting 的 4 個元素進行班主任課。

經過數次線上班主任課後,我們收到很多班主任的意見,指同學在線上班主任課的整體參與度和互動性都比在課室時低,或許是因為學生剛睡醒未準備好,又或許是有兄弟姊妹在旁,一下子不太願意說太多。為了改善線上班主任課的氣氛,老師就轉換了 Morning Meeting 的流程。

線上 Morning Meeting 流程

如圖所見,Morning Meeting 由「問好」(Greeting)開始,然後老師可以按需要加入「訊息」(Message)環節,部分老師會直接說明該節的目標,比如說今天的主題是甚麼,並利用這個題目串連整個會面。接著,老師將「活動」(Activity)提前進行,透過不同活動刺激學生投入課堂(有些像破冰遊戲),緊接才進行「分享」(Sharing),最後帶出一周的重要「訊息」(Message)。

以下是各步驟的做法建議：

步驟一：問好（Greeting）

在線上 Morning Meeting 中課堂的時候，老師在「問好」環節可邀請同學，按學號向大家打招呼，例如：「大家好，我是一心」，老師回應：「一心，你好」。

老師也可加入一些點子，令環節變得更有趣，例如順學號輪流用不同方式介紹自己和打招呼、說早安：「Hi,I am Chris Wong. Good morning.」（英文）、「各

圖 2　課室及線上 Morning Meeting 流程

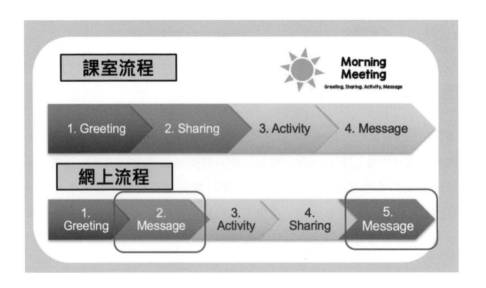

位同學，我是一心，早安」（普通話）、「おはようございます」（日文）。有次，一位同學說了「Guten Morgen」（德語），於是其他同學就好奇這是甚麼語言，這位同學便即場教全班用德語說早安，相當有趣！簡言之，就是務求做到讓每個人都發言。

步驟二：訊息（Message）

（留意此步驟可選擇做與不做，結尾時段的「訊息」才是必須。）

此步驟的「訊息」主要是直接表達今次 Morning Meeting 的主題訊息，就如老師在課堂開始時簡單列出或說出該課節的學習目標，讓同學有所準備。

步驟三：活動（Activity）

平日 Morning Meeting 的活動主要是和學習與生活有關，例如：念詩、唱歌、跳舞等，但在線上班主任課的活動則可以有點「破冰」的意味，主要以小遊戲為主。只要在網頁或 YouTube 搜尋「Zoom 線上遊戲」，已即時搜尋到「20 Fun Games to Play on Zoom」、「10 Easy Games For Online Zoom Classes」、「8 More Easy Games For Online Zoom Classes」之類的遊戲。至於本校老師也選用形形色色的遊戲，各種玩法也招數盡出，圖 3 列出的活動都是可以在線上進行的小遊戲：

在設計活動時也要注意以下要點：

● 簡單規則要講明：選用的線上活動，規則宜簡單，讓同學容易明白，此外，在活動前必須先講明規則（更理想是配以文

字簡單講解一次）。以「拍七」為例，講明規則後就即時示
範：1、2、3、4、5、6、拍手 8、9、10、11、12、13、拍手、
15、16、拍手」

此外，可預先跟全班設定目標，例如在成功數數遊戲中，要
在 3 分鐘內順利喊至 50，以增加活動挑戰性。還記得第一次
「拍七」，全班需要 5 分鐘才完成，挑戰一至兩次後，最後終
於成功在 3 分鐘內完成，全班還即時「Yeah」出來呢！簡言
之，這些小活動可以激發全班同學投入其中，令他們更積極
參與整節班主任課。

● 學生參與度高：所選的遊戲盡量令全班都能參與，以「收買
佬」為例。剛開始，老師會「收買」一些簡單的物品，如：圖
書、水、玩具車等等；之後，除了簡單物品外，還會「收買」
特別人物 —— 例如弟弟或妹妹，各組同學就需要分工合作，
有弟弟或妹妹的組員就要「出手」了；又試過「收買」6 張鬼
臉和 12 雙手指。只要老師肯花心思鋪排活動，活動就不會只
由一兩位同學主導，而是人人有份，彼此合作，即使是比較
低調的同學也能參與其中。

● 所用工具少：老師和同學預先準備的物品不宜太多，只用簡
單的工具就好，如：圖卡、紙、筆。

圖3 線上 Morning Meeting 遊戲及玩法

活動	玩法
猜猜畫畫	在Zoom以共享熒幕實時繪畫圖畫，同學需根據圖畫的內容，猜測最有可能的答案，並鬥快在Zoom的聊天室中作答。
Photo Hunt	同時展示兩張圖片，同學鬥快圈出不同之處。題目設計可由淺入深，例如圖片的不同之處越來越多。
有口難言	老師私下將題目發給某位同學，該同學只可用動作描述該詞語或物品，不能直接讀出關鍵字或同音字，其他同學負責猜出答案，並鬥快在Zoom的聊天室中作答。
接龍	老師隨意說出一個2至4字的詞語，然後下一位同學根據上一位作答者的詞語的最後一字作為自己詞語的開頭，並說出一個詞語，如此類推，直至有同學記錯詞語或接不上新的詞語就完結遊戲。
開口中	老師先在紙上或簡報上寫一個1至100之間的神秘數字，神秘數字以52為例。第一位同學要說出一個由1至100之間的數字 (但不能說1及100)，若同學說20，老師便要收窄範圍，並說出20至100，如此類推，直到說中神秘數字後就完結遊戲。
拍七	同學順學號開始從1順序報數，每逢 「7」字尾或7的倍數拍手，不報數。如果有同學喊錯，重新再做。
成功數數 (搶30遊戲)	同學順學號開始從1順序報數，每人每次可報一個數或兩個連續的數，誰先報到30，誰就為勝方。可增加活動難度，將數字加至50、60等。
放大鏡	老師預先準備的圖片 (圖片可以是科任老師或學校的相片) ，並放大圖片的其中3個部分，讓學生仔細觀察，每個部分展示約10秒，然後於限時之內在紙上寫出老師展示的圖片是甚麼，並將答案展示在鏡頭面前。
五秒定律	老師先指定第一位答題人，並讀出題目，如說出一種水果、一個國家或一種交通工具的名稱等，同學需於5秒內說出答案。答中後可指定下一位答題同學。
估領袖	先邀請一位同學到Zoom中的Breakout Room等待，其他同學選出一人作為領袖，由領袖負責帶領其他同學做動作。如領袖變換動作時，所有同學都要跟他一同變換動作。選出領袖後，請在Breakout Room的同學回到當中，仔細觀察各同學的動作、表情和眼神，猜出誰是領袖。
收買佬 (分組活動)	將同學分成4至6人一組，邀請同學在家中取出指定的東西，看看哪組取得最快。
世界之最 (分組活動)	老師先準備題目，每條題目都要由兩部分組成，例如「最長的——拇指」，「最高的——住宅樓層」等。將同學分成4至6人一組。老師先讀出題目的前半部分，如「最長的」，每組便派出一位同學來和其他組比拼，選好後老師才讀出題目的後半部分，最切合題目的一組便代表獲勝。

步驟四：分享（Sharing）

「活動」能激發學生的積極性，當活動完結後，同學大致已投入其中。老師可進入「分享」時間，分享環節中，宜先將學生分組，讓每位同學在 Breakout Room 中都有發言的機會，然後再邀請各組派同學在全班面前進行分享，這樣的分享效果比一開始就在全班分享會來得更好。

分享內容可考慮以下元素：

指定主題：由老師設定某個特定主題要學生講解，沒有特定要求，題材可以多元化，只要配合班本需要就可。

記得有次選用的主題是「家中最喜歡的角落／物品」，有些同學即時分享自己的寵物，有同學還分享了自己的城堡床，頓時整班嘩然；當分享「家中的防疫措施」，有同學即時打開大門，拍攝近大門旁的消毒藥水，有同學則即時拍攝打掃中的母親，送上感謝。

在疫情下，學生的生活或多或少都變得與平日不一樣，很多平日會做的事情可能要停下來，取而代之可能是一些新的嘗試。老師也可以此為題，讓學生分享疫情下的生活，老師更可即時鼓勵學生好好利用時間，學習新的事物與技能。

我們也曾以假期學習任務作分享主題，同學在復活節假期中需完成一份「自主學習任務」，他們可以自選題目、自訂學習目標、自決學習方式，並自主運用任何方式展示學習成果，因此，各同學的自主學習任務皆充滿創意，班主任正可利用 Morning Meeting 的分享環節，讓學生分享自主學習的經驗，

展示努力的成果。

以下都是我們曾分享過的主題：

- 家中最喜歡的角落 / 物品 / 玩具
- 家中防疫措施
- 疫情下的好人好事
- 疫情下我們是這樣過的
- 特定時事分享
- 笑話分享
- 圖書分享
- 苦中作樂的趣事
- 最難忘的事情
- 良好自學習慣

連繫性主題：主題要有連繫性，每周的主題之間會相關，讓學生循序漸進式地分享。

本校特別設有「自主管理正向生活時間表」，讓學生在停課期間妥善規劃每天的學習和活動，建立良好生活作息常規。時間表中提供了「學習活動」、「健康生活」、「放鬆玩樂」和「正向行動」四方面的項目建議。

老師就善用「正向行動」此項目，期望學生在疫情下依然能發揚正向思維，表達關愛、感恩、希望等正面價值。於是老師設定在連續 2 至 3 周中以「實踐關心家人的行動」為分享主題，讓學生分享他 / 她如何關懷家人。

在第一周分享後，老師更藉機會教導學生「5 種愛的語言」── 肯定的讚
美、優質的相處時間、送贈禮物、服務的行動、身體的接觸，讓學生明白表
達愛家人的不同方式，老師更建議學生在緊接的一周以不同愛的語言「實踐
關心家人的行動」。正因為 Morning Meeting 中的互相分享，同學間可互相
學習，其中一位學生正參考了同學的做法，在緊接一周幫母親按摩膊頭，從
而表達對父母的愛。

延續遊戲之分享：老師可結合「活動」，讓學生繼續分享。

以「我哋有得揀」活動為例，此活動的題目設計盡量迎合班中學生的興趣或
生活，如在復活節假期期間，他們會較多玩遊戲機還是多看電視，緊接就問
玩遊戲機的形式，當學生見到這兩條問題時，回應相當雀躍，老師隨即邀請
他們在 Breakout Room 分享，分享後老師再送上溫馨提示：「緊記打機要節
制，別沉迷！」

除此以外，又會問學生在停課期間是喜歡看教學影片，還是以 Zoom 上課，
從而讓老師能以輕鬆有趣的方式掌握班中同學喜愛的學習方式；又例如讓學
生分享「停課期間，你的家會變成『地獄廚房』，還是『美食天堂』？」看
到題目後，同學隨即「哇哇」大笑，急不及待地你一言我一語，有同學更即
時笑言自己家裡從來都是「地獄廚房」。透過一些有趣的題目，班主任不單
可以得知學生的想法，更可讓同學樂於分享，敢於發言，真是一舉兩得！

自由聊天：可配合一些班本獎勵計劃，獎勵同學這周自由聊天（初小學生在
線上課堂中較需要老師引導，此項較適用於高小學生。）

步驟五：訊息（Message）

老師必須以文字展示「訊息」，以總結當天的主題要點或是向學生分享您的期望，此外，還會加入本周學習提示，或者發佈每周學校的重要資訊。

以下以兩個例子，分享一下「訊息」的具體做法：

例子一：Morning Meeting 主題：「專注」

活動（Activity）：「拍七」遊戲。

分享（Sharing）：分組討論遊戲至勝之道，同學通常都能說出很多要點，例如專心聆聽、反應快、手眼協調等等。

訊息（Message）：透過「拍七」遊戲，希望同學明白即使我們學習模式有所轉變，但當中很多成功的關鍵是不變的，例如：專心、投入、動腦筋……同樣地，即使在線上學習，學習態度都應該和在學校上課相同。

最後，送上老師的溫馨提示作結：

● 時間分配的重要性（學習 / 做功課 / 休息 / 玩樂）
● 專心的重要性（線上學習的學習態度）
● 學習適應生活的改變

例子二：Morning Meeting 主題：「合作」

活動（Activity）：「收買佬」遊戲。

分享（Sharing）：分組討論遊戲至勝之道，同學通常都能說出團隊合作、積

極投入、有記性等。

訊息（Message）：透過「收買佬」的遊戲，希望同學明白團隊合作的重要性，彼此同心協力、合作無間；此外，縱然是線上課堂，但我們都要有積極的學習心態，包括上課態度要積極、踴躍舉手發問和作答、向老師請教停課期間不懂的課題。

最後，再送上老師的温馨提示作結：你的態度決定一切！

除此之外，也可透過 Morning Meeting 時段為生日的同學送上祝福，陪伴他們度過難忘的生日。甚至在每次結束 Morning Meeting 時來個遙距開心大合照呢！

正向教育的六大支柱

本校以 PERMA ＋ H 作為推行正向教育的六大支柱。至於在班主任課中又如何體現 PERMA ＋ H ？

在疫情下，本校老師一同「尋求突破，跳出框框」。最終，我們發現原來線上班主任課同樣精彩，不同學習模式也能達到相同的目標，甚至衝破課室限制，同學不單可即時展現家中實況，更可即時訪問身邊家人，這些都是在平日課堂中無法做到的，反而在 Zoom 課堂能做得到的事情！

結語

新一學年又至，但疫情未止。

9月1日當天全港中小學一同「線上開學」，很多學校都以不同的視像會議軟件進行實時線上課堂。面對疫下教育新常態，不能再像疫情初期般只求權宜之計，本校汲取了上學年停課的經驗，今學年調整了應對策略，制定了短中長期停課計劃，務求把教與學的進度抓得更緊。

當遙距教學成為新常態後，老師需要積極為學生營造互動性高及安全和諧的

圖4　正向教育的六大支柱

正向情緒 (Positive Emotion)	寓學於樂：學生在安全開放的環境下學習。
全情投入 (Engagement)	包含四大元素的Morning Meeting（問好、分享、活動、訊息），讓學生動腦筋齊分享，投入參與。
人際關係 (Relationship)	良好的生生關係（團隊合作、關懷、溝通）和師生關係。
人生意義 (Meaning)	以主題貫穿全節，使整個課堂都有目標和意義。
正面成就 (Accomplishment)	學生分享後得正面回饋，擁有成就感。
身心健康 (Health)	班主任以叮嚀和關愛，培養學生心靈健康。

線上學習環境，才能讓學生繼續愉快學習和成長。為了平衡學生的眼睛健康，新學年時間表中，每天只設有 3 節 Zoom 實時課堂和 1 節導修課，以盡量減少學生的熒幕使用時間，老師另會提供不同學科的自主學習影片、自學資源及學習任務，並配合閱讀材料、運動資源及其他學習活動，以確保學生在家學習期間仍能做到身心健康（Positive Health）。

教育，不單是傳授知識，更重要是生命的培育。

在眾多老師當中，站在最前線而且對學生影響最大的，非班主任莫屬了。作為班主任，應有教無類和誨人不倦，培養學生正確的價值觀，讓他們能夠明辨是非對錯，以積極正面的態度解決困難和面對挑戰。在教育新常態下，無論是線上班主任課或是面授課堂，班主任都充當一個十分重要的角色。

儘管開學首周學生未能回校上課，但並不會阻礙班主任跟學生的會面，開學首周的線上班主任課更為重要，內容可涵蓋共建「班窩」、訂立目標、建立好常規、線上學習準備、暑期任務分享等等，讓同學在遙距中認識彼此，建立朋輩和師生之間互相接納、互信、互補的關係，以凝聚班中的力量。

此外，在每天早上正式網課前，宜設有 10 分鐘線上班主任課，處理班務之餘，也可讓學生跟班主任或同學分享生活點滴。

至於 Morning Meeting 班主任課則依然需要定期進行，讓學生學習人際交往，培育社交能力，雖然線上教學成效不及面授課堂，也不能替代正常校園生活，但我們要在限制下探索更多可能性。

方法總比困難多，只要無懼限制，善用資訊科技把學生和老師連繫在一

起，除了傳授知識與技能外，同樣可建立學生正確價值觀和態度，跟學生建立關係，營造互信的氛圍，支援學生好好成長。

我的教學設備

電腦
用電腦上網課，使用 WiFi 又得，用 LAN 線亦得，最重要網絡夠穩定！

平板電腦
與電腦相輔相成，在教學時可善用不同應用程式輔助教學，提升教學成效。

Apple Pencil
上網課的必備工具，在平板電腦上書寫流暢，可記下要點，還可即時批改學生堂課，相當有用！

連咪高峰耳機
要收音好，又要說話夠清晰，連咪高峰耳機是不二之選。

談遊戲化學習的可行性

聖公會阮鄭夢芹銀禧小學

李偉銘老師

為何孩子享受打機

疫情令大家留在家中的時間大幅增加，對成年人來說這可能是放鬆的一刻，因為終於可以逃離一直以來辛辛苦苦、營營役役的辦公室生活。雖然工作還是要完成，但是簡單的一句「居家工作」（Work from Home），居然成為了我們喘息的空間。作為一個成年人，我似乎擁有更大的彈性去決定如何分配自己一天的時間。

可是對於孩子來說，疫症停課困在家又代表甚麼呢？對很多小朋友來說，他們無法離開居住環境，連過往唯一的寄托 —— 到公園玩捉迷藏、盪鞦韆也不被允許的情況下，似乎唯一得到的心靈慰藉，就是寄情於網絡世界及遊戲世界之上。過往幾個月，我收到很多家長的「告密」，告訴我家中的孩子在停課期間只會埋頭苦幹地「打機」（玩電動遊戲），先當神槍手，再當街舞之王，然後種水果，又要趕去買大頭菜，簡直可以用「樂此不疲」一詞形容這種「退休」生活。

可惜的是，父母及老師往往不能理解這歡樂的一面。成年人的重點大多糾結於「為甚麼我的孩子總是在打機」？坦白說，這個「為甚麼」並不代表是一個真實的問題，只是一個裝成問題的肯定句，語氣肯定並主觀地認為孩子除了玩遊戲之外甚麼也不會；這一個「為甚麼」，說難聽些其實是虛偽的，因為事實上絕大部分香港成年人根本從來沒有認真去研究，到底為何遊戲能令孩子如此著迷。根據一個非正式的統計，幾乎每一位班主任都聽過家長對學生打機的負面評語。打機，彷彿是十惡不赦的行為，全因在很多成年人眼中，打機是不健康的、是無意義的、是浪費時間的。成人的「良好活動指南」中只包括閱讀、溫習、做運動。在此，我不是要鼓吹大家打機，我只希望大家反思一下，假若打機真的是如此邪惡的一件事，為何孩子如此享受打

機的過程？

打機狂的心路歷程

我雖然是一位任教於傳統小學的英文老師，但不諱言地承認我其實也是一位不折不扣的打機狂熱分子。打從小時候開始，我已經是個寧願被媽媽責打也堅持要打機的學生，也從不閱讀，只享受遊戲世界帶給我的愉悅，切切實實是一個主流社會中的頑劣小孩。我深刻地記得我第一個認真對待的遊戲是「滾球雪人 (Snow Bros)」。當年的我只有 6 歲，是一個身高只有 1 米左右的小朋友。那時候的遊戲機沒有現在的高級，沒有現在的先進，我手持的只是一部灰白色，與一塊磚大小相若的任天堂 Game Boy，就是那台要先入 4 粒 2A 電池，在遊戲機頂部開關，然後在狹小的熒幕右邊有顆紅燈亮起來的那台 Game Boy。

「滾球雪人」的遊戲玩法非常簡單，不過是雪人主角噴出雪球將怪物凍著，然後積累成一個大雪球，由高處滾下一次擊敗多隻怪物。當怪物全數清除，即可往下一關進發。如是者來來回回共 50 關，最後打敗終極 Boss，遊戲就完了（在香港俗稱「打爆機」）！遊戲的畫面只有黑白色，音效非常單調，絕對稱不上是感官上的享受，但我卻玩到機不離手，那份愉悅又是那麼刻骨銘心。媽媽為了阻止我打機，將遊戲機收藏於幾百呎單位的一角，但仍然被當時只有 1 米高的我，迅速從 3 米高的衣櫃上找出來，偷偷地關上門就開始打機。印象中當時媽媽非常氣憤，也許是因為從沒想過自己精心設計的收藏地點，轉眼間就被破解了；但更大的原因，相信是她真心不希望我打機，因為在她的觀念中確切深信「勤有功，戲無益」。

小學三年級的一個機緣巧合之下，我認識了人生中最喜歡玩的電動遊戲 —— 寵物小精靈。主角小智雖然經常比我笑謔已經年屆五十，但仍然身體力行，從來沒有放棄過成為世界第一的寵物小精靈訓練員的夢想。他走過一個又一個地區，挑戰一個又一個對手，目的只為捕捉不同種類的寵物小精靈，同時訓練牠們成為最強的精靈。因為我從來不屑中文版遊戲的緣故，所以玩寵物小精靈的過程中，我必須要認識並深刻緊記大量日文及英文生字，例如我學會了藥劑的英文是 Potion，動詞「起死回生」的英文是 Revive，招式「大文字」（だいもんじ）原來與日本京都的節慶文化活動有關。這些生字和課外知識，我從沒刻意背誦默寫，卻深刻清晰地刻於我的心上及腦海之中。

相比起「滾球雪人」，寵物小精靈的遊戲設計複雜得多。除了當中有大量的精靈可供選擇之外，每一個招式，每一個精元點的配合，都能創造出截然不同的效果，讓我更容易、順利地挑戰各種對手，逐一擊敗各個道館掌門人，問鼎該地區的冠軍寶座。寵物小精靈遊戲要求玩家穿州過省完成任務，當中的路途並沒有想像中的簡單，而是要利用不同策略，帶有些許解謎的元素，一層一層、一步一步地到達各個城市挑戰其他訓練員。也許你會遇到一些比你強悍甚多的訓練員，你會不斷戰敗，但只要到寵物小精靈中心休息，然後再加強訓練，重新思考不同寵物精靈的屬性，以及招式種類，經過反覆嘗試，然後升級，加強實力，最終就可克服難關，挑戰更高難度。

整個過程是否似曾相識？當我們抽離一點去看，這個「屢戰屢敗、屢敗屢戰」，反覆試驗，學習更多以增強自己實力的概念，難道不是與學習的過程非常相似嗎？我們成年人各出奇謀，反覆思量，每天都渴望學生得到健康積極的人生價值觀。我們希望學生在進入大人世界之前體驗的人生觀，原來在一個小小的盒子遊戲世界內，就可透過第三身體驗去學習得到。換個角度來

說，這不是與學校的設定有異曲同工之妙嗎？

正正因為打機與現實世界生活中學習的過程相似甚多，因此出於私心也好，出於理性也罷，我實在不能理解成年人對於小朋友打機的那種不滿及不安。正如其他的恐懼一樣，其實這種負面情緒或多或少是源於對事物根本的不了解。

打機到底是怎麼一回事？

所謂「知己知彼，百戰百勝」，大人們要利用打機的元素戰勝打機一事。首先我們必須從學術的角度去理解電動遊戲的吸引之處。在開始之前，我必須要重新釐清一點：我絕非要鼓吹打機的風氣，也不是斷言打機百利而無一害。我只不過希望以老師的角度，去研究遊戲令人持之以恆的關鍵，以專業的角度去分析「以遊戲元素加強學習」一事在學校的框架（Context）下是否可行。換句話來說，其實就是探討遊戲化學習（Gamified Learning）的可行之處。

遊戲化（Gamification）一詞最先可追溯到 2008 年，當時這個詞語只流行於遊戲業界，以電子遊戲為中心，分析廣受歡迎的遊戲背後的設計，例如如何善用玩家與電腦之間的交流，加強玩家的專注度，以及加長玩家停留於遊戲的時間。直到 2010 年，遊戲化一詞被廣泛使用在不同的領域，包括社交軟件以及商業軟件，其中最令人津津樂道的莫過於不同品牌的宣傳程式。不少企業以及商人漸漸發現遊戲化的商機，將原來遊戲獨有的元素放入品牌的會員獎賞制度中，吸引顧客完成各種「挑戰」，賺取積分或印花以換取不同的

頭銜及獎品，從而增加該品牌的知名度及銷售量。相似的概念很快獲得教育機構及教育家的垂青，他們將遊戲化的概念放在教育中，製作出形形色色的教學遊戲及學習軟件，成功吸引大量用家以玩遊戲的方式自學各種知識，如語言、運動、投資策略等等，當中最為人熟悉的包括有跑步記錄程式 Nike Run 及語言學習軟件 Duolingo。這兩個程式之所以成功，是因為他們以遊戲作包裝，透過各種遊戲設定，令玩家自然而然地投入在運動及學習之中，再利用分享模式，將程式擴展到更大的玩家市場。

遊戲化學習的可行性

那麼到底我們日常的學習又能否以遊戲形式包裝，令學生全程投入於學習當中，發展出一套自學的學習態度？要解答這個問題，我們必須要明白遊戲化學習所包含的必要元素：

遊戲化必要元素

- 點數（Points）
  每次完成不同的任務後，遊戲會根據玩家的表現，給予相應的分數作量化鼓勵。在一般的遊戲當中，通常會以金幣，或經驗值作為點數。換句話說，就是將玩家的表現及進程可視化。

- 升級（Levels）
  當得到相對的點數時，玩家就可以升級，玩家角色相應的能力亦都有所提升。在某些遊戲中，升級是開啟下一關的條件。

● 徽章（Badges）

每當完成不同的任務，或者達到某一個程度，玩家將獲得不同的徽章，類似遊戲中的認可制度。某些遊戲需要玩家得到某些徽章後，才能繼續晉級。

● 排行榜（Leaderboards）

顧名思義，就是玩家成就之間的排行榜，顯示朋友圈內、地區、甚至世界上頂級玩家的排名，部分遊戲亦展示玩家與其他玩家分數上及成就上的距離。

● 獎勵（Rewards）

非常顯淺易明的概念，就是以獎品或非實質獎勵，鼓勵玩家繼續前進及晉級。

● 進度（Progress Bars）

進度可以以不同的模式出現在遊戲當中，最直觀的就是直接展示玩家於遊戲中的進程，例如顯示玩家現時於遊戲故事中的甚麼章節。亦有部分遊戲以玩家的能力值作為進度，透過升級提升玩家的能力值，能力值越高，代表你在遊戲的時間越長，也就是進度越前。

● 角色（Avatars）

玩家可以自選遊戲中的角色，你可以選擇不同的工種，不同的性別，不同的衣著、面容、身體特徵。總括來說就是讓玩家擁有自主權，讓玩家更能投入遊戲當中。

● 社交元素（Social Elements）

不少遊戲要求玩家將遊戲分享出去，又或者要求玩家與其他玩家合作完成任務，藉此增加玩家與玩家之間的交流，亦仿效現實世界的社交圈子及社交元素，以增加遊戲的玩家市場，亦希望玩家能因朋輩關係而更投入於遊戲之間。

● 任務（Quests）

任務是其中一個最重要的元素，很多時候任務就是貫穿整個遊戲故事的脈絡，帶動遊戲的流動。另外亦有不少的枝節任務，從主線分支，交代遊戲中的旁枝，又或者令主線故事的人物及事件更立體。任務大多帶有可觀的獎勵以吸引玩家完成，獎勵越多相對來說亦更具挑戰性。任務是遊戲成功與否的關鍵，卻又是遊戲化中最易忽略的一環。

動物森友會為何紅遍全球？

我在此就以疫症期間紅透半邊天、橫掃全球遊戲榜的動物森友會作為例子。此遊戲在對手眾多的遊戲界上旗開得勝，除了因為遊戲本身的設定非常可愛簡單，入場門檻非常低之外，其實重點是因為遊戲設定可以誘發到玩家持續玩下去的心態。

這個遊戲將玩家設定為無人島上的一個人，在無人島上你可以盡情發揮創意，透過各式各樣的工具，將島嶼重新建構成為你的夢想之地。因為需要建造房屋的緣故，玩家需要大量金錢（點數）。當中會有林林總總、大大小小的任務，包括挖礦、砍樹等去獲得原材料以製造工具，又或者製造工具之後協助其他村民解決他們的問題（任務），繼而獲得各種小禮物或金錢。

金錢在這個無人島上非常重要，為了還房貸和興建更大的房屋（升級），又或者購買形象產品、服飾、家具等（角色），玩家需要更多的金錢。遊戲雖然沒有一個清晰可見的排行榜，但因為它鼓勵你探索朋友的島嶼，或者邀請朋友前來參觀（社交元素），透過比較島嶼的大小及設施的多寡，玩家很容易就可以作出比較，辨別哪一位玩家比較「成功」。為鼓勵玩家，遊戲將不定時檢視島上的建設、新屋的裝潢配備，以及與電腦玩家（Non-Player Characters，NPC）的關係，以給予相應的徽章及獎勵。此遊戲的另一個賣點，就是要求玩家接觸各式各樣的島上生物，包括魚類、海洋生物、昆蟲，不同的生物只會於特定的時間、季節及地方出現，玩家其中一個重要的任務，就是要儲齊所有生物的圖鑒（進度）。有時候玩家需要參觀不同的島嶼才能找到特定的生物，但正正因為這份挑戰，才能更加吸引玩家願意投放大量時間在遊戲上探索。

動物森友會並沒有無比精緻的動畫，亦沒有複雜而引人入勝的遊戲脈絡，卻成功俘虜全球玩家的心。根據任天堂的商業報告，遊戲推出後的首 6 周已達到 1,300 萬的銷量，於 8 月的報告中指出全球遊戲銷量已衝破 6,000 萬，公司盈利急升 200%。由此可見一個遊戲之所以成功，背後需要各種元素以維持其運行，而這些元素並不是憑空虛構出來，而是看穿人類內心的學習及成長動機需求而去編寫的。

打機是否一件壞事？

要成功引起動機，遊戲本身必須要有清晰目標（Goal），讓玩家有一個前進的方向。遊戲亦要提供即時回饋（Feedback），讓玩家感覺到自己正在遊戲中成長，必須要讓玩家親身感受到，辛苦付出是有回報的，可以透過不斷磨練，以達到更高的水平。夥伴合作（Collaboration）亦是不可或缺的部分，

透過合作等的社交元素能夠令玩家更投入於整個遊戲之中，因此任務設計必須非常精心，每個任務必須具挑戰性（Challenges），太容易的任務不會吸引到玩家逗留，但相反太難的任務亦會令玩家喪失信心，繼而放棄遊戲。

暫不要說打遊戲有甚麼元素，其實打機是否一件壞事，我給各位一些數據。2016 年，昆士蘭科技大學的幾位學者嘗試將過去有關遊戲化的文獻重新整理，探討遊戲化（Gamification）對於玩家的健康以及福祉上的影響。研究總共涉及 200 多宗研究案例，在當中 37 個最具研究價值的個案中，有 22 個對於遊戲化的評價都非常正面，另外 15 個是「亦好亦壞」，有關的淨負面影響是「零」。換句話說，就是遊戲化對於參與者的健康以及身心福祉，普遍都是有正面影響，均沒有單純負面的影響。

話說到此，大家可能會一頭霧水，為何好端端一本講述教學策略的書，會有如斯篇幅大談遊戲設計？事實上我希望所有正在閱讀此書的教師、父母，去理解我們可以如何利用遊戲化形式加強學生在學習上的動機。過往的日子，香港的學界一直追捧自律學習（Self-regulated Learning），鼓勵學生要自學，亦要求老師在設計教學課程當中加入自學元素，希望藉此令學生感受到學習的有趣之處，自發地尋找更多知識。

可惜恕我直言，這一系列的計劃多半是雷聲大雨點小，成效令人懷疑，亦令作為老師的我不禁問自己，到底這些計劃是為了老師而做，還是確實站在學生的角度去設計？再退一步說，假若我們能夠捕捉到遊戲中令人著迷的關鍵，讓它與學習連結起來，融為一體，達到學習時遊戲，遊戲時學習的效果，這又會不會是令學生投入自學的致勝之道？那我們能不能將這些概念運用在課堂中，激發學生的學習動力，建構一個有趣又健康的學習環境呢？我就是希望透過此文打開各位的想像大門，讓老師重新思考一下遊戲的

價值，又或者重新想像我們應如何利用創意，將遊戲化的概念放進課室之內，吸引更多同學自願、主動地學習。運用專業的知識以及豐富的經驗，在教育的領域探索各種可行的方案，破舊立新，這才是 21 世紀作為教師更加需要探討之處，也是我們無法被取替的價值。

其實喜歡一件事，需要有理由嗎？

「同學們，我們的想像不應局限於量化利益，總不能如此功利啊！」

「那為甚麼 Mr Lee 你總是說甚麼也要與學習掛鈎？看齣電影、打個電動都要與學習有關，其實為甚麼我不能單純的愛上玩遊戲？」

這句話對我來說實在是當頭棒喝。的確，我們大人的愛好大多沒有半個實際原因，亦說不上有任何實際的利益。我們所選的大部分休閒活動都是以自己的喜好為主，目的只有一個：放鬆心情，好讓自己從繃緊的現實世界中抽離一下。既然如此，我們又為甚麼不能將統一標準放在學生身上呢？亦即是說，其實遊戲化的過程除了令玩家達到遊戲本身的目的之外，亦令玩家感受到心靈上的正面影響。說好聽一些，就是釋除了成年人對於遊戲的疑慮，但坦白說，其實就是正正狠狠地打著大人的嘴巴。當好多成年人、老師、家長不停地妖魔化「遊戲」一事，科學的研究數據卻指出，事實上善用遊戲化利多於弊。

過往的日子我亦曾經問過學生，希望了解他們喜歡打機的真正原因，又或者他們打機時的喜悅從何而來，是甚麼驅使他們可以不眠不休地打機？當中

或多或少原來也跟自信心有關:「因為打機我最厲害,班中很多同學都會問我如何『打大佬(Boss)』,甚至六年班的大哥哥也在校巴上向我取經驗,連平日班上考第一的同學也要問我如何取勝。他可是從來不會向我請教的呢!」似乎遊戲世界可以帶給學生一種學校環境從未得到過的優越感,給予他們價值及肯定。但最吸引我的,莫過於以下同學的看法:「在遊戲世界裡面我可以不斷死(戰敗),輸掉了也不打緊,按個按鍵又可以重新開始!就算死了我也可以不斷翻身,再想想怎麼過關。很多時候玩著玩著就天亮了!」

我問:「那為甚麼我平日讓你多做幾遍你那不及格的小測,你從不就範,我倒是沒有見過你通宵達旦,重複做到你懂得為止呢!」

「嘖,還不是因為你們從來不教我怎樣做,然後每次我都做錯,每次你們都會責備我。你知道嗎?在遊戲世界,戰敗後返回場地時,我的槍會自動有條紅外線輔助我去射怪獸,我的子彈準超多的!而且怪獸弱了,多試兩次我便很容易就過關了!」

對於我來說,這個答案實在是個重大的啟示!原來學生玩遊戲之所以認真,並不單單因為能從遊戲中得到的快感,亦不是為了逃避現實世界,而是因為遊戲設計真真正正考慮到他們的心理需要,輔助他們成為一位更強的玩家,同時建立他們的自信心。我不禁要反問自己,老師及父母於現實世界、學校,甚至家庭裡面,又有否建立相似的正向體驗予學生呢?當我們堅信打機是因為學生要逃避現實世界的時候,我們又有否想過為何現實世界如此殘酷,讓學生懼怕得要躲到虛擬世界中?當我們怪責學生不會成為獨立自覺的年輕人時,作為教育制度、社會的建構者及持份者,我們又有否溫柔而堅定地扶助學生成長?

當然，我也必須要重申一點：打機是不是能醫百病？不是的。剛才我提到的研究指出，遊戲對於一個人的健康、幸福感是有好處的，但也有個問題，就是在認知範疇上，遊戲化對於玩家在認知方面似乎混合（Mixed）或中性影響（Neutral）比正面的多。也就是說，如果我製作了一個減肥的遊戲，而且確能夠在行為上幫助到玩家達成減肥的目標，但未必能夠將減肥的概念內化於玩家的腦海。也即是說，遊戲化所帶給學生的好處，可能多出於外在動機，而遊戲元素的正面影響必須演變成內在動機，才可以長久延續下去。

結語

在 2020 年，因為種種原因，我們每一位都經歷了急速的進化，「新常態」（New Normal）一詞每一天都琅琅上口地掛在我們的嘴邊，不同業界人士不斷定義何謂新常態。「個個都講新常態，唔通個個都明咩係新常態咩？」新常態對於老師來說，到底只是一個噱頭，抑或是言之有物的概念，其實在於我們到底有多能放棄以前的觀念，並坦然接受新的衝擊。

在停課的這段時間，教育界舉行了林林總總的線上工作坊及分享會，當中不乏一些主張學生身心健康的題材。說實在，當中很多的策略，是老師在疫症之前從未想過的，又或者根本沒時間、空間去想。適逢停課，老師的腦海裡多了點空間，新的挑戰每天催促我們認清事實，真正重新檢視與學生的溝通，以及真誠的關懷。要學生身心健康，其實真的要從成年人做起。

除了打機之外，學生有很多行為都需要我們深入了解，可是在過往的日子裡，我們很喜歡一錘定音，以主觀角度定調事情，此問題的癥結在於，身為

大人的我們，總有一種先入為主的心態，總覺得我們的想法是經驗之談，學生都年紀尚小，他們甚麼也不懂。這種「高高在上」的心態，直接在我們與學生之間構成一道冷漠的高牆，阻隔我們與學生的溝通。相反，如果我們拋開過去的認知，放下自己作為老師的「自尊」，嘗試從站著向下望，改為稍稍蹲下來，從學生的角度去看這個世界，其實事情未必像我們想像的壞及複雜。少一點誤解，多一點關懷，這才是讓學生身心健康的不二法門。要做到這一步，我們必須要敞開心扉，問問自己：到底我準備好打破自己固有的思想了嗎？假若我也做不到，我又怎能要求學生去做？因此，我總是說，正因停課有危，教育才有機。到底新常態是否只在停課期間出現，復課之後是否就直接打回原形呢？我還望父母、老師都好好思考。

我的教學設備

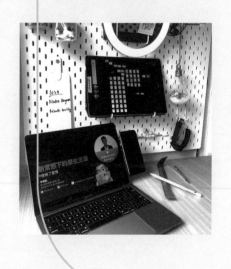

美顏燈
現代的老師個個搖身一變成為 YouTuber，為自己打燈是基本吧，不然一臉倦容真的會嚇壞學生。

MacBook Pro
相比起前一代 MBP15，這台機身小，功能多，是剪片神器，也是準備教材、工作坊簡報不可或缺的工具。

iPad Pro + Apple Pencil
網上功課大行其道，但老師還是習慣用筆改簿，一台 iPad 配以 Apple Pencil，一次滿足你兩個願望。

磁力 iPhone 支架
近期大愛之物，把支架貼附在 MacBook Pro 或 iPad 的外殼，再在 iPhone 背後加上一塊磁片，便可輕鬆將其貼在 MacBook Pro 或 iPad 旁，彷彿多了一個熒幕。

外篇

十大問題，延伸思考

1. 現行的香港中學文憑試（DSE）考評模式，能否適應「新常態」下的教學範式轉移？

2. 為甚麼在文憑試未必可如期舉行的情況下，考評局反而大幅削減「校本評核」，加大考試比重？校本評核的意義何在？

3. 要培養學生自主學習的能力，是要學生先有這些能力才給予自主機會？還是先給予機會培養自主能力？

4. 哪些學生能夠自學？哪些學生不能夠？學生必須具備哪些能力及得到甚麼支援才能夠自學？這些能力，應該如何去培養？

5. 老師如何在網課履行「照顧」的責任？保險和安全問題該如何定義？

6. 當教與學都能因科技突破空間與時間的界限時，老師該怎樣拿捏「留白」的哲學？

7. 當「課時」變「學時」，「學時」該怎樣計算？學習不再是具體「存在」可見時，學習的時數會不會無限擴張？老師的工時又怎樣計算？

8. 新常態下，大學教育應如何選擇及培養人才？ 中學教育制度應如何適應這種人才選拔的改革和教育發展新趨勢呢？

9. 疫情過後，留下的除了有一段傷感的歷史，在教育界中還有教學生態的改變。電子教學之風在疫情中吹得很猛。這陣風是好還是壞呢？我們能否藉著這陣風順勢地把教育界向前推？讓學生知道我們不只是要應用科技，而是要駕馭科技及創造新世界。

10. 新常態下的「一般教學知識」、「學科知識」以及「教學內容知識」是否有所轉變？若有，應該會有哪些轉變？

2020 年停課大事回顧

1 月 22 日	香港出現首宗輸入個案。
1 月 25 日	政府宣佈將會延長中小學、幼稚園及特殊學校的農曆新年假，最快 2 月 17 日才復課。
1 月 31 日	確診個案增加，教育局宣佈全港中小學、幼稚園和特殊學校都延後開學，最早會於 3 月 2 日復課。
2 月 25 日	教育局延後復課日期至不早於 4 月 20 日。
3 月 21 日	香港中學文憑試延期至 4 月 24 日開考，文憑試放榜和大學招生延期。
4 月	文憑試筆試舉行，考評局額外借用大量學校課室作為考試場地，以減少考生密度。
5 月 5 日	教育局宣佈學校由 5 月 27 日起分階段半天復課，學生會在午膳時間回家，以減低學校傳播疾病的風險。
5 月 27 日	中三至中五學生早上復課。
6 月 8 日	小四至中二學生早上復課。
6 月 15 日	幼稚園 K3 至小三學生復課，幼稚園 K1 和 K2 則不復課。
7 月 10 日	多間學校學生、學生家長及教職員家人確診，教育局宣佈中小學、幼稚園在 7 月 13 日起提早放暑假，並呼籲 7 月中旬的文憑試放榜以線上方式進行。
8 月 3 日	教育局宣佈全港學校新學年可於線上授課，但面授課堂及校內活動暫停，直至另行通告。
9 月 1 日	中小學及幼稚園學生在線上上課，開始新一學年的學習。
9 月 23 日	中一、中五至中六、小一、小五至小六及幼稚園 K3 學生恢復半天面授課堂。
9 月 29 日	其餘班級恢復半天面授課堂。

像極了愛情：
疫情下的教與學像一首情詩

李偉銘老師　聖公會阮鄭夢芹銀禧小學

現世代的超現實教學歷程，
變幻莫測，似有還無，
像極了愛情。

一張一張看似純真的面孔，卻讓曾經
溫柔的你，苦辣酸甜
都嚐盡，
像極了愛情。

三言兩語明知未可解釋，
卻讓曾經
率直的我，欲言又止，
說不清，
像極了愛情。

語塞、語塞，
有時氣憤難平叫我語塞，
但動怒後更潦倒。
與其兇，不如哄，
像極了愛情。

慢慢發現
原來一切有原因，原來
所有不安、所有不憤、所有不足、所有不滿
慢慢細聽，徐徐細傾。
慢慢明白，萬人懂
還不如一人懂，
像極了愛情。

緩緩回到暖黃色的燈
和那凌亂不堪的枱頭，
眼中一度
一道道的殘影，
卻擋不住那道充滿期盼的光。
教學歷程，卻叫人
又愛又恨，本來就
像極了愛情。

作者簡介

鄭淑華老師

香港華人基督教聯會真道書院專業發展主任、Project Zero Leader、中文科統籌,主力任教國際文憑課程及本地課程。2011 年開始實踐電子教學,獲選為蘋果專業培訓專家（Apple Professional Learning Specialist）、蘋果傑出教育工作者（Apple Distinguished Educator）。在香港致力推動電子教學及翻轉課堂,現為香港翻轉教學協會副會長,曾到海外不同城市帶領工作坊,2018 年入選「台灣教育創新領袖 100」名單,經營多個老師共備社群,希望鼓勵更多老師互勉同行。

薛子瑜老師

香港翻轉教學協會人文學科召集人。俗話說:「一個和尚挑水吃,兩個和尚抬水吃,三個和尚無水吃。」那 4 個和尚?5 個和尚?6 個、7 個、8 個以上呢?這個故事令我想了許多年!每每都有不同的啟發:人力問題?水利工程?態度因素?環境影響?還是心理情緒作祟?課室裡每天都面對上述問題,但如何化解的確讓我尋尋覓覓、眾裡尋他千百度,仍樂此不疲。願學子有品、有德、有才、有能、有感恩!

夏志雄老師

香港真光中學資訊科技主任,任教數學科及資訊科技科三十多年,鍾情於融合科技及教育,並以翻轉教學為至愛。2016 年創立香港翻轉教學協會,是香港第一個以翻轉教學法為核心的教師學會,目的是推動香港老師投身翻轉教學運動。同時擔任教育局資訊科技教學督導委員會委員、賽馬會翻轉教學先導計劃顧問,也曾是教育局的借調老師,經常到各校主持教師發展日及電子教學工作坊,推動創新教學不遺餘力。

林振龍老師

香港管理專業協會羅桂祥中學專業發展主任及助理數學科主任，香港翻轉教學協會副會長。在 2014 年因為參加了侯傑泰教授及夏志雄老師的講座而開始了「翻轉課堂」之路。近年除了專注利用教學影片及線上學習平台提升學生學習資源之外，也積極推動「個人化學習」及「促進學習的評估」，直接尋找提升學生能力的方法。

李兆基老師

循道中學電子學習發展組負責人之一，專責籌辦教師電子學習專業發展及公開課，任教中國語文科，香港翻轉教學協會中文科召集人。習慣運用「黃金圈思考」(Golden Circle) 整理個人教學，近年積極推動「翻轉教學」及「自主學習」的原因，皆因相信「自主學習」是 21 世紀學生最需要掌握的學習技能；「電子學習」則有助學生將個人的思維、創意、學習省思「可視化」，促進學生為自己的學習負責，培養良好的學習價值觀和態度。

程詠詩助理校長

粉嶺禮賢會中學助理校長，任教通識教育科及生物科，現負責開拓學校的專業發展部，曾任學務部部長、升學及就業輔導主任及通識教育科科主任。由 2013 年開始，負責統籌及帶領校內「協同探究」教學模式的發展，期望透過專業對話，設計以學生為本的課堂，讓學生於協同互動中探究學習，孕育他們成為主動的學習者，擁有並享受學習的喜悅。近年，積極探討如何善用電子工具及融入資優教育元素，進一步發揮「協同探究」效應，讓學生能自主學習、愛上學習、終身學習。

卓少雄老師

科技盲一個，卻是翻協播下的種子，電子教學終生學習者，於順利天主教中學任教中文科。

梁靜巒老師

於香港中文大學取得英文教育碩士學位及於香港演藝學院取得藝術碩士（戲劇教育）學位。擅長把電子教學及戲劇帶進語文課堂之中。認為在 21 世紀的教與學中，老師應透過重新設計課程，激發學生對學習的興趣及自主學習的能力。梁老師現為大光德萃書院 21 世紀學習設計統籌、香港翻轉教學協會秘書、FLGI 的亞洲區幹事、Google 培訓師、Google 創意家及蘋果教育傑出教育工作者（2017）。

張展瑋老師

畢業於香港中文大學，現任職瑪利諾中學，同時在香港翻轉教學協會擔任幹事。在教學初期，曾經歷許多迷惘與掙扎，幸好得到身邊同事熱心支援，因而度過不少難關。在任職老師前，曾在香港中文大學從事與電子教學相關的行政及研究工作。在過程當中，科技發展一日千里，教學模式也要推陳出新，這樣才能讓學生持續地享有優質的教學。在實踐創新教學時會同時閱讀大量學術文獻，並不斷從學生的回饋中改進教學。經歷幾年時間後，開始應不同團體邀請，把教學心得分享出去，包括為學校前線老師進行教師發展日培訓，在新城電台擔任分享嘉賓，在母校香港中文大學教育學院為準老師舉行研討會，及在通識教育課程擔任客席講師等。在教學路上，堅持「與學生同行」，在規劃全面教學模式的同時，亦會關顧學生的全面發展，旨在令學生在裝備 21 世紀所需要的技能的同時，活出更精采的人生。

黃文禮老師

香港紅卍字會大埔卍慈中學生活與社會科及通識教育科總統籌、雜誌專欄作家、「香港教師中心教育研究獎勵計劃 18/19」嘉許獎得主。喜歡思考和閱讀，希望可了解世界的不同教育趨勢，並嘗試不同教學方法和教學科技。深信生命影響生命，認為「堅持與熱誠」能讓老師和知識都走進學生的心中，相信創新教學將成就 21 世紀的未來人才。

張琳老師

賽馬會萬鈞毅智書院英文科初中科主任，香港翻轉教學協會英文科（中學）召集人，賽馬會教師創新力量第二屆創新教師。喜歡嘗試創新教學法，將科技和創新理念融入課程，將學習和創新思維緊扣生活。堅持人人可教的理念，實踐活的教育方法。尊重孩子，陪伴他們一起成長。相信心態決定境界，工作中時刻以 Growth Mindset 提醒自己，勇於接受挑戰，提升專業技能，喜迎時代變遷。

蕭煒炘老師

德蘭中學理科及 STEM 統籌主任，任教初中科學及化學科，亦是香港翻轉教學協會科學科召集人及蘋果傑出教育工作者（Apple Distinguished Educator）。在「大灣區 STEM 卓越獎（香港區）」中獲選為「十佳 STEM 教師」之一。教學多年喜歡追尋新知識，並熱愛嘗試創新教育及學習技巧，期望帶領學生善用科技，把學科知識及日常生活連繫，從而激發學習動力及創新思維。熱愛設計與思考，深信設計思維（Design Thinking）及視覺化思維（Visual Thinking）是未來學習的重要元素，盼與學界更多創新夥伴共創未來教育新常態，培育學生成為明日世界中的創意解難者。

梁國豪校長

擔任數學老師超過 20 年。2016 年 3 月，離開了數學的懷抱，走入了 STEM 這花花世界，把童心再次拉出來，把兒時想玩但沒機會玩的東西一一呈現眼前。在鑽研 STEM 活動的同時，也繼續探討電子教學及自主學習對於學與教的影響。其後加入了香港翻轉教學協會擔當幹事，與一眾好友探討「翻轉教學」的可能性與可行性，並早於 2017 年開始在學校嘗試推行這種學習模式。透過觀課、跨校交流、參加研討會等等，不斷雕琢翻轉教學的計劃及施行方法，務求找到一種對於學與教有最大效益的方法。2020 年 9 月，離開了原任學校，於香港中文大學校友會聯會張煊昌中學擔任校長一職。在一個新的崗位，面對著不同的新挑戰。但初心仍沒變，為的就是學生的未來，而且要做到最好！

許家齡博士

獨立教育研究員。相信擔任老師，是一趟自我內在探索的歷險之旅；教學，是老師與學生的生命彼此相遇的過程；研究，是理論與實踐之間的對話。陰差陽錯踏上教育之路，走向第二個十年。由於好奇心過盛走進研究院，從探索體制內的教育走到聆聽老師的生命故事。2013年完成哲學博士學位後，於不同大學及教育團體從事質化研究及教師培訓工作。近年與一群志同道合的教學夥伴，共同探索正向教育的實踐方式。2020年於 Facebook 組成「正向教育成長社群」，凝聚對發展學生的品格優勢、情緒為本的教育方式、成長型思維有興趣的夥伴們，共同邁向豐盛的老師生命之旅。

張雪芬署理副校長

浸信會沙田圍呂明才小學署理副校長、資訊科技教育主任，任教數學科和常識科，香港翻轉教學協會小學數學科召集人。自 2012 年開始以平板電腦作為教學工具，並在校內積極推行自攜平板電腦（BYOD）學習，推動教學範式轉移。在停課期間，致力推動「自主學習」和「正向教育」，強調以學生為本的混合式教學，持續培育學生自主學習的態度和能力，也關注孩子身體和心靈的健康。盼在教學路上會繼續展現運用電子科技來學習的願景，不斷創新，培育學生 21 世紀的關鍵能力，裝備他們成為未來世界的數碼公民。

李偉銘老師

大埔聖公會阮鄭夢芹銀禧小學英文科主任暨電子學習組長、Google 認證講師、蘋果傑出教育工作者、被理科枷鎖耽誤的偽文青。曾經是名校中的「學渣」，在一時迷失中幸獲兩位恩師點化，決心要成為教育人。相信教育本應有趣，利用新思維及科技改變現有教學模式，更堅信教育必須以學生為本。

擁抱教育新常態：

線上教學和未來趨勢

責任編輯	侯彩琳
封面設計	Vian Siu、Alvin Wong
書籍設計	黃詠詩
編者	香港翻轉教學協會
策劃	鄭淑華
作者	鄭淑華、薛子瑜、夏志雄、林振龍、李兆基、程詠詩、卓少雄、 梁靜巒、張展瑋、黃文禮、張琳、蕭煒炘、梁國豪、許家齡、 張雪芬、李偉銘
文字整理	徐漢斌

三聯書店
http://jointpublishing.com

JPBooks.Plus
http://jpbooks.plus

出版	三聯書店（香港）有限公司
	香港北角英皇道四九九號北角工業大廈二十樓
	Joint Publishing (H.K.) Co., Ltd.
	20/F., North Point Industrial Building,
	499 King's Road, North Point, Hong Kong
香港發行	香港聯合書刊物流有限公司
	香港新界荃灣德士古道二二〇至二四八號十六樓
印刷	美雅印刷製本有限公司
	香港九龍觀塘榮業街六號四樓 A 室
版次	二〇二〇年十一月香港第一版第一次印刷
規格	十六開（170mm x 230mm）三四四面
國際書號	ISBN 978-962-04-4726-6